教育とICT

伊藤　篤 編著

中央大学経済研究所
研究叢書 80

中央大学出版部

は し が き

　情報環境研究部会では，2018年度から2021年度にかけて，ICTと教育をテーマに研究を行ってきた。本書は，その研究成果を，各担当者のこれまでの研究開発の経験も反映してまとめたものである。なお，本部会の研究期間は，本来は2018年度から2020年度であったが，コロナ禍への対応で研究に遅延が生じたため1年延長している。そこで，コロナ禍における，半強制的なリモート授業への移行という事態に「ICTと教育」がどのように利用されたのか，その結果はどうであったのか，という観点での調査結果も加えられている。

　「ICTと教育」といったとき，これには2つの側面がある。

　ひとつは，ICTを利用して教育の効果を高めたり，新しい形態の教育を行うことであり，例えば，コロナ禍で話題になったリモート授業やオンデマンド授業であったり，ICTを利用した教材，また，ICTを授業のサポートで利用することなどがある。

　もうひとつは，ICTそのものを教育することであり，例えば，情報リテラシー教育，プログラミング教育，AI・データサイエンスの教育などがある。

　この2つは車の両輪であり，学生・教員双方にICTリテラシーが無くてはそれを使いこなせず，また，ICTを利用することで，より効果的に学習を行うことが可能となる。

　そこで，本書では，様々な分野の専門家の皆様に以下のように，原稿をお願いした。大きく分けると，1章，2章では，ICTの技術変革，ICTを利用した教育の進化，また，2020年度，21年度に発生したコロナ禍におけるリモート授業について述べている。次に，3章〜5章では，AI・データサイエンス教育の現状と今後のありかたについて述べている。さらに，6章，7章では，ICTが教育に与える影響やICTを利用することにより，より深く効果的な教育が可能になることを述べている。

　現在は，世界の企業で時価総額の上位にいるのは GAFA やテスラなどの ICT 関連企業であるが，そこで，8 章では，今後日本の大学教育のありかたについて述べている。

　各章の概要は，以下のとおりである。

　第 1 章「ICT の教育利用の動向」では，ICT の発達の歴史を述べ，それがどのように教育に利用されたのかを概観する。また，コロナ禍におけるリモート講義の有効性について，学生へのアンケートを通して見えてきた課題について述べている。

　第 2 章「情報環境の進展と遠隔教育について」では，遠隔教育という視点から，開発・利用の歴史，また，遠隔授業を如何に対面授業に近づけるか，また，遠隔授業の効果的な利用方法として，海外の大学との連携について述べている。

　第 3 章「AI・データサイエンス教育の方法論」では，日本におけるデータサイエンス教育の現状，データサイエンス教育を既存のカリキュラムに組み込むための取り組みの事例を，学生の反応の時系列的な動きに基づき分析し，学生がデータサイエンスを理解していく過程，取り組み方の変化を詳細に記述している。

　第 4 章「大学におけるデータサイエンス教育の展望」では，データサイエンス教育でカバーすべきスキルを，特に，文系学部の学生の視点から整理し，日本の 50 の大学の事例を示している。また，後半では，中央大学における全学の取り組みとしての「AI・データサイエンス総合」における授業の進め方を示すとともに，海外（特に中国）におけるデータサイエンス教育の概要を示し，日本よりもかなり進んでいる状況が明らかにされている。

　第 5 章「ロボットを利用した AI 教育」では，実践的な AI 教育について述べている。オンラインでの AI プログラミング環境の進化を最初に述べ，その後，クラウドにおける数値計算的な学習だけでなく，機械学習をより実践的なものとして身につけることを目指している。そこで，機械学習をロボットカーという形があるものに応用し，実際にデバイスを動かすことで，楽しみながら学習効果を高め，応用力を養成する教育手法について，これまでの事例をベースに

述べている。

　第6章「英語の学習・教育とICT」では，英語を使う環境と場を提供するためのツールとしてのICTの重要性が示されている。広い意味でのICTとしての蓄音機の発明からすぐに語学教材がつくられたことが示されており，語学教育では，電気通信を利用した教育よりもかなり早い段階からICT化が進んでいたことは興味深い。その後，インターネットの実用化により語学教育は動画を利用したものとなった。その中で，学習履歴の有効活用，学習到達度の測定はまだ開発途上であることが示されている。また，AI技術の進展により自動翻訳技術の実用化も進む中，語彙・表現・構文についての宣言的知識を獲得するだけでなく，英語の理解と産出における言語処理の自動化を達成するための実践的研究・開発の必要性が述べられている。

　第7章「空間および他者認識の育成を目的とした情報リテラシー教育」では，スマートフォンを教育に利用する試みについて報告している。教育の効率向上というよりは，学習への興味を引き出し，学習を自分ごと化し，記憶を定着させるツールとして，効果的に利用可能であることを実証実験に基づき示している。

　第8章「日米の大学教育の比較と，日本の大学教育への提言」では，自身の留学体験などもおりまぜながら，日米の大学の違いについて述べている。特に，米国と日本の学生の勉強量の違い，大学のガバナンスの違い，また，教授の身分に対する考え方の違いなどを指摘し，今後の大学のありかたを示唆するものとなっている。

　最後に，ご執筆いただいた先生方に感謝の意を表するとともに，著者を代表して，本書を手にとっていただいた方に御礼を申し上げる。本書が，ICTと教育の関係について，なんらかの参考になれば幸いである。

　2022年11月22日

情報環境研究部会

主査　伊　藤　　篤

目　　次

第 1 章

ICT の教育利用の動向

伊 藤 篤

1. は じ め に

　ICT と教育を考えたとき，教育の効果を高めるために ICT を教育に使う，ICT に関連する知識や技術を身につけるために，ICT の教育を行う，という 2 つの方向性があるが，本章では，「ICT を利用した教育」について考察する。

　COVID-19 の蔓延に伴い，緊急事態宣言，蔓延防止等重点措置などにより，会社だけでなく，学校も閉鎖を余儀なくされて既に 2 年が過ぎた。

　令和 3 年版の情報通信白書[1] には，以下の記載がある：「民間企業におけるテレワークは，新型コロナ感染症の拡大に伴い，急速に導入が進んでいる。東京商工リサーチが企業を対象に実施した調査では，1 回目の緊急事態宣言時には 17.6％から 56.4％へと上昇し，その後，緊急事態宣言解除後には低下するものの，2 回目の緊急事態宣言時には 38.4％に再上昇している」「米国の労働者を対象とした調査によると，新型コロナウイルス感染症の感染拡大後に，一度でも在宅勤務をした経験がある者は 57.9％，調査実施の時点で在宅勤務をしている者は 35.3％という結果であった。続いて，在宅勤務の実施者に対して，職場勤務と比較した場合の在宅勤務の効率性について尋ねたところ，「職場勤務

---

1)　情報通信白書（令和 3 年版），https://www.soumu.go.jp/johotsusintokei/whitepaper/r03.html，2021. 7

と同じ」との回答が43.5％，「在宅勤務の方が効率的」との回答が41.2％となり，在宅勤務に対する評価が肯定的であることがわかる。」

　コロナ禍の出口が見えかけてきた2022年度になっても，企業は，リモートワークの導入に積極的である。例えば，ヤフーは2020年10月に，リモートワークの回数制限およびフレックスタイム勤務のコアタイムを廃止したが[2]，2022年からは，通勤手段の制限を緩和し，居住地を全国に拡大できるなど，社員1人ひとりのニーズにあわせて働く場所や環境を選択できる人事制度を導入した[3]。また，2022年度から，NTTは原則リモートワークの導入を決めた[4]。

　では，テレワークは，生産性を下げるのか，日本的な，対面での仕事が必須か，というとそうでもない調査結果も出ている。日経「スマートワーク経営」調査研究講演会の資料によれば[5]，在宅勤務比率と労働生産性，在宅勤務比率とROA関係を分析したところ，「少なくとも，在宅勤務比率が上昇することで，労働生産性にマイナスの影響は出ていない」，「少なくとも，在宅勤務比率が上昇することで，ROAに負の影響はない」という調査結果であった。

　では，学校教育の現場はどうであろうか。大学の場合，文科省の調査[6]によると，「令和3年度前期における対面・遠隔授業の実施方針」として半分以上を対面授業とする予定とした大学等は，1064校中1036校（約97.4％）であり，ほとんどすべての大学がリモート授業となった。リモート授業では，教育効果に問題があるという意見がある一方，学生によるオンライン授業は意外に高い

2）　ヤフー，"無制限リモートワーク"で新しい働き方，https://about.yahoo.co.jp/pr/release/2020/07/15a/
3）　ヤフー，通勤手段の制限を緩和し，居住地を全国に拡大できるなど，社員一人ひとりのニーズにあわせて働く場所や環境を選択できる人事制度「どこでもオフィス」を拡充，https://about.yahoo.co.jp/pr/release/2022/01/12a/
4）　リモートワークを基本とする新たな働き方の導入について，https://group.ntt/jp/newsrelease/2022/06/24/220624a.html
5）　日経「スマートワーク経営」調査研究講演会資料，https://esf.nikkei.co.jp/e/img/insertedEventImage.asp?e=03569&disptype=1&eventitemid=0005&imageid=00001
6）　令和3年度前期の大学等における授業の実施方針等について，https://www.mext.go.jp/content/20210702-mxt_kouhou01-000004520_2.pdf

という調査もある[7]が，アンケートベースの調査が多く，実際の差異は明確ではない。

　しかし，文科省の方針により，2021 年度から，順次対面に戻しており，中央大学も，2022 年度からは，原則，対面授業としている。

　次節以降，ICT の進展と社会や生活への影響，ICT を利用した教育の流れを概観するとともに，オンライン講義と対面講義の効果について比較し，今後の大学教育のありかたを考察する。

2.　ICT 発展の歴史

　電磁気学的な効果を使ったものとして，最初に開発・利用されたのは電信である。現在の我々にとって身近なサービスとしては電報がある。

　最初の商用電信は William Fothergill Cooke 卿および Charles Wheatstone 卿により開発され，1837 年の 5 月にクック・ホイートストン・システム（Cooke and Wheatstone system）として特許が取得された[8]。また，これとは別に，1837 年に Samuel Morse，Leonard Gale そして Alfred Vail によって合衆国で特許が取得されたものがある[9]。後者の電信が，最終的に世界中で受け入れられ，現在普及している電信システムとなった。このシステムは，点とダッシュの組み合わせを使ってアルファベットの文字を表すもので，これはモールス信号と呼ばれる。

　その後，1865 年 5 月 17 日，ヨーロッパ 18 カ国とロシア，トルコを加えた国々の代表がパリで会合を開き，国際電信条約の枠組みに合意し署名した。この会合で，国際電報の一般的なルールや設備の標準を決めるため，万国電信連合(ITU)の設立が決まった。

　日本では，1854 年，ペリー提督が，黒船で 2 度目の来日をした際に，時の米

---

7)　各大学の調査で見えてきた学生によるオンライン授業への高い評価。政府・政治家は EBPM の意識を，https://news.yahoo.co.jp/byline/murohashiyuki/20201226-00214359

8)　"Cooke and Wheatstone 5-needle telegraph"，https://ageofrevolution.org/200-object/cooke-and-wheatstone-5-needle-telegraph-1837/

9)　"A Forgotten History: Alfred Vail and Samuel Morse"，https://siarchives.si.edu/blog/forgotten-history-alfred-vail-and-samuel-morse

国大統領から将軍への贈り物として，2式の電信機を持ち込んだ。ペリー提督は，贈呈前に横浜で電信機を据え付け，電信の実演をした（図1-1）[10]。

　海外との通信という観点では，世界初の海底電信ケーブルは，1851年にイギリス〜フランス間のドーバー海峡に敷設された。その後，1859年（日本開国の年）には，世界の主要国で電信のブームが始まった年で，世界を結ぶ海底ケーブルを敷設してビクトリア朝インターネットと呼ばれる国際通信網を構築するための会社がいくつも誕生した[11]。

　その後，大陸間をつなぐ海底ケーブルとして，1866年にはイギリス〜アメリカ間を結ぶ大西洋横断ケーブルが完成した。

　その後，電信ネットワークの国際化は急速に進展した。日本における国際通信は，大西洋横断ケーブルの敷設から5年後の1871年（明治4年），デンマークの大北電信会社（The Great Northern Telegraph. Co.）が長崎〜上海，長崎〜ウラ

（出所）"A Forgotten History: Alfred Vail and Samuel Morse", https://siarchives.si.edu/blog/forgotten-history-alfred-vail-and-samuel-morse

図1-1　ペリー提督の電信の実演風景

10）　ITUジャーナル Vol. 46 No. 7, https://www.ituaj.jp/wp-content/uploads/2016/07/2016_07-07-spotMakuake1.pdf
11）　注10）と同じ。

ジオストク（ロシア）間をつなぐ長距離海底電信ケーブルを敷設したことに始まる[12]。

　その後，海底ケーブルの需要は，インターネットの普及とともに急速に高まり，現在の海底ケーブルは，2022 年度現在，約 500 本存在する。概要を図 1-2 に示す[13]。

（1）世界の海底ケーブル

（2）日本近海の海底ケーブル

（出所）"The Submarine Cable Map", https://www.submarinecablemap.com

図 1-2　海底ケーブル Map

12)　"【国際通信 150 年（1）】はじまりは明治時代！ 約 1,000km の海底ケーブル敷設方法は？ 通信料は？", https://time-space.kddi.com/au-kddi/20210825/3160
13)　"The Submarine Cable Map", https://www.submarinecablemap.com

6

図 1-3, 1-4 に, 電信の世界から, 現代にインターネットにつながる ICT の発展の歴史を示す。

1873 年に, ベルが電話を発明した。これが, 電話からインターネット, マルチメディアへの技術的発展につながるものである。

その後, 1895 年には, マルコーニが無線通信技術を開発した。これが, 現代のスマートフォンや地上デジタル放送につながる技術となる。

電信技術から無線通信技術までが, 「距離と移動の制約」を解消した技術ということができ, オンライン講義にもつながる技術が作られた。

なお, 電信による通信は, 教育への利用には無理があるので, 図 1-3 からは割愛している。

ベルが電話を発明した翌年にベル電話会社が設立され, 10 年後の 1886 年には, 米国内で 15 万台以上の電話が使われるようになった。しかし, 電話はデータ量が多いため長距離の通信ができるようになるには時間がかかったが, 1915 年に, ニューヨークとサンフランシスコの間で電話による通信に成功した。その後は, 長距離は無線の時代となり, 1920 年代には短波無線による電話通信が始まった。1956 年, 初の大西洋横断電話ケーブル TAT-1 がスコットランド－ニューファンドランド間に敷設された。日本国内での電話サービスが始まったのは 1890 年である。その後, 76 年かけて, 1966 年には, 世帯普及率 10％を超えた。また, 「C400 形クロスバ交換機」の普及により, 1979 年には, ダイヤルすればすぐにつながる全国自動即時化が実現した[14]。

また, 1979 年に日本電信電話公社（当時）は民間用としては世界で初めてセルラー方式による自動車電話サービスを開始した（第 1 世代移動通信システム (1G)）[15]。これが, 移動通信システムの歴史の第 1 ページとなる。その後, 2G から 5G まで, 通信の高速化と端末の高機能化が進展した。

携帯電話の世帯普及率が 10％を超えたのは 1994 年であり, 1979 年のサービ

14)　"C400 形クロスバ交換機", https://hct.lab.gvm-jp.groupis-ex.ntt/digitalarchives/11.html
15)　情報通信白書（令和 3 年版）, https://www.soumu.go.jp/johotsusintokei/whitepaper/ja/r02/html/nd111220.html

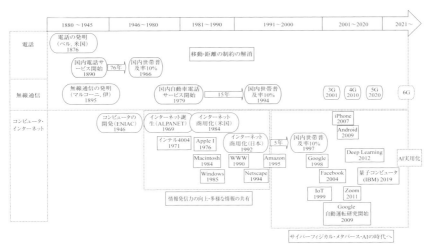

図 1-3　通信の歴史と社会への影響

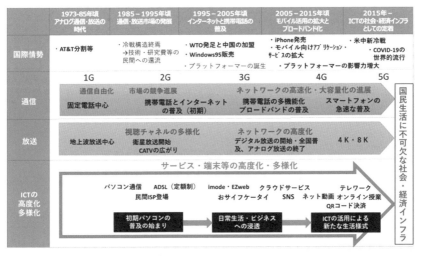

（出所）情報通信白書（令和 4 年版），https://www.soumu.go.jp/johotsusintokei/whitepaper/ja/r04/html/nf100000.html

図 1-4　携帯電話の進化

ス開始から 15 年であった。電話の普及に 76 年かかったことを考えると，5 倍のスピードであった。これにより，「情報発信，利用の個人化」へと流れが大きく変化した。

インターネットは，当初，コンピュータのネットワークとして発展した。電子式コンピュータの起源には諸説あるが，現在のコンピュータの原型となるものは，EDSAC（Electronic Delay Storage Automatic Computer，1949 年）である。このコンピュータは，プログラム内蔵式であり，IPL 機能（Initial Program Loading）によるソフトとハードの分離，2 進数の採用など，現在のコンピュータと同じ構成を持っている。この後，最初のコンピュータネットワークとして半自動防空システム（SAGE，Semi-Automatic Ground Environment）が構築された。これは，米国空軍の情報網のためのネットワークであり，12 カ所のレーダー基地を接続し，300 機を追跡する能力があった。

アメリカ国防総省（DOD）が 1967 年に設立した DARPA（Defense Advanced Research Projects Agency）の援助下に，1969 年に開始した ARPANET プロジェクトが，現在のインターネットの原型である。この時期に，ARPANET に代表されるデータ通信技術の基礎が開発された。

その後，1989 年に欧州原子核研究機構（CERN）に所属していた Tim Berners-Lee が，"Information Management: A Proposal"[16] という提案書を執筆し，素粒子の実験を行う複雑な加速器と，それを使った実験に関する情報をまとめ上げるための解決策として，ハイパーテキストを提案し，1990 年 11 月 12 日，実際にハイパーテキストシステムを 3 カ月から 6 カ月で開発するという "WorldWideWeb: Proposal for a HyperText Project"[17] を提案した。1993 年 11 月に米国立スーパーコンピュータ応用研究所（NCSA）から Mosaic（モザイク）というブラウザがリリースされた[18]。Mosaic は複数の通信プロトコルをサポートし，さらに 1 つのウインドウ中にテキストと画像をモザイクのように混在表示可能なブラウザで，Macintosh や Windows といった広く普及した OS 上で動作した。また遡って 1993 年 4 月 30 日には，CERN の開発した WWW 関連ソフトウェアがパブリックドメインとして公開され，誰でも自由に使えるようになってい

16） "Information Management: A Proposal", https://www.w3.org/History/1989/proposal.html

17） "WorldWideWeb: Proposal for a HyperText Project", https://www.w3.org/Proposal

18） "NCSA Mosaic", http://www.ncsa.illinois.edu/enabling/mosaic

た[19]。

　こうして，クリック 1 つで様々な情報にアクセスできる WWW，そしてインターネットの利用が急速に普及した[20]。WWW の出現により，http というシンプルな仕組みで，「多様な情報を交換・共有」することが可能となった。

　また，ビデオの符号化技術の進展により，スマートフォン上でのビデオのやりとりが容易になった。さらに，現在では，モノがつながるインターネット (IoT) や，ネットと現実をつなぐサイバーフィジカルの技術も進展しつつあり，PC やスマホだけではなく，様々なものが，ネットワークとして連携するようになりつつある。

3.　ICT の教育への利用の歴史

　国立情報学研究所[21] によれば，遠隔授業は，1800 年代に通信教育として始まった。その後，1900 年代初頭，アメリカにおいて，教育放送専用のアマチュア無線局やラジオを利用した大学の授業の放送など，電波を利用した教育が始まり，1950 年頃からは大学でテレビ通信講座の単位認定も行われるようになった。1960 年にイリノイ大学では，最初のコンピュータベースのトレーニングプログラムが導入され，学生が授業資料や録音された講義にアクセスするためのイントラネットシステムが提供された。1970 年代に入ると，オンライン教育の進化に伴い，よりインタラクティブ（双方向）なものになり，イギリスのオープンユニバーシティは，世界で最初の高等教育遠隔教育機関として 1969 年に開学した。

　そして，2000 年以降，インターネットの遠隔講義への利用が始まった。2009 年には，YouTube EDU がサービスを開始し，2012 年には Coursera, Udacity, edX という巨大なオンライン教育サイトが，大規模オープンオンラ

---

19)　"The birth of the Web", https://home.cern/topics/birth-web
20)　"第 3 回インターネットを爆発的に普及させたウェブ（WWW）ができるまで", https://www.nic.ad.jp/ja/newsletter/No68/0320.html
21)　国立情報学研究所「オンライン授業の歴史と現状」, https://www.nii.ac.jp/today/88/6.html

10

インコース（MOOC）を開始し，何百もの大学教育レベルの MOOC を公開して
世界中の学習者に提供するようになった。

2020 年の新型コロナウイルスの影響により，多くの大学で多数同時接続が
可能な Web 会議ツールを使用したオンライン授業が開講されるようになった。

4. コロナ禍における ICT と教育

2020 年 8 月の調査[22),23)] によれば，オンライン授業について，以下のような
評価がされている。

評価する意見：

・学生からはオンラインの方がかえって発言しやすいという声がある

・動画を配信するオンデマンド型のオンライン授業についても，「学生が自分
の好きなペースで学習でき，復習もしやすい。」と評価する大学が多かった。

・学びの準備的な部分はオンライン授業とし，重要な部分を対面授業にすると
いった教育のポイントを絞る方向性が見えた。

課題：

・「大きな課題である」とする回答が 56 ％と最も多かったのは「実験・実習・
実技系科目への対応」である。「課題である」を含めると，9 割以上の大学
が困っていた。

・この他大半の大学が課題として認識していたのは「学生の通信環境・ICT ス
キル」や「学生の学ぶ意欲・メンタルケア」など。

・オンライン授業の導入で，出席率やリポート提出率が上がった一方，ウェブ
会議システム Zoom などに不慣れな一部の学生は課題に手間や時間を要して
いる。

そこで，我々は，学生がオンライン授業にどの程度熱心に取り組んでいるのか

22）「コロナ対応の現状，課題，今後の方向性について」，今後の国立大学法人等施設
の整備充実に関する査研究協力会議 第 5 回 令和 2 年 9 月 24 日

23）『朝日新聞』2020 年 8 月 24 日月 朝刊 19 面，「「ひらく日本の大学」朝日新聞・河
合塾共同調査 2020 年度緊急調査」

について，調査を行った。

5.　オンライン教育についての学生の受け止め方

2020年度，2021年度，2022年度の，筆者が担当する講義における，学生の
オンライン・対面に対する評価をアンケート形式で収集した結果を以下に示す。

ここでは，学生がオンライン教育にどの程度慣れているのか，実際にオンラ
インで授業を受けることで，慣れていくことができるのかどうかを示すととも
に，学生のオンライン・対面教育への評価についても示す。

5-1　オンライン授業についての学生の慣れ

本節では，2020年度から2022年度前期までに，表1-1に示す，筆者が担当
する講義において授業開始時と終了時に，オンラインコミュニケーションへの
慣れについて質問した結果を示す。

各授業の最初と終わりに，「開始前にオンラインビデオコミュニケーション

表 1-1　担 当 授 業

	タイプ	曜日	回数	概要
講義 1	講義	前期 月曜・木曜	28	ICT の歴史，通信技術概要，コンピュータの概要, AI の概要, Python プログラミング入門, AI プログラミング入門，最後にレポートを提出
講義 2	演習	前期 月曜	14	情報の概念，通信・コンピュータ・AI の概要, Python・AI プログラミング入門，最後にレポートを提出
講義 3	演習	後期 月曜	14	情報の概念，通信・コンピュータ・AI の概要, Python・AI プログラミング入門，最後にレポートを提出
講義 4	演習	通期 月曜	28	ICT の概要，ソフトウェア工学概要，モバイル通信技術の歴史，Android の概要とオープンソフトウェアの概念, Android アプリ試作，最後にアプリを提出
講義 5	演習	前期 月曜・木曜	28	ICT の概要，ソフトウェア工学概要，Web 技術の歴史，インターネット・HTML の概要, DB サーバ，Web サーバの構築，Web アプリ試作，最後にアプリを提出
講義 6	講義	後期 木曜	14	ICT と経済について，様々な事例を英語で講義，最後にレポートを提出

に慣れていた」「終了時にオンラインビデオコミュニケーションに慣れていた」という設問に対して，5段階で回答を求めた。設問では，1を一番良い（よく慣れている）とし，5を一番悪い（全く慣れていない）とした。

その結果を表1-2に示す。また，受講した学生数を表1-3に示す。

なお，表では，わかりやすくするために，5が一番良くなるように変換している（表中の評価値＝6－入力した評価値）。

また，全体の平均をグラフ化したものと，受講者数が10名以上の講義だけで平均をとったグラフを，図1-5に示す。

表1-2, 1-3の中，NAとなっているところは，以下の意味である。

NA1：DBの不具合でデータが消えた

NA2：まだ講義を開始していない／終了していない

NA3：海外からのアクセスが多くデータのバックグラウンドが違う

表1-2　オンラインビデオコミュニケーションへの慣れ

	2020年度 授業開始	2020年度 授業終了	2021年度 授業開始	2021年度 授業終了	2022年度 授業開始
講義1	2.8	4.4	3.0	4.0	3.6
講義2	NA1	NA1	3.0	3.1	3.8
講義3	NA1	NA1	3.2	4.1	NA2
講義4	3.4	3.7	3.6	4.6	3.4
講義5	3.7	5.0	4.1	4.0	NA2
講義6	4.0	4.5	NA3	NA3	NA2

表1-3　受講者数

	定員	2020		2021		2022	
		開始時の 受講者数	最終的な 受講者数	開始時の 受講者数	最終的な 受講者数	開始時の 受講者数	最終的な 受講者数
講義1	20名	24	19	22	15	22	15
講義2	20名	NA1	NA1	20	20	21	18
講義3	20名	NA1	NA1	20	18	NA2	NA2
講義4	20名	8	8	14	11	18	NA2
講義5	20名	11	7	20	7	NA2	NA2
講義6	20名	5	3	NA3	NA3	NA2	NA2

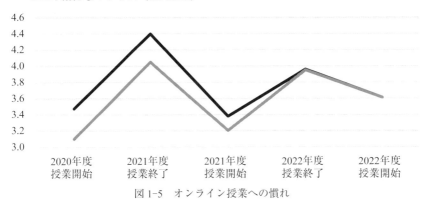

図 1-5　オンライン授業への慣れ

　表 1-2，1-3 と図 1-5 から，以下のことが読み取れる。

(1) 授業開始時に比べ，授業終了時には，オンラインコミュニケーションにかなり慣れている。

(2) 次の学期の開始時には，前学期の終了時よりは低くなっている。特に，2021 年度は，マイナス 0.8 ポイントと，前年度と同じくらいのレベルに戻っている。しかし，2022 年度の開始時は，落ち込みが少なくなっているので，2 年間オンライン授業をすると，かなり慣れが身についてきたと考えられる。

(3) 人数が少ないクラスの方が，少し点数が高く出ているが，やる気がある学生の比率が高いためと考えられる。

　以上のことから，以下のことが推察される。

(1) 2022 年度からオンライン授業は原則として実施していないため，3 年目以降，オンライン授業への慣れがどう変化するのかは不明であるが，オンライン授業に慣れるためには，授業の最初から少なくとも 2 年くらいはかかりそうである。

(2) このことから，再度パンデミックになってもすぐに対応できるようにしておくためには，以下のことが必要と考えられる。

14

- 高校時代から，オンライン授業に慣れておく
- 各講義の一定をオンラインで実施することで，オンライン授業に慣れておく

5-2　オンライン授業についての評価

次に，2022年度前期において，授業中に実施した，オンライン授業と対面授業の比較評価のアンケートの結果を示す。

対象とする授業は，表1-1に示したもののうち，授業1，2，4である。

質問は，次のとおりである。

「オンラインと対面，どちらが良いか，それぞれを，10点満点で評価し（10が一番良い），その理由を示してください」

講義1，2，4について，X軸を対面の評価点，Y軸をオンラインの評価点とした散布図を，それぞれ，図1-6，1-7，1-8に示す。各グラフには，（0，0）から（10，10）に線がひいてあるが，この線上であれば評価は同点であるが，線よりも上にある場合は，オンラインを高く評価しており，線よりも下の場合は，対面を高く評価している。なお，講義1，2については終了時点までであるが，講義4は通年の授業であるため前期終了時点の評価である。

また，表1-4，図1-9，図1-10，図1-11に，それぞれの講義における調査の回答を示す。毎回の回答数が多かった講義2については，学生の回答を表としてそのまま掲載している。なお，5月31日，6月13日においては1名しか理由の回答がなかったため，表からは省いている。また，講義1と講義4については，類似の回答を以下のように分類し，同じような回答を集約して作成したグラフを記載している。

- 交通費や通学時間がもったいない
- 対面は，質問がしやすいが，オンラインは質問がしにくい

・オンラインの方がわかりやすく，質問しやすい

・対面だとしっかり授業を聞けるがリモートだとだらけてしまう

・オンラインだと友達に会えない

・対面のメリットを感じないし，リモートで不便を感じない

・対面の方が，コミュニケーションがとれる

・暑いので外出したくない

・感染リスクが有る

・その他

以下に，それぞれについての考察を記す。

　図 1-6（1）は，講義 1 において，5 月 9 日，6 月 27 日，7 月 7 日，7 月 14 日，7 月 21 日に，計 5 回実施した結果を示している。

　これを見ると，すべての日付において，線よりも上の点が多くなっており，オンラインの方が好まれていることがわかる。

　図 1-7（1），図 1-8 においても，同様の傾向がある。

　このことから，多くの学生が，オンライン授業を好んでいることが示される。

　図 1-6（2）は，それぞれの回答と最終成績を比較したものである。最初のアンケート（5 月 9 日）では，成績と各点はばらつきが大きいが，最後のアンケート（7 月 21 日）では，成績と対面を好む度合いに相関があることが示されている。リモートを強く好む学生にも好成績のものがいるので，断定することはできないが，対面が効果があるというよりは，対面を受け入れる学生の方が，結果として好成績をおさめていると考えられる。

　図 1-7（2）は，学年とオンライン授業，対面授業の好みをプロットしている。□が 4 年生，○が 3 年生である。これからは，学年による差異は特に見られない。

　講義 4 は，演習・実習を重視している科目であるため，対面を好む学生が一定割合見られる。受講している講義のことではなく，一般論としてオンライン授業，対面授業の好みを聞いているが，受講している講義の内容によるバイア

16

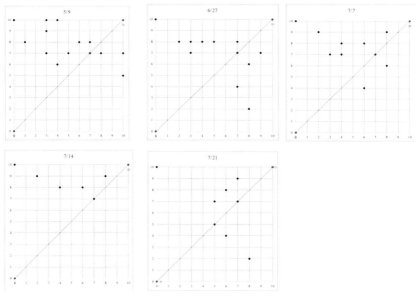

図1-6（1）オンライン授業と対面授業に関する好みの度合い（講義1）

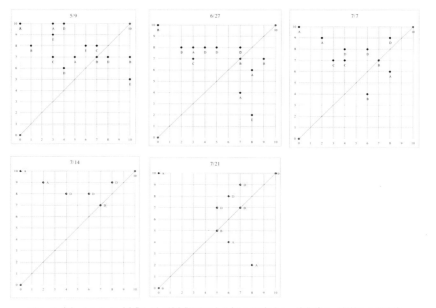

図1-6（2）オンライン授業と対面授業に関する好みの度合い（講義1，成績との比較）

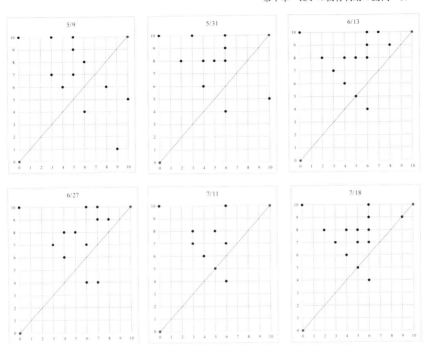

図 1-7（1）オンライン授業と対面授業に関する好みの度合い（講義 2）

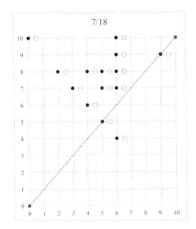

図 1-7（2）オンライン授業と対面授業に関する好みの度合い（講義 2，7/18 を学年別に比較，□ 4 年生，○ 3 年生）

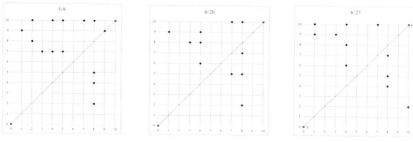

図1-8　オンライン授業と対面授業に関する好みの度合い（講義4）

スが入っている可能性があるが，いずれにしても，オンライン授業を好む学生の割合が高い。

　表1-4は，講義2における回答をすべて掲載している。目立つのは，オンライン授業だと，通学しなくても良い，時間が自由になる，という意見である。なお，誤字脱字や文法間違いは可能な範囲で修正してある。

　また，図1-6には，講義1の，図1-7には講義2の，図1-8には講義4のアンケート結果を集約したグラフを示している。学生の回答は記述式であり，記述の中から，あてはまる回答を割り振った。

　これを見ると，「交通費や通学時間がもったいない」という意見が，それぞれ，38.7%，48.3%，46.5%となっており，学生が，自宅で講義を受けることを是としていることが読み取れる。これに対し，「オンラインの方がわかりやすく，質問しやすい」という回答は，それぞれ，0%，5.7%，18.6%となっていることから，学生がオンライン授業を好むことはわかるが，オンライン授業をうまく活用しているかどうかは少々疑問である。

　また，それぞれの講義で「交通費や通学時間がもったいない」という意見の時系列的変化は，以下のようになっている。

　講義1：5月9日45.5%，6月27日23.1%，7月7日46.2%，7月14日41.7%，7月21日33.3%

　講義2：4月11日31.6%，5月9日37.5%，6月27日56.3%，7月11日61.1%，7月18日60.0%

講義 4：5 月 9 日 33.3％，6 月 20 日 64.3％，6 月 27 日 45.5％

　このことから，授業の後半になると多少割合が上昇する傾向があり，2022 年度は早く暑くなったことやコロナの第 7 波が来たことなども関係する可能性があるが，疲れが出てきていると考えるのが良いかもしれない。

　なお，独立行政法人日本学生支援機構（JASSO）による平成 24 年度学生生活調査[24]によれば，首都圏の私立大学の学生の通学時間（自宅〜大学の片道）は，平均で 75.2 分という数値が出ている。これが，長いかどうかであるが，「東京圏の生活時間・大阪圏の生活時間」[25]によれば，東京圏の平均通勤時間は 81 分であることを考えると平均通学時間は 8％ほど短いことから，長さとしては，許容範囲であると考えられる。

表 1-4　学生のコメント（講義 2）

（4 月 11 日）

- 対面の方が好きです。コロナで対面授業がほぼないです。もう 3 年生で，対面授業を体験したいです。
- この授業に関してはプログラミングを行うためオンラインよりも対面で行う方が困ったときに周りの人と協力しやすいことから対面授業の方が良いと考えています。
- オンライン：マイクで聞き取りづらいといった問題はオンラインでは起こり得ないし，対策も容易です。また，ソフト入りの PC を使った実技的な面を習得するための授業でないならば，オンラインが好ましいと思います。
- 対面のほうがよい。実践的な内容などは対面のほうが質問もしやすいし，わかりやすく授業を聞けると思う。
- 私自身にとって「ICT スキル」という難しいものを扱うので，対面でご指導いただいた方が理解することができると考えるからです。
- オンラインが好きです。オンラインコミュニケーションも ICT の一環なので好みです。

---

24)　平成 24 年度学生生活調，https://www.jasso.go.jp/statistics/gakusei_chosa/2012.html（平成 26 年 2 月）

25)　放送研究と調査，2017 年 6 月号，NHK 放送文化研究所，https://www.nhk.or.jp/bunken/research/yoron/pdf/20170601_6.pdf

20

- 私はオンライン授業がいいです。オンライン授業にすることで，学校へ行く移動時間を削減できるとともに，授業内容を理解するまで聞き直すことができるからです。
- 私は就職活動の関係で出席できない場面が出てくると思うので録画授業の方が好ましいです。
- 語学などは非言語的なスキルが必要になるが，そうでない科目はオンラインでもあまりデメリットはなく，現在の感染症など様々なリスクを排除できるばかりか，登下校の時間を予習復習など有意義に活用できるため。
- 対面：実際に先生に質問するときにしやすいから。
- オンラインが好みである。なぜなら，対面だと通学に時間，お金，体力を使う。これがオンラインの場合は，授業や課題に目一杯使うことができるので学習効率が良いと思うからである。
- 先生方にも同じことがいえると思う。
- オンラインの方が好きです。時間の制約がなく，通学時間の節約になるからです。
- 難しいとは思いますが，対面でも行い，参加できない人も時間を問わず参加できるようなオンデマンド形式であるととても便利だと思います。
- オンラインは，通学の手間がかからない，新型コロナウイルスの感染リスクが低い。
- 対面での授業を望みます。プログラミングなどを行う際に先生が近くにいてくださる方が質問ができるため。
- どちらかといえばオンライン。家にデスクトップのパソコンがあるため作業がしやすい。ただ，対面であれば質問がしやすいなどの利点もあるため，オンラインでも気軽に質問などができればオンライン一択である。
- 基本的にはオンラインです，自分のペースで融通がきくからです。
- 対面がいいです。理由は，もし理解が難しい課題に直面した場合，先生に相談がオンラインよりもしやすいと考えるからです。

（5月9日）

- 対面の方がオンラインで聞くよりも集中できることやこれからプログラミングのような実践することがある際にわからないことを聞きやすいということがあるので若干高めです。とはいえ通学にかかる費用や時間を考慮するとオンラインの方もメリットがあると思います。
- オンラインでもできるなと感じる授業が多い。また，対面であるからといって知

り合いが増える訳でもない。今や対面とオンラインに，ほぼ差はない。ディベートや話し合いがあるなら対面の方が良いが，対面のために往復で 3 時間，身支度も含めると 5 時間程かかることを考えると，オンラインの方が時間を有効活用でき，授業も真面目に取り組めていたというのが正直なところ。

- 実技的な内容がない授業にかんしては，すべてオンライン授業で良いと思う。わざわざ時間をかけて学校にいく時間，費用をかける必要がないと思う。交流が広まるなど意見はあるが，それは自分自身の問題で，各々で頑張ればいい。しかし，ネット環境が悪いなどオンラインにも改善点はあるので，しっかりと環境を整える必要はある。
- 今の授業内容では先生のお話を聞いていることが多く，パソコンを使う活動がないため。
- オンラインは移動の時間を節約できるなどの利点がありますが，対面も非言語の情報が得られるなどの利点があります。
- 自分の部屋でより集中しやすい環境で講義を行える為，対面よりも生産性があがると考えているから。
- コロナは収束しておらず，命の危険もあります。実際オンラインでできる授業もかなりあると感じるのでオンラインでいいと思います。百歩譲ってオンライン対面を半々にするなど対策を講じるべきだと思います。朝の駅の入場規制や満員電車はとても不安です。
- 対面が断然好きです。対面でしかできないこととオンラインでしかできないことを比べたとき，前者のほうが圧倒的に多いと感じたからです。しかし，オンラインにも「時間に縛られない」という良さはあると思いますが，大学での学びや友との交流では対面に軍配があがるはずです。
- オンラインの方が何度も見返せる，自由な時間で見ることができる。
- 座学の場合，生徒側は話を聞いてスライドを見ることがほとんどであり，わざわざ登校する意味がないと考えるから。
- ICT に関しては初心者なのでなるべく対面で説明して頂く方が安心できるから。
- どちらもメリットデメリットはあるが，オンラインの方が時間的な拘束や周りの環境に左右されることなく受講できるから。
- オンラインの方が緊張せず自分のペースでできるから。
- 4 年生であり，授業数も少ないため，対面でやらないと外に出る理由がなくなるためです。

22

（6月27日）

- 対面，リモートどっちでもいいと思います。
- 解説や問題演習の多い授業についてはリモートの方が移動にかかる時間や手間を省けますが，今回の授業のような体験型の学習はリモートでは代替不可だという点を考慮すると対面の方が若干優位かなと思います。
- 実家の立地のせいもあるがリモートの方が良く感じる。
- 見て触ってが必要な分野に関しては対面の方が実際に体験できて理解も深まってもちろん良いと思う。座学で済む授業に関しては，通学時間なども考えると，やはり家で受けられたほうが良い。
- 対面：毎日電車を乗るのは大変だし熱中症になる可能性も結構高いです。
- リモート：今まだ流行になっていませんが今後大きく使われると思います。
- 家から学校に行くのに時間がかかってしまうため，対面授業だと移動時間や空きコマなど，時間がもったいないと思いました。
- リモートの方が自分で時間を作って学べるため好ましいです。
- 現時点ならばリモートの方が良いと考えています。
- 私はリモートが良いです。外は暑いですし学校いくまできついです。
- コロナの流行もまだまだ落ちつかず，感染リスクがあると感じるし，実際リモートでできる授業が多いと感じるから。
- リモートは時間を有効活用できるので好きです。ただ，設備費やその他諸々お金を払っているのでもったいない気もします。
- 対面が良いと思います。リモートだと家にいるのでメリハリをつけるのが難しくダラダラしてしまいますが，対面だと授業後に図書館で課題や読書をしようと思う。ただ最近暑いので，学校内の回線や空調がもう少し快適になればいいなと思います。
- リモートの方が自身のペースで集中してできるから。
- 対面にもリモートにもいい側面悪い側面があります。今回のロボットカーをいざ動かすときには対面でやる方が勉強になります。特に，この講義では実習が多めなので，対面の方がやりやすいです。

（7 月 11 日）

- リモートがいいと思います。今暑くなって，外に出たくないです。
- 授業の理解度を重視する。対面の方が授業でディスカッションや作業も進みやすく，わからないことがあったときに先生に聞きやすいので理解がしやすいです。リモートはオンデマンド授業なら繰り返し聞くことができますが，質問はしづらいし，何度聞いてもわからない場合もあります。さらにリアルタイムの授業は繰り返し聞くこともできなければ，基本 1 人で受けているので一度置いて行かれるとそのままの場合があるので低めです。
- 実家が大学から遠く，一限がある日には 5 時には起きなければならないため。
- 通学するとそれだけお金と時間がかかるから。
- 時間を効率よく使いたいため，作業がないのであればリモートの方が良いと考える。
- リモートが好きです。
- リモートの方が移動時間の短縮ができ，学習の幅が広がると思います。
- 授業に対して自身で勉強の時間を定めて取り組めることからリモートが好みです。
- リモートが良い。就活や予定がその後にあるときに学校に行く時間を省略できるから。
- 直近でコロナの新規感染者が 8,000 人を超えました。リモート授業をしていたときよりも感染者数が多いのに対面授業を行うのは危険であると感じます。
- 対面には対面の良さがありますが，リモートの手軽さや通学時間の短縮が自分にとってかなり大きいから。
- リモートが好きです。最近は暑くなってきて外出するのがしんどい。リモートの方が通学時間を節約できる。
- リモートは時短になる。対面はコミュニケーションがとりやすい。
- リモートの方が自分のペースでできるので好みです。
- 対面の方が先生に質問しやすいなどの利点もあります。しかし，本日のように，電車の遅延や猛暑日などはリモートでもできたらありがたいと思います。

24

（7月18日）

- どっちでもいいと思います。対面なら，他者とのコミュニケーションが取りやすいです。オンラインなら，繰り返し再生できる録画配信があります。
- オンラインは通学に掛かる金銭的費用，時間を節約することができますが，学びの理解が浅くなってしまうと感じるからやや低めです。対面の場合そうした費用や時間を犠牲にする代わりに仲間や先生に質問もしやすくリアルタイムに情報の共有も行いやすいので深い学びが実現できると考えるからです。
- 体調が少し優れなくても無理せず受けられるためオンラインがいい。
- オンラインでも可能な座学などの授業は，オンラインで実施したほうが，交通費，通学時間ともに余裕ができる。
- オンラインの方が資料などを効率的に活用し，理解を深められると思ったので，作業などをすることがない限りオンラインがいいと感じました。
- 自身で授業に取り組む時間帯を考えられるためオンラインが望ましいです。
- 移動時間を学習などに充てられるため。しかしながら，これは遠い場合を想定しており，教員とのコミュニケーションなど対面のメリットもあるため，距離が異なれば対面の方が良いことも考えられます。
- 対面の方が目で見てわかりやすいことも多いが，就活や部活でいけないときに場所を問わず講義をオンラインでなら受けることが可能だから。
- 理由：感染者数が1万人強まで増え，自粛中よりも感染者数が増えています。危険な状態であり，前期はもう仕方がないが後期はオンラインでも授業を受けられるように整備を進めていくべきであると思います。
- オンラインが良い。最近はまたコロナが増加している状況なので，また蔓延防止策を発動するくらいなら，人が集まる学校などは非対面にすることで，少しでも感染を緩和できたらよいと思うから。
- 通学時間が節約できるから。
- 充実した環境と説明があればオンラインです。時短にもなるし，通学したければできるので。
- オンライン：交通費がかからないから
- オンラインの方が良いです，自分が集中できる時間に送れるからです。
- 対面型だと質問をしやすいと感じます。しかし，悪天候などの日は自宅でも受けられる方が良いと感じるときもあります。

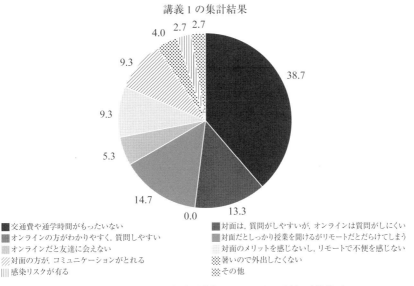

図 1-9 オンライン，対面に対するコメントの割合（講義 1）

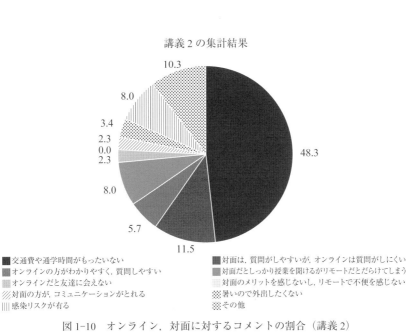

図 1-10 オンライン，対面に対するコメントの割合（講義 2）

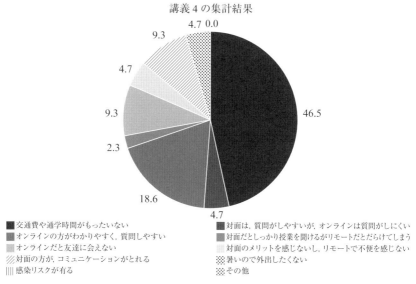

講義 4 の集計結果

図 1-11　オンライン，対面に対するコメントの割合（講義 4）

5-3　オンライン教育に対する学生の反応

　脳波センサを利用して調査を行った。我々は，これまでに，観光客のリラックス度の調査[26), 27)]や，認知症の調査[28)]などを脳波センサを利用して行ってきた。今回は，これらのノウハウを利用して調査を行った。

　我々は，これまでと同様に，Mindsall 社製の簡易脳波センサを利用した（図1-12)[29)]。この脳波センサは，ヘッドバンド型であり，ヘッドバンドの内側に布

---

26)　中山春佳・伊藤篤・平松裕子・原田康也・上田一貴・森下美和『脳波を利用した観光における気付きの分析』，電子情報通信学会思考と言語研究会 TL2020-24，202103

27)　吉村孝祐・佐々木陽・伊藤篤・平松裕子・上田一貴・原田康也・羽多野裕之・佐藤文博（2019）「日光の森林浴の効果について」（『信学技報』vol. 119, no. 114, TL2019-8)，電子情報通信学会思考と言語研究会，43-48 ページ

28)　A. Ito and A. Zhu（2019）"A Study to Use a Low-Cost Brainwave Sensor to Detect Dementia", *2019 International Conference on Computational Science and Computational Intelligence (CSCI)*, pp. 999-1002, doi:10.1109/CSCI49370.2019.00190.

29)　Mindsall 社 web サイト，https://mindsall.com

(a)　外観

(b)　センサ box

(c)　基板

（出所）筆者撮影

図 1-12　脳波センサ

製の電極がある。電極は，前頭葉付近（メイン）に 1 つ，また両耳（リファレンス）
の 2 つの部分に設置されている。前頭葉の電圧と，リファレンスの電圧の差分
を，脳波データとして取り出している。なお，この脳波センサでは，脳波を取
得するに際し，Neurosky 社の SOC である TGAM[30] が使用されている。これま
でも簡易脳波センサは存在しており，様々な調査に利用されてきた
が[31],[32],[33]，リファレンスを耳でとるために，耳にクリップを取り付けること
が多いため，耳が痛くなり，長時間の利用が困難となるという問題点があった。

30)　TGAM, https://store.neurosky.com/products/eeg-tgam
31)　大久保友幸・山丸航平・越水重臣「携帯型脳波計を用いた観光客の印象検出シス
　　テムの開発」，『日本感性工学会論文誌』論文 ID TJSKE-D-17-00082
32)　Isao Nakanishi, Soushi Uchida, Yoshiaki Sindo, "A Study on Evaluation of Healing Level
　　Using Brainwave Stimulated by Tourist Spot Image", ISASE2020, https://doi.org/10.5057/
　　isase.2020-C000008
33)　平井章康・吉田幸二・宮地功（2013）「簡易脳波計による学習時の思考と記憶の比
　　較分析」「マルチメディア，分散，協調とモバイル（DICOMO2013）シンポジウム」
　　平成 25 年，7 月

この問題を解決するため，伸縮性のあるヘッドバンドと布製電極により，装着時の不快感，痛みを軽減している。センサ box（図 1-12（b））のサイズは，53mm × 30mm × 10mm である。センサ box は取り外しが可能であり，ヘッドバンド部分を洗うことができる。データは，BLE を使って外部に送信される。BLE を利用することで，電池サイズに依存するが，5〜10 時間，連続で利用が可能であり，ハイキングや農業体験など，1 日の行動におけるデータ収集が可能である。

5-4　中央大学における遠隔・対面授業参加者の脳波測定

5-4-1　実験概要

2021 年 11 月 11 日，および，11 月 18 日に，学生の協力を得て実験を実施した。実験参加者は，19〜21 歳の学生で，男子 3 名，女子 5 名であった。実験手順を以下に示す。

学習テーマ：

　2021 年 11 月 11 日：Python プログラミングの授業

　2021 年 11 月 18 日：テンソルフロー応用として映画レビューを使ったテキスト分類

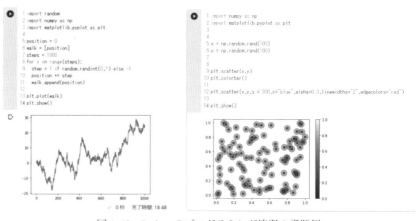

図 1-13　Python のプログラミング演習の課題例

授業概要：プログラムの内容説明を聞いて，実際に書いて，実行させる（授
業概要を図 1-13 に示す）

所要時間：30 分程度

構成：学生の半数は対面授業の前提として教室でそのまま授業を受け，半数
は，自習スペースなどに行って授業を受けた。

また，対面，遠隔の役割は 11 月 11 日と 11 月 18 日で入れ替えを行っ
た。

条件：

○対面…友人と自由に話すことができ，わからないところは友人に聞いても
良い

○リモート…個人宅で授業を受ける想定，他の学生と会話しない

5-4-2　アンケート

試験実施後，被験者に対してアンケートを実施し，5 段階評価（5 が一番良い）
で回答してもらった。質問内容は，以下のものである。どちらかの日程しか参
加していない場合は他の授業，または類似のものとの比較をしてもらった。

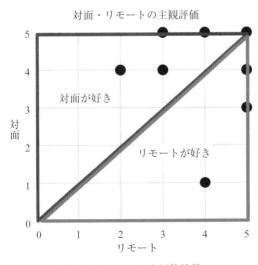

図 1-14　アンケート回答結果

「脳波の試験について，リモート・教室内，どちらがやりやすかった or 集中できましたか？」

回答例）リモート 3　対面 4

その結果を図 1-14 に示すが，8 名の回答は分散しており，特定の傾向は見られなかった。

5-4-3　脳波の分析

収集した脳波データから，FFT を使って，集中力を示す β 波，リラックスした状態を示す α 波の強さを分析した結果を表 1-5 に示す。なお，この表で人数が少なくなっているのは，脳波センサの装着がうまくいかなかったり，受信機が実験中に停止してデータがとれなかったケースが多かったためである。この結果を見ると，α 波の数値だけが高くなるということはなく，対面でもリモートでも，それなりに集中していることはわかる。このことが，アンケートでは，リモートが好きである，リモートの方が集中できると回答した学生が半数いたことを示していると考えられる。

しかし，表 1-5 の最終行に示したリモートと対面の信号強度の比を見ると，対面の場合は，リモートの場合の倍くらいになっていることがわかり，脳全体の活動が上昇していたと推測され，このことから，対面授業の方が，授業の効

表 1-5　脳波の分析

	α 波平均値	β 波平均値	Abs ($\alpha - \beta$) 平均値	α / β
リモート	864.1	846.0	117.2	1.0
	231.7	223.4	35.1	1.0
	284.4	279.9	35.3	1.0
	213	205.4	22.7	1.0
リモートの平均値	398.3	388.7	52.6	1.0
対面	358.8	329.8	87.8	1.1
	916.6	916.2	126.4	1.0
	985.6	976.9	119.5	1.0
	618.6	605.4	96.8	1.0
	221.4	160.6	73.7	1.4
対面の平均値	620.2	597.8	100.8	1.0
リモート／対面	0.6	0.7	0.5	1.0

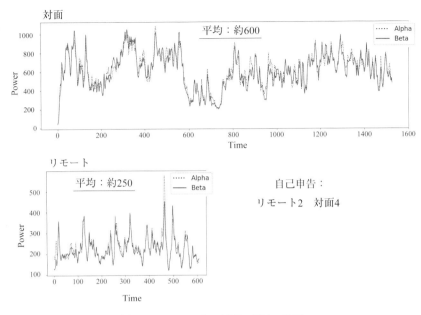

図 1-15　リモート，対面の脳波の比較

果が高まっていると推測される。

　図 1-15 に，学生 1 名の，リモートと対面の脳波の比較を示す。この学生は，対面を好むと申告しており，それを裏付けるものとして，リモートの場合と対面の場合で，脳波の強さが大きく変化していることがわかる。

　上記のことから，個人の好みに関係なく，リモートに比べて対面の方が脳波の動きが活発であり，学習向きであると考えられることがわかった。

　しかし，この分析結果を元に，学生の意見を求めたところ，以下のような発言があった。

・対面の方が脳活動が比較的大きい原因は友人と話せるからであるのではないか？

・対面でもリモートでも話さなければ効果は同じ可能性もあると考えられる。

・今回は生徒が発言することはなく教授からの一方方向の授業形式であった。リモートであっても，ディスカッションがメインのような授業であれば，

脳活動は活発になり，対面と同等の効果を得ることができる可能性もある。

これらのことは，文部科学省が求める「同時性又は即応性を持つ双方向性（対話性）」[34] にも通じるところがある。今後は，コロナ禍によって普及したリモート授業による生産性の変化をさらに研究することで，効率的な授業方法について検討したいと考えている。また，言語学習への応用可能性として，リモート授業時に双方向性の確保することによる集中力の維持が重要であると思われる。また，脳波センサの出力値から脳の活性度，例えば，授業についていけているかどうか，を判定し，授業の進め方を工夫するなどの対策も可能となると思われる。

6. おわりに——オンライン授業の今後

前節の調査結果をまとめると，筆者が担当した講義では，オンライン授業を好む人の割合が多かった。また，その理由としては「交通費や通学時間がもったいない」が全体平均で45％あることもわかった。

この状況を，グローバルな視点で比較するとどうなるか？

例えば，「世界のスタンダード！　世界のトップ大学が住まいに求めることとは？」[35] の記事によれば，世界のトップ大学の多くは，「大学側が住居をただの住む場所としてとらえているのではなく，教育環境としてとらえているようです。そのため，大学が用意する住居に学部生は住む仕組みになっている」と述べている。また，同サイトでは，スタンフォード大学の考え方を以下のように紹介している。

「The physical plan of the Stanford campus recognizes that a true college

34）　大学等における遠隔授業の取扱いについて（周知）（3 文科高第 9 号）（2021.4.2），https://www.mext.go.jp/b_menu/hakusho/nc/mxt_00027.html
35）　「世界のスタンダード！ 世界のトップ大学が住まいに求めることとは？」，https://labo.dormy-ac.com/sekainodaigaku-ryoseido/

experience can only exist with students and faculty living and learning in the same areas, a belief that has been preserved since the University first opened in 1891. Stanford's residential system guarantees campus housing to entering freshmen for all four years, and all first-year students are required to live on campus.

　スタンフォード大学では，1891年に最初にオープンして以来，同じ地域に住み，学習している学生と教職員のみが真の大学体験をすることができると考えています。そのため，4年生までは大学が住居を提供し，特に，1年生はキャンパスで生活する必要があります。」

オックスフォード大学やケンブリッジ大学でも，大学の寮に入ったり，大学の近くの民間の学生寮に入るのが一般的なようである。
　また，世界で一番入学が難しいといわれるミネルバ大学[36]は，以下のような特徴がある。

・世界中の7つの都市（San Francisco, Seoul, Hyderabad, Berlin, Buenos Aires, London, Taipei）の寮を転々とする
・異なる文化の中に身を置きながら，寮の仲間とフィールドワークを行う
・授業はオンラインで受講する

　「世界の異なる文化の諸都市に学寮を設置し，それらの都市の企業やNPOと連携関係を保ちながら，学生たちが諸都市を渡り歩いてフィールドワークを重ねていく。このモデルはどこか，中世西欧の都市ネットワークの上で，ある都市から別の都市へと遍歴していた第1世代の大学の学生たちを連想させる。中世の遍歴する大学生たちと21世紀のミネルバ大学の学生たちが異なるのは，後者は世界のどこにいてもオンラインの討論型授業により諸分野でエキスパートの教授の指導を受け続けられる点である。この

　　ような学びを 4 年間続けたならば，そこで育った学生は，グローバルな理論的視座や批判的で創造的な知性を備え，さまざまな現地でのローカルな経験を積んだ未来のリーダーとして育っていくであろう。その際，学生たちは，渡り歩くそれぞれの都市で，大学が用意する学寮に共同で住む。それは単に機能的に必要という以上に，学寮こそがカレッジとしての大学にとって根本的な場だからである。教師と学生の協同組合として出発した大学は，その根を共同の生活の場としての寮に置いている。」[37),38)]

　このように，ミネルバ大学は，真にグローバルな体験，文化的差異を経験をさせることで，深く考える力を身につけることを目指している。

　前述のように，欧米の一流大学では，大学で共同生活をしながら，勉強だけでなく，社会性も身につけていくことを教育として考えている。これをさらに先鋭化したものがミネルバ大学である。これに対して，日本の大学には寮がほとんど無く，また，大学の近くに住んで勉強をするという習慣も薄れつつあることが，なかなか世界の一流大学に追いつけない理由のひとつではないかと考えられる。

　例えば，ある曜日に授業を 3 つとったとすると，17 時に授業が終わり，90 分かけて家に帰り，入浴，食事をすませると，21 時近くになり，24 時に就寝するとすれば，3 教科の復習ができるかというと心もとない。通学に往復 3 時間近くを費やすのは，やはり，気の毒である。単純な計算であるが，通学時間を短縮できれば，予習復習のための時間を倍にすることも可能となる。

　このような状況に対して，どのように対応したらよいであろうか？　また，自宅に帰れば，友人と気軽に講義内容についての意見交換もできない。最近は，ビデオ会議を使いこなす学生は多いのでできないことはないが，会議が終わったあとで何か思い出しても，またビデオ会議の再開はしづらい。

---

37)　吉見俊哉（2021）『大学は何処へ　未来への設計』，岩波書店
38)　吉見俊哉，「日本人が知らぬ超難関「ミネルバ大学」破壊的凄み」，https://toyokeizai.net/articles/-/437415

このことから，以下の 2 案をここでは提案したい。

(1) 大学が，なるべく多くの寮や，それに準ずる民間施設を斡旋するなどの
　　対策をとり，大学の近くに学生が住めるようにするとともに，常日頃か
　　ら意見交換ができるようにすることが有効であると考えられる。

(2) もうひとつの考え方としては，ある程度以上遠距離に居住する学生につ
　　いては，オンラインを認めるというものである。これにより，通学時間
　　を無駄にすることがなくなり，勉強に使う時間を増やすことが可能とな
　　る。もちろん，その時間を勉強に使うかどうかは，学生の気持ち次第で
　　ある。それに加えて，学生間で授業について意見交換をするために，大
　　学が，LMS と連動する形で，オンラインコミュニティを作るサービス
　　を提供することも有効であると考えられる。LINE や Facebook では，
　　LMS が連動しないので，授業コンテンツや宿題を共有することができ
　　ないため，勉学に特化したものが必要であると考えられる。

　謝辞　脳波関連の研究は，JSPS 科研費 JP20H01278，および，JP17H02249，JP18K
　　111849，20H01278，20H05702 の助成を受けて実施した。

第 2 章

情報環境の進展と遠隔教育について

佐　藤　文　博

1. はじめに——遠隔教育の概要

1-1　はじめに

遠隔授業は広い概念があり，基本的には通信手段を利用した教育活動で，かなりの歴史がある。まず，現在その取り巻く特殊な状況と筆者の経験も含めていわゆる遠隔授業の最近の定義，発展の経緯と背景について述べる。

2020 年 3 月 28 日に新型コロナウイルス感染症への対策は危機管理上重大な課題であるとの認識の下，国民の生命を守るため，新型コロナウイルス感染症をめぐる状況を的確に把握し，この難局を乗り越えることができるよう，総務省，地方公共団体および所管指定公共機関が連携・協力して対策を進める方針を策定した。

民間企業の活動や市民生活においては政府による要請はもちろんのこと，全国の地方公共団体からも通勤ラッシュの回避や学校の休校，イベント自粛，不要不急の外出を控える等の多々の要請がなされるなどし，新型コロナウイルス感染症の流行は情報流通を始めデジタル経済にも大きな影響を及ぼしている。企業においてはネットワークを使用する在宅勤務，また学校教育機関では閉校や自宅学習からオンラインによる授業などが試行されてきた。一般に生活様式が大きく変化し民間企業での在宅勤務も増えてきたが，とりわけ学校教育機関

での活動への影響は多大となった。

　2022 年 3 月 21 日をもって，全国的な範囲に実施されていた「まん延防止等重点措置」が終了し新年度からは対面授業が再開した。しかしながら今後については的確に見通すことは容易ではないため，当面は今までの取り組みの維持改善を念頭におくことが重要となろう。

　以下，情報環境の進展する中で教育主体者と学習者が同一の場所に存在しない場合の教育学習形態（いわゆる遠隔教育）の概要を述べて，効果的な方法論を中心にその発展状況，現状そして今後のあるべき展開についての基礎としたい。

1-2　遠隔教育の概要

　まず遠隔教育とは何かその概要について述べる。（なお，遠隔教育の教育という概念については，以下教授・学習活動も含めている。）

　一般的には，「遠隔教育」は，一定の教育目的のために遠隔地間での教授―学習活動を実施することである。また，海外では通学が困難な学生に教育を届けるため，日中は働いていて教室に通えない者に教育を提供するため等の理由で行われてきた。遠隔地間でのコミュニケーションの方法は多様であり，後述する郵送から始まり，課題への添削を通しての学習形態が元祖といえる。

　インターネットの普及浸透によりネットワークを積極的に利用したものは，1990 年代に登場し，2000 年代前半までは PC を利用して行われるものが主流だったが，2000 年代，2010 年代にはタブレット類やアプリケーションが比較的安価に流通するようになり，e-learning 等情報環境の進展とあいまって，より送り手である教員も受け手である学習者も操作・利用方法は容易になってきた。

1-3　歴　　史

　オープン大学として 1858 年にはロンドン大学で通信教育プログラムとして「External Programme」という名称の補助的な教育プログラムが用意された。遠隔教育という表現は，もともとはオーストラリアで，子どもたちが通学が困難な場合の学習支援などで使われていたものといわれているが，1911 年にはクイー

ンズランド大学がDepartment of Correspondence Studies（通信学習部）を設立し，50年後には，双方向の無線通信を使った遠隔教育が始まっている。

　現在は既に多くの国，地域でコロナ禍への対応として多様な試みがなされてきたが，登校，通学せずに遠隔地からでも教育を受けることができるといった場合以外でも，特に高等教育では，前述のように多忙でも自分の都合に合わせて学ぶことができるなど時間を有効活用できるなどのケースも増えてきており，その必要性は明確である。

1-4　普　及　率

　日本では，元々通信教育という言い方が通用していたが，郵便による学習成果の報告だけでなく，テレビ・ラジオを使って授業を受ける学校法人NHK学園・放送大学学園や，民間企業によるインターネット利用の大学などが登場するようになり，現在では数多くの予備校や学習塾なども遠隔教育を導入し普及している。

　2020年の新型コロナウイルスの流行では，小学校・中学校・高等学校が一斉休校になるなど通学が難しくなったことから，急にインターネットを利用した遠隔教育（オンライン授業）が実施されてきたといえる。同時点では，日本のインターネット普及率は約91.3％（世界第23位）で，対してアメリカは約87.5％（同34位），イギリスで94.9％（同16位），ドイツが約89.7％（同27位）だった。加えて，日本では同年3月2日から休校要請が出たが，欧米各国のそれは3月中旬から下旬であったとのことである。

1-5　遠隔教育の方法論

　このように，郵送による方法から情報環境の進展とともに，知識伝達の方法論は以下のように大別される。

・非同期型

　これは，あらかじめ録画作成した動画を配信する形式のオンライン授業である。生徒は，コンテンツがアップされているWebサイトなどから，その動画

を視聴し，知識を獲得する。

　同期型，いわゆるリアルタイムの応答をする必要がないため，聞き逃した部分を繰り返し聞いたり，ノートをとる際などに一時停止したりすることが可能である。また，基本的に動画が削除・非公開にされない限りは Web サイト上にあるので，学習時間が確保される時間帯で学習が可能となり，電子教科書やオンデマンドのコンテンツなどの利用方法である。

・同期型

　同期型配信は，現在は飛躍的に普及した後述する動画配信ツールなどを利用して，リアルタイムで配信する形式のオンライン授業が可能となる。リアルタイムでの配信なので，一定の決定された時間に実施することになる。比較的手軽に行えることから，オンライン授業をライブ配信で行う教育機関が増加している。時事的な内容を扱う分野ではタイムリーな更新が可能となる。

・双方向型

　双方向タイプは，上記の同期型を前提としてリアルタイムで授業を進めるオンライン授業である。情報環境の進展により「Skype」，「WEBEX」や「Zoom」やなどの多種のアプリケーションが製品化されている。お互いの顔を確認できること，生徒がチャットなどで質問できる機能がある。講師と生徒がインタラクティブにコミュニケーションを取れるため，対面授業に近い学習環境が実現する。

2.　遠隔教育実験の事例について

　以下，節 1 節の歴史と重複する部分もあるが，より具体的な過去の事例等を通して，遠隔教育の評価等について具体的な体験事例を紹介する。

　内容は大変シンプルで原始的ではあるが具体的なイメージを知るうえでは典型的な事例なため敢えて述べさせていただく。

2-1　遠隔授業実験の概要

　筆者は 1986 年から 3 年間，公的教育機関において，情報分野における遠隔

授業の経験があるが，具体的な目的に応じた遠隔授業を実施・運用した。

　具体的には情報技術人材の育成であり，SE 教育として，SE に求められる知識技術の定着のための，「提案型行動力修得コース」という演習コースを実施した。このコースの教育方法論として，複数（3 人）の講師が担当したところが特徴的である。講師の 1 人はシステムに関する詳細な技術について教授し，もう 1 人は，システム開発のプロセスについての実施・運用レベルのスキルについて演習を担当した。最後に 3 人目の講師がケーススタデイとしてすべての学習成果をロールプレイング形式で総括する構成になっており実践的で教育効果が高く 10 年以上実施されてきた。

　このコースプログラムは前述のとおり，複数の講師が必要であり，スケジュール，実施場所の調整などが必要であり，遠隔地での実施は，講師 3 名が同時に同一場所に所在すること，受講者が同様に同一の場所に集合することなど円滑に進めることは容易ではなかった。一方で日本各地からの研修要望があり，講師スタッフとも多忙であった。

　ここで，上記のニーズ，条件への対応として 1989 年には NEC の通信システムの NESPAC により複数の地方都市の受講生に対してサテライトによる遠隔授業を試行した。詳細は後述するが同様の方法でその後 2 回にわたり評価のための実験を行った。

　なお，NESPAC は衛星を利用した遠隔システムであり概要は次のとおりである。

　NEC は，全国各地に分散するグループ社員に対する教育受講機会の拡大，均等化と，変化に対応する迅速な教育情報の提供と共有化を進めることを目的として，1987 年 5 月に衛星通信を利用した企業内教育システム「NESPAC」を構築し，運用を開始した。さらに，1990 年 11 月から支社，支店，関連会社にも受信設備をおき，「NESPAC-TV」を開始した。その後，システムの拡張を行い，1993 年 7 月には東京・田町にある東京衛星教育センターを中心にして，全国 10 カ所を双方向で，146 カ所を放送型（片方向）で接続し利用された。

42

2-2　実験の概要

　今から 30 年ほど前の時点での高度情報処理技術者の育成を目的とした遠隔教育実験であったが，後述するようにあるべき教授活動の基本的かつ共通的な知見が得られたため敢えて実施内容と結果を紹介する。

　この時点での背景としては，画像通信による双方向型の遠隔教育は，高度情報化社会における新しい教育方法への試行であった。既に遠隔教育は，激しい技術革新，企業間競争教育のグローバル化などに対応できるため，米国の大学を始め，国内の一部の大学や先進企業において盛んに行われていた。

　そして，JIPDEC（現．日本情報経済社会推進協会）の中央情報研究所（CAIT：Central Academy of Information Technology）では，1989 年度に高度情報処理技術者育成という社会的ニーズに応えるための通商産業省の施策の一環として遠隔教育システムに関する調査研究プロジェクトを発足させそれに取り組んできた。調査研究のテーマは，主に高度情報処理技術者教育を目指した遠隔教育システム実現のためのネットワーク構成の在り方，学習者および教授者インタフェース，教育内容，最適教授法などを明らかにすることが主な狙いであった。

　3 年間に及ぶ実験を基本とした研究の結果，遠隔教育では，講師の指導の仕方，すなわち「教授法」が極めて重要であることが明らかになった。また，講師が力量を発揮するためには，使いやすいインタフェースが重要であることも明らかになった。

　以下，遠隔教育の中心課題である教授法に着目し，実験結果の要旨等を紹介する。

2-3　遠隔教育の必要性

　図 2-1 は，企業における情報処理技術者教育の問題点を中堅技術者と新卒者別に調査した結果である。この図からわかるように，中堅技術者の場合，①「教育に十分な時間がとれない」というのが68％であり，②「よい指導者がいない」，③「教育コストの負担が大きい」がそれに続いている。新卒者の場合も同様に，問題点の上位は，この 3 つが占めていた。情報処理分野における技術進歩は，

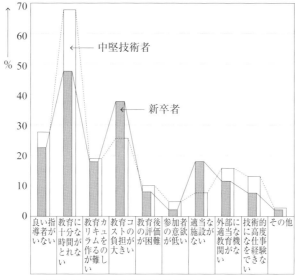

（出所）通商産業省機械情報産業局編（1987）170 ページ

図 2-1　技術者教育の問題点

現在の情報環境を見ればわかるように日進月歩である。

　しかし教育の必要性を感じながらも，教育のために時間をさくことは，なかなかできないのが現実である。ましてや，職場の中心的存在である中堅技術者の場合はなおさらである。

　仮に，前記①，②，③の問題点が同時に解決されれば，企業の情報処理技術者教育の大部分は解決されることになる。

　この問題を解決する 1 つの方法が，遠隔教育や e-laerning 等による分散型教育である。特に，遠隔教育の場合，道隔地の多数の学習者を対象に，同時に，同質の教育が実施でき，忙しい技術者に教育の機会を与えることが可能になる。また，講師の不足や教育コスト削減にも対処することができる。

　そして，1990 年度には，実際の遠隔教育シテムを使って遠隔授業の実験を 2 回実施し，また，1991 年度には，実験内容を拡大し同様の実験を 2 回実施した。実験は，いずれも教授法の研究に重点をおいたものである。1991 年度に実施

表 2-1　1991 年度に実施した実験授業の科目名，講義時間，指導スタイル

科目名および指導方法の特徴	時間	指導スタイル	発信局
(1) 「コンピュータってどう使うの？」 　　ビデオと講義を組み合わせた指導	90 分	講義	名古屋
(2) 「通信ネットワークの基礎」 　　OHP を使った講義形式の指導	70 分	講義	東　京
(3) 「LAN の技術」 　　ビデオで目標行動を提示，3 色カードでコミュ 　　ニケーションをしながらの講義	40 分	講義	〃
(4) 「21 世紀に向けた SE の役割と課題」 　　学習者への問いかけ，アクションをさせながら 　　のダイナミックな指導	30 分	講義	〃
(5) 「Windows が拓く新しいメディアの世界」 　　マルチメディアを利用し，コンピュータ提示画 　　像情報をそのまま使った指導	40 分	講義	札　幌
(6) 「遠隔教育システムの意義と課題」 　　グループによる討議，イメージコミュニケー 　　ションによる指導	40 分	討議	東　京

（出所）田村・佐藤・井上（1992）26 ページ

したプログラムの科目名，講義時間，指導スタイル，発信局名を表 2-1 に示した。

CAIT では，当時，全国各地で地域企業内研修リーダ養成，高度情報処理技術者の育成および専門学校等における専任講師の養成に取り組み課題解決を図っていた。

例えば，全国 16 カ所に講師を派遣し，1 カ所で約 10 日間の研修を実施していた。

しかし指導講師の数は限定されており，指導対象地域，コース数，カリキュラム内容等，これ以上の教育ニーズに応えることは難しく，地域格差が出るのはやむを得ない状況にあった。このため遠隔教育システムの導入が強く望まれた。

2-4　実験の目的と背景

CAIT では，1990 年度に遠隔教育システム調査研究委員会を発足させ，遠隔教育方法に関する予備調査を行い実験企画を行った。

2-5　実験システムの構成

　実験システムは，前述の NEC サテライト教育システム— NES PAC —（図 2-2）を借用し実施した。本システムは，国内衛星を利用したもので発信局（講師の教室）と多地点の受信局（学習者の教室）とを動画像，2 画面を使って結ぶことができる完全双方向型の遠隔教育システムである。

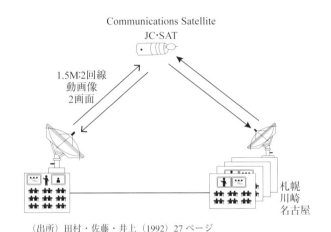

（出所）田村・佐藤・井上（1992）27 ページ

図 2-2　遠隔教育実験システム構成図

2-6　実 験 方 法

　実験は，1990 年度の場合，東京（田町）を発信局とし，札幌，福岡，名古屋を受信局として授業を実施した。また，1991 年度は，発信局をそれぞれ東京，名古屋，札幌と変えて，川崎（受信局のみ）を含めて，下表の 4 教室を対象とした大規模な実験授業を実施した。

表 2-2　各教室の参加者数（人）（平成 3 年度の場合）

地域名	第 1 回	第 2 回
札　幌	11	11
東　京	10	10
川　崎	6	7
名古屋	11	11

（出所）田村・佐藤・井上（1992）27 ページ

実験に参加した受講者は，学生と社会人である。社会人とは，会社員，教員，技術者等である。

2-7 実 験 結 果

実験授業終了後，受講者に遠隔授業に対するアンケート調査を実施した。

ここでは，遠隔授業全体に対する総合的な意見の一部を紹介する。

a) 遠隔授業についての総合的な感想

遠隔授業全体についての感想を図 2-3 に示す。

図 2-3 は，1990 年度，1991 年度，それぞれ，次のような質問をした結果である。

① 「遠隔教育は今後の情報処理教育に変革をもたらすと思うか」，② 「これ

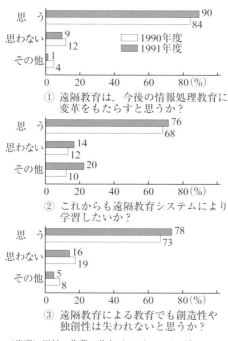

（出所）田村・佐藤・井上（1992）27 ページ

図 2-3 遠隔授業についての総合的な感想

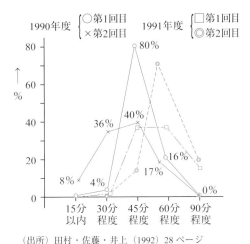

（出所）田村・佐藤・井上（1992）28 ページ

図 2-4　遠隔教育の最適な講義時間

からも遠隔教育システムにより学習したいか」，③「遠隔教育による教育でも
創造性や独創性は失われないと思うか」。図からわかるように，1990 年度，
1991 年度ともほぼ同じ割合で肯定的な意見が圧倒的に多い。

　このような回答意見からも，遠隔教育は，有効な教育手段であるといえよう。

b）最適な授業時間

　遠隔教育の最適な講義時間については 1990 年度と 1991 年度では，若干意見
が異なっている（図 2-4）。

　この結果から遠隔教育の最適授業時間は，45 分から 50 分が適当であると結
論付けられる。これは，遠隔授業を本格的に実施する場合に参考となる値であ
る。

2-8　授業を活性化する効果的教授法

2-8-1　教授法に対する受講者の要望

　遠隔教育システムが，同時に異なる地域の多数の受講者に，一定の知識を正
確，かつ均一に一方的に伝達するだけに留まるならば，教授法にはあまりこだ

表 2-3　遠隔授業の教授法についての受講者からの意見

〔教授法について〕
a) 講師との一体感
　情報が一方通行にならないこと
　コミュニケーションを十分に
　臨場感
b) 変化に富んだ講義
　リズムのある講義，討議も有効である
　提示資料に頼りすぎないこと
c) 教材提示にも工夫を
　ビデオによる演示，実物提示，アニメーション
　提示のタイミング
〔話し方について〕
a) 温かさが伝わるように
　親しみを持って，「問いかける」ように
b) 話し方は，ゆっくりと，リズムをもって
c) 間の取り方に注意
d) アイコンタクト

（出所）田村・佐藤・井上（1992）28 ページ

わる必要はないであろう。しかし，これでは，ビデオ教材や印刷教材を配布する従来からの通信教育と何ら変りはない。遠隔授業では講師は，通常授業の場合以上に「気くばり」が必要である。遠隔授業の教授法について，受講者からの意見を表 2-3 にまとめた。

　この表からわかるように，教授法についての受講者の意見は基本的には通常授業の場合と同じである。しかし遠隔授業の場合，特に強く出される意見は，「講師との一体感」，「臨場感」および「温かさ」である。これは，メディアを介した授業では当然のことと考えられる。これらの要求は，講師の教え方，すなわち教授法の改善によってかなりの部分が解決されると考えられる。

2-9　授業活性化の方法

2-9-1　コミュニケーション・ツールとしての「3色カード」の活用

「講師との一体感」，「臨場感」および「温かさ」の問題は，受講者と講師とのコミュニケーションを密にすることで，ほとんど解決されると思われる。コ

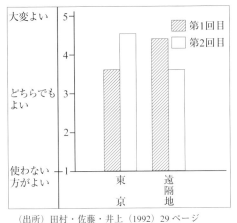

（出所）田村・佐藤・井上（1992）29ページ

図2-5　3色カードの利用についての意見

ミュニケーションを密にする1つの方法として，当時，「3色カード」が提案
されていた。3色カードは青，黄，赤色のカードで，それぞれ肯定，未決定，
否定を意味し，基本的にはレスポンスアナライザーの機能を有する。なお，通
常授業においても3色カードを利用した授業の活性化を図った例が報告されて
いる。

　今回，表2-1の（3）の「LANの技術」の授業で3色カードを使い授業を行っ
た。実験では，それぞれの受講生に3色カード（青，黄，赤色の小紙片）を持っ
てもらい，講師は，受講者に質問をし，受講者の反応を把握しながら「会話形
式」により講義を進めた。この場合，「会話形式」とは，「語りかけるように授
業を進める」という意味も含んでいる。3色カードの利用についての意見を図
2-5に示す。

　大部分の受講者が3色カードの利用に賛成であり，平均は4ポイントであっ
た。その理由は「授業への参加意識が高まる」「コミュニケーションが深まる」
であった。

　3色カードは，講師側からは，遠隔地の学習者集団の「反応状況」が手に取
るようにわかるという利点がある。3色カードは，遠隔授業でのコミュニケーショ

ンを活性化するための重要なツールである。前述のようにレスポンスアナライザーの機能と同様であり，双方向のコミュニケーションに不可欠である。

　2-9-2　グループディスカッションとイメージコミュニケーション

　情報創造におけるディスカッションの果たす役割は重要である。特に，対話による新たな「気づき」は，情報を整理・統合化し，価値ある新たな情報を生みだす機会となる。

　表2-1の（6）の授業では，各サテライト教室ごとに，数チームのグループを編成し，グループディスカッションをさせた。そして，ディスカッションの結果をイメージ（1枚の絵）にまとめさせ代表がそれを全サテライト教室に対して発表するという方法を試みた。

　その結果，受講者の発言回数は，大幅に向上し，また，全教室同時学習という「連帯感と励み」が感じられたという意見が多く出された。

　ディスカッションを単なる「対話」とせずに全国的に散在する，より広い範囲の受講者と，異質の意見の融合および統合化は，遠隔教育だからこそできる「メリット」ともいえる。

　この方法は，受講者に大きなインパクトを与えた。また，各グループが意見集約した結果を（文章や言葉ではなく）わずか1枚のイメージに表現して意見交換することが，授業活性化につながり大きな効果をもたらす結果となった。

　イメージの有する訴求力を活用した「イメージコミュニケーション」は，遠隔教育メディアの特性を積極的に活用した方法であり，遠隔授業の場合，大きな力を発揮する。

　「グループ討議」と「イメージコミュニケーション」は，遠隔教育教授法の重要な1つの方法として位置付けることができる。またこれは米国の大学の大教室での運営時の効果的な方法である。

　2-9-3　BGMの活用

　ハイテク技術を駆使した遠隔教育システムは，とかく「冷たく」「機械的で」「事務的な」感じを与える学習環境を作りやすい。これを改善する方法として1991年度の実験授業では，講義時間中にBGMを流すことにした。

　BGM は，学習を緊張感から開放し，リラックスして授業に参加できる，と受講者から大変な好評を得た。この他，表 2-1（3）の授業では，「実物の提示」や「アニメーション」の利用，目標行動を「ビデオで提示する」方法を試みたが，これも大変好評であった。

　なお，10 年後の 2000 年には長岡技術科学大学で複数クラスにおける遠隔授業の特性分析を行っている。具体的には，複数の工業高等専門学校に対する遠隔授業の実施とそれに伴うアンケート結果，客観データを数量化Ⅲ類法を用いて要因分析を行っており，5 段階の順序性を持つ授業の好ましさに係わる質問項目とその理由を聞く名義尺度項目を同一尺度上で数量化した。

　アンケートの総回答数は 166 人で 2 年生 30 人，3 年生 56 人，4 年生 80 人で回答率は 44.8％である。

　その結果，複数クラスにおける遠隔授業の特性として授業の好ましさに関する項目の重要度は，「遠隔授業という授業方法について」，「教育テレビに比較してよかったか」，「実感が持てたか」，「教師との親近感」，「学校間の違い」，「質問ができたか」，「授業回数」，「授業内容の理解」の順であり，評定の理由に関する項目として，「学習者が教師に認識されているかどうか」が主な要因となっていることが示された。すなわち，質問などの顕在的な双方向性以上に，まず認識的な教師との双方向性（相互作用）が重要であり，複数クラスにおける遠隔教育でも，教師―学習者個人の関係が要求されていることが示された。この分析結果は前述した研究結果と同じ傾向であることが裏付けられたといえよう。

2-10　今後の遠隔教育方法に関する研究課題

　遠隔教育は，従来の教育方法と比較すると，理論的には，無限の数の学習者を対象にして，距離の制約なしに教育を実施することが可能である。すなわち，遠隔教育は，教育における物理的距離を限りなくゼロに近づけることが可能である。しかしながら一方では，遠隔教育は，受講者との心理的な距離を無限大にしかねない要因を常に内在している。講師と受講者が物理的空間を乗り越えて，心理的距離感を少しでも少なくすることが重要課題でこれは長岡技術科学

大学の実験結果からも明らかである。

遠隔教育は，物理的距離と心理的距離，時間的・経済的効果と学習効果，こういう矛盾する両極の中で揺れ動く「振り子」のごとき宿命を担っているといえる。また，この矛盾を統合することが今後の教授法に関する重要な研究課題である。

ここで，遠隔教育では，2つの教授タイプを提案する。情報提供型教育と情報創造型教育である。

2-10-1　情報提供型教育

情報提供型教育とは，情報伝達および情報提案を内容とする教育である。

情報伝達を内容とする教育においては，均質な情報を正確に伝達することが基本である。

また情報提案を内容とする教育とは，多くの情報を網羅し，学習者が自己のニーズに合致した情報を取捨選択する場合である。遠隔教育において正確な伝達と適切な提案が教授者からなされるならば，学習に対する心理的距離感への配慮や，学習者間の相互交流の配慮は必ずしも不可欠ではないであろう。なお，シンガポールポリテクニックでは，以前からバーチャルカレッジというコンセプトで授業のほとんどをネットワークで行うことを志向していたが，全面的に非同期型の遠隔授業には限界があり，1997年には知識の伝達はネットを利用するが教室内では教師と学生のコミュニケーションのみに移行している。

2-10-2　情報創造型教育

遠隔教育システムによる教育が挑戦すべき最終目標は，「情報創造型」教育である。情報創造型教育とは，情報統合および情報発案を内容とする教育である。すなわち，情報を与え，それを受け取り，理解するという教育ではなく，一定の情報を手掛かりに，これまでの知識，経験技術を総動員して整理・統合化し，新しい情報として再構築することを狙いとした教育である。新しい役立つ情報を既存の概念にとらわれることなく，創造的に発見することを狙いとする。この場合，学習者の主眼は，思索と発見であり，教授者はこの場合，寧ろ提案者，あるいは援助者の立場である。またこの場合，学習者の主体的参加度

は極めて高く，教授者と学習者，あるいは学習者同士の心理的距離感は極小である。このような教育は，一見，遠隔教育には馴染まない感を与えるが，時間的，経済的コストに厳しい，しかも広範囲に分散している有為な人材間の知恵の融合による情報統合・情報発案こそ，遠隔教育システムが今後，目指すべき目標となる。

2-11　結　　論

　情報処理教育の分野における遠隔教育の必要性，遠隔授業活性化の方法，教授方法の研究課題について述べた。遠隔授業では，① 受講者とのコミュニケーションが重要であり，② 情報の一方通行・伝達にならないこと，③ 親しみを持った問いかけ等々，遠隔地の学習者に対する「気くばり」が最も重要である。これらを解決する具体的な方法として，①「3色カード」の利用，②「グループ討議」，③「イメージコミュニケーション」，④「BGM」の利用などが，有効であることを過去の実験結果報告をもとに述べた。

　遠隔教育システムは，教育のグローバル化を実現し，現在，情報処理教育の抱えている大きな課題を解決する有力なツールである。しかしメディア利用の教育は，大変便利で効率的であり，長所も大きいが，使い方（ユースウェア）を誤ると欠点が強調されて逆効果になってしまう。遠隔教育では，教授法の研究がより一層重要であることを強調したい。さらに，教授法を講師個人の力量のみに頼るのではなく，講師が講義しやすい教授者インタフェースを開発する必要がある。学習者インタフェースの研究と併せて今後深める必要がある。

　その後，1993 年にはマルチメディア遠隔教育システムによる分散型教育を実施し，遠隔教育システムの定量的な評価分析を行った。すなわち，システム構成の異なる 2 つの遠隔教育システムの比較を行い，システム評価に関与する重要要因の抽出，教授法ならびに中央教室と地域教室との差異について数量化分析を行った。その結果，システムの評価を規定する因子として「トランスペアレントな伝達機能による学習意欲」「教授法」「臨場感」の 3 つを抽出した。

　これら 3 つの因子は，遠隔教育システムの「善し悪し」を決定付ける重要な

要因であることを明らかにした。そして，最適な学習者インタフェースを設計するには，この 3 つに着目して，改善・工夫すれば，より効果的な分散型教育が実現できることと結論付けた。特に「教授法」では，受講者に対し，情報を一方的に提示する「情報提示型」の教授法ではなく，遠隔地の受講者と絶えずコミュニケーションを行い，心理的距離感を少なくする「コミュニケーション型」教授法が重要であること，「臨場感」を高めるには，学習者インタフェースとなる情報提示装置（プロジェクタ）を大きくし，観視視野を広げる必要があることを提案した。

そしてテレビ会議による遠隔教育システムとしての最適化について検討し，制御情報を活用した統合型システムの提案を進めた。

以上，前述のとおり複数の講師による授業であったため，個々の教室でのメンター的な役割を担当できたため，教授法の工夫により目的に合致した授業を運用でき，地方においても実施可能になった意義は多大であった。これらの過去の経験から得た教授法の在り方は今後の取り組みに際して基盤となると思われる。

3. 情報環境の進展と教育環境

ここで，遠隔教育を取り巻く情報環境の進展を概観する。

3-1 ISDN

前節での試行の後には，ISDN が普及しこれを利用することが現実的になってきた。前述した NESPAC は，大規模で運用費用等の問題からその借用はあくまでも一時的な借用で個別の組織においては恒常的に実施することは現実的ではなかった。当時，NTT で ISDN のサービスが開始され，中央大学でも海外の大学間での授業交換等を試行したが，回線費用は受講生数を頭割りにすれば，航空賃等の移動費用の問題は解決された。しかし，テレビ会議システム等の設置の問題など細かい課題はあった。テレビ会議システムも世界中で新たな機能を持つ機器が開発され，発売されてきた。

Comparing costs by Network Services

Conditions:　70km distance inside Japan
30times / 2H for 1 month

Network	ATM Link	Satellite	ISDN
Picture	*MPEG2(6M)*	*MPEG2(6M)*	*H.261(128K)*
Reservation	*None*	*Required*	*None*
Initial Cost	*¥ 43-63M*	*¥ 180-200M*	*¥ 2M*
Running Cost	*¥ 1,900K*	*¥ 12,600k*	*¥ 144k*

（出所）佐藤（2000）7 ページ

図 2-6　2000 年時点での回線別費用比較

　筆者は 2000 年 1 月 24 日に，札幌の APEC の APEC-MDL Seminar on Industrial HRD Via Virtual Learning（バーチャルラーニングによる産業人材養成の展望）という大阪，バンコク，札幌間を結ぶセミナーで中央大学とシンガポール大学との事例を発表している。この中で実験時の Satellite と ISDN の利用に関して Satellite は予約が必要であり，また経費について，ISDN の利用では Satellite の数％程度と低額であり，補助金等の手当が無い一般的な組織では経費的に現実的ではないと発表した。

　関連して，次にテレビ会議システムの歴史について述べる。

　NTT が実験を繰り返し，テレビ電話のサービスを開始したのは 1984 年で電話機が普及し，その次のビジネスの目玉として考えたのがテレビ会議システムであった。

　当時は大規模なシステムで，一部の先進的な大企業に採用されていた。重役会議などに利用したり，工場と本社を接続し，社長の迅速な意思決定などを支援するようなシステムで，重役用の会議室に設置され，利用者も限られていた。

　1988 年になって，ISDN のサービスが開始され，デジタル回線の利用が可能になった。提供されたのは「INS ネット 64」とその 15 倍の容量を持つ「INS ネット 1500」の 2 つである。ISDN（H.320）に対応したテレビ会議システムが多くの事業者から提供され，導入企業が増加した。

　そしてテレビ会議システムとデジタル回線は相性がよく，品質が向上した。

アナログは圧縮がネックとなっていたが、デジタルでは圧縮しやすく限られた帯域を有効に活用でき端末もデジタル化することで低価格に抑えることができた。

ここで ISDN が主流であったテレビ会議システムの大きな転換期となったのが、90 年代後半のインターネットの普及である。

IP 網上での活用を想定した標準化（通信プロトコル H.323）が進められ、テレビ会議の製造事業者は IP 網への対応を急いだ。さらに 2000 年以降はブロードバンドが一般的となり、テレビ会議システムの追い風となった。

しかし、これには技術上のハードルも多くあった。IP 網はパケット通信であり、双方向のリアルタイム通信に適していない。ある程度の大きさにデータをまとめて（パケット＝小包にして）転送するので、どうしても遅延が発生した。ファイアウォールなどの仕組みも、双方向通信と相性が良くなく、また、テレビ会議システムは限られた帯域を圧迫してしまう。しかし、インターネットは時代の潮流であり、製造事業者は技術開発を重ね、改良してきた。

あらためて情報環境の歴史を遡っていくと、前述のようにその歴史は古く、インターネットが登場する以前の 1800 年代には既に、郵便や電話などの通信手段を用いて特定の科目やスキルを学ぶための遠隔教育が提供されていた。大学においても、イギリスのロンドン大学では校外生向けの学位取得プログラムとして通信教育が行われ、アメリカのシカゴ大学では通信教育コースが開設される等、遠隔教育が行われるようになった。

その後、通信技術が向上し、アメリカでは 1900 年代初頭から教育放送専用のアマチュア無線局やラジオで大学の授業を放送するなど、電波を利用した教育が始まり、1950 年頃からは大学でテレビ通信講座の単位認定も行われるようになった。

また米国では「プログラム学習」を実践するための「ティーチング・マシン」の発展した形で、コンピュータ支援教育（CAI）やコンピュータベースのトレーニング（CBT）、インターネットを利用したトレーニング（WBT）といった個別学習方式に多大な影響を与えた。

3-2　テレビ会議システム

　再度テレビ会議システムについてふれるが，プロトコルの H.323 はパケット方式でリアルタイムに音声やデータを送受信するために開発したプロトコルである。IP ネットワークで使われている H.323 のベースになったのが H.320 でこれは ISDN に対応するプロトコルで，NTT が H.320 プロトコルを遵守し前述した「INS ネット 64」と「INS ネット 1500」という商品名で 1990 年からサービスを開始し，この回線に対応したテレビ会議システムが各種発表された。

　米国の Picturetel は音声と画像の研究者が開発したテレビ会議システムであるが，湾岸戦争を契機に，海外渡航のリスクを排除しビジネスを実施するために産業界からのニーズが多く爆発的に世界中に広まったのである。その後続々とテレビ会議システムが開発，販売されビジネスだけではなく，教育分野にも利用が拡大されてきた。一例として，大学教員が海外の学会等の出席のためキャンパスを離れてもキャンパス内の教室の学生と双方向のやり取りが一般化されたのである。

3-3　e-learning

　そして，インターネットの潮流に伴って e-learning が浸透普及し，授業管理を行う LMS や CMS として多くの製品が教育機関に浸透した。なお，e-learning については，その普及とともにコンテンツと学習管理システム間において質を保証する方向で同一の教材・学習材などを利用するための規格が作成された。代表的な規格として，SCORM（Shareable Content Object Reference Model）がある。SCORM は，e-learning 共通化規格として，XML をベースにして作られておりこれが事実上の世界標準となっている。アメリカの国防総省や連邦政府により設立された ADL（Advanced Distributed Learning）が学習の仕様や設計を取り決め促進させるための標準化団体であり，学習環境を共通化することで，相互運用やコスト削減などを推進できるよう，SCORM の仕様策定など活動している。

　SCORM の登場以前は，AICC（航空産業 CBT 委員会：Aviation Industry CBT

Committee）が策定した規格などが利用されていたが，現在の e-learning では SCORM を基本とした製品が一般的となっている。

日本での e-learning の普及に向けて活動している，特定非営利活動法人の日本イーラーニングコンソシアムでは，SCORM 規格の普及活動の他，SCORM 技術者資格と呼ばれる専門家の認定や，講習会などのコミュニティ活動など，幅広い活動を行っており SCORM の認証制度も実施しており，SCORM 技術者資格と呼ばれる専門家の認定も行っている。

なお，e-learning については，米国だけでなくシンガポールでも積極的に使用された。シンガポールにおけるその推進は，主に ECC（e-Learning Competency Center）が担ってきた。ECC は，2001 年 12 月に設立された 3 年間の時限プロジェクト機関でありこの標準化や相互利用の促進に取り組み，同国の窓口的機能を果たしてきた。ECC は，ナンヤン工科大学（NTU）構内にある教育省傘下の教員研修機関の NIE（National Institute Education）に置かれた。かつての国家 ICT マスタープラン「iN2015」に盛り込まれた e-Learning の振興を図り，アジア・パシフィック地域における e ラーニング・ハブとしての地位を確立するというビジョンを達成するため，IDA の支援の下，地場 e ラーニング・ソリューション・プロバイダーの振興を図ってきた。また，e-learning を活用した大学も設立されてきた。2001 年にシンガポールを統括拠点として設立された U21Global36 は，オンラインでの大学院である。アジア，中東，オセアニア，アフリカ，欧米など 60 カ国から学生が受講し，シンガポール国立大学（NUS），香港大学，上海交通大学，早稲田大学，メルボルン大学（豪），オークランド大学（NZ），クイーンズランド大学（豪），ヴァージニア大学（米），バーミンガム大学（英）など 12 カ国の著名 20 大学と提携してコース内容のレベルを世界水準に高めてきた。

3-4　OpenCourseWare

さて，2000 年代になると，ほとんどの主要大学で，カリキュラムにオンラインコースが追加され始めた。民間企業でも，従業員の研修に e-learning が使用されるようになった。

　インターネットは現代社会の重要な基盤として完全に定着し E-Commerce（E-Business）が浸透した。そして映像などのメディア通信技術の向上と，パソコンやスマホの普及が進む中で，教育分野もさらなる発展をしてきた。2002年に，MIT が OpenCourseWare プロジェクトを通じて無料の教育資源を提供し，2007 年には iTunes U が登場し，これを活用してスタンフォード大学などアメリカの著名大学が，講義などのコンテンツの提供を開始した。同時期に Web会議システムが登場する。現在ではリアルタイムで授業が進むオンライン授業も一般化し「Skype」，「Webex」や「Zoom」などのアプリケーションが普及され使用されており複数の地点でコミュニケーションができ，また必要な場合は録画も可能となっている。これはテレビ会議システムとは異なり，会議のみならず，対話やコンテンツなどの情報の共有にも活用できる。専用のハードウェアや会議室を使わず個人の PC で Web 会議がサーバを介して相手先端末と映像・音声データの送受信を行える利点がある。

　Skype については，エストニアで開発され 2011 年にマイクロソフトに買収されるまではルクセンブルクに籍をおくスカイプ・テクノロジーズ社による運営だった。かつての Skype には P2P 技術が使用されていた。現在はクラウドベースのシステムへ移行しておりインストールが不要で容易に接続が可能で利用者が多い。

　なお，Webex は，Web 会議およびビデオ会議アプリケーションを開発および販売するアメリカの企業で，シスコシステムズによって 2007 年に設立された。ソフトウェア製品として，Webex Meetings，Webex Teams など数多くリリースしている。また，Zoom ビデオコミュニケーションズは，Webex と同じくカリフォルニア州に本社をおく企業で，2011 年に設立された。Zoom も現在は幅広く利用されておりビデオ会議，オンライン会議，チャット，モバイルコラボレーションを組み合わせた主に Web 上でのコミュニケーションソフトウェアを数多く提供している。

　前述の OpenCourseWare プロジェクトとしては，e-learning に関する規格とコンテンツ共有のための規格が定められてきた。

60

　さらに 2009 年には，YouTube EDU がサービスを開始し，2012 年には Coursera，Udacity，edX という巨大なオンライン教育サイトが，大規模オープンオンラインコース（MOOC）を開始し，何百もの大学教育レベルの MOOC を公開して世界中の学習者に提供するようになった。

　また米国では数多くの遠隔教育関連の学会等の機関があり，The United States Distance Learning Association では，同国の『遠隔教育学会』として幼稚園から小中学校，大学，そして生涯教育，企業での社内教育に至るまで，あらゆる分野で遠隔教育を利用する個人や組織のための学会である。"Education at a Distance"という雑誌を発行しており，1998 年 10 月号の会長からの報告には，会員は 5,000 人以上，セミナーやワークショップへの参加者は毎年 3 万人との報告がある。

3-5　MOOC

　ここで，教育環境の大きな変化としては，前述の大規模公開オンライン講座（MOOC：Massive Open Online Course）は，オンラインで誰でも無償で利用できるコースを提供するサービスで，希望する修了者は有料で修了証を取得できる。世界トップクラスの大学・機関によって様々なコースが提供されている。「Coursera（コーセラ）」「edX（エデックス）」への登録者数合計は 3000 万人以上に達しており，MOOC を利用した世界規模の高等教育プラットフォームが形成されている。東大は日本初の試みとして，2013 年 9 月より Coursera で 2 コースを提供して以降，2021 年 4 月現在で全 19 コース（Coursera 9 コース，edX 10 コース）を提供した。登録者数は世界 201 の国・地域から累計 57 万人を超える規模となっている。また既に JMOOC（Japan Massive Open Online Courses　日本オープンオンライン教育推進協議会）での講義が配信されている。

　ここ 10 年を振り返ると，MOOC という言葉が多くのメディアに登場し，認知され始め日本でも東京大学や京都大学の他に私立大学も取り組んでいる。

　これは，世界中に日本の大学の講義を配信する，というもので日本の大学が自ら配信プラットフォームを持つのではなく，米国の主要大学が参加している

MOOC に講義提供者として参加する，という形をとっている。この講座の実施に関して，履修者の学習状況や成績の分布などの研究を進めるとともに，オンライン講座と対面授業を組み合わせる「反転授業（Flipped Classroom）」についても試行的実践と評価が行われてきた。早稲田大学や慶應義塾大学をはじめとする私立大学の MOOC の取り組みは，JMOOC が中心である。

　京都大学では，2005 年から京都大学 OCW として，学内で実際に利用しているコンテンツをインターネットで公開している。学内の学生，教職員，他大学の学生，関連学会の研究者，京都大学を志願する高校生，社会人など，あらゆる方々に門戸を広げ，京都大学の講義内容を知ってもらうことを目的としている。また大学教育の情報公開の一環として，全部局のシラバスも OCW で公開している。対外的な交流としては，世界の 300 以上の OCW 推進機関で構成されるオープンエデュケーションコンソーシアム（旧：国際オープンコースウェアコンソーシアム），日本オープンコースウェアコンソーシアムに加盟しており，国内外で OCW を推進している大学や企業との交流を図っている。2018 年度時点で公開している講義数は 822 講義でその内訳は，「通常講義」が 348（日 290，英 53，仏 5），「公開講座」が 326（日 267，英 57，仏 2），「国際会議」が 75（日 5，英 57，仏 13），「最終講義」が 73（日 72，英 1）となっている。

　ここで出てくる「反転授業（Flipped Classroom）」や「反転学習」も，オンライン教育，MOOC の主要キーワードの 1 つで，通常の講義中心の授業ではなく，講義はオンラインで事前学習し，対面授業では演習や課題などを中心に行う形式の授業のことである。

　なお，関連してライセンスフリーのムードル（Moodle）は Modular Object-Oriented Dynamic Learning Environment（モジュラーなオブジェクト指向ダイナミック学習環境）は，1999 年に開発開始され，現在は日本語を含む 7 カ国の言語に翻訳されている。2017 年 9 月現在 234 カ国，82,291 のサイトでインストールされている。単一のサイトで最大のものは 19,000 以上のコースを持っている。

62

3-6　対面授業とオンライン授業

　遠隔授業には，会議システム等を用いた同時双方向型と，オンデマンド型の一方向の2通りの方法がある。東京医科大学では，COVID-19による休校を受けて，東京医科大学もこの2つの形式を併用した遠隔授業を実施した。これまで少人数で行ってきた授業，実習（語学，人文科学系授業，臨床実習のクルズス等）については同時双方向性型を活用する一方，約120名の大人数が対象となるため双方向性の担保が取りにくい授業（基礎医学，臨床医学科目）に関してはオンデマンド型の方式を用いることとした。教室で行われる通常の授業では，理解するための事前準備と理解できなかった箇所の復習が別個に必要となる。これに対して，オンデマンド型授業では，「理解できない点を解決しながら視聴していた」ことから，授業と予習，復習が一体となっている形式とも考えられる。医学部は授業が過密であり，十分な時間を予習，復習に普段割けない状況にあり，予習・授業・復習の一体型が特徴のオンデマンド型の授業の方が理解しやすいと推測されるために実験を行った。

　その結果は，新しい知識・概念の修得に限定すれば，教室での対面授業は，オンデマンド型授業に対して，必ずしも優れていないことがわかった。つまり，教室での対面授業が知識を伝えることだけに終始することになるならば，その意義が失われる可能性を示唆した。多くの大学では，授業は，知識・概念を伝えることだけでなく，その運用による課題の問題解決，さらに，その経験の学修者間での共有も目指している。また，授業の到達目標は，知識・概念を伝えることだけではなく，態度・学修の姿勢，リサーチマインド・国際性の涵養も含まれる。しかし，教室での対面授業が，知識・概念の伝達のみに終始するならば，after COVID-19の時代にはオンデマンド型授業が有効ではないかと再度考慮する必要があるとの結論を得ている。

3-7　デジタルアーカイブ

　遠隔授業を支援する技術は，突き詰めれば通信技術，データベースそしてコンテンツになり，どの対象に向けて発信するかということである。対象をより

広げていくことが望まれ，既に地方自治体等で進んでいるオープンシステムの
ような展開が望まれる。この方向で実現されつつある具体的な事例としてデジ
タルアーカイブ（ス）がある。

　今まで情報環境の変遷と遠隔授業を支援する仕組みや技術の視点で述べてき
たが DX の広範囲な社会的な適用については，いわゆる産業界，学校教育以外
の社会教育，生涯学習の面での具体的かつ効果的な方法論として，特に代表的
な事例の 1 つとしてデジタルアーカイブがあげられよう。現状では多くの課題
も存在するが，これは遠隔授業を支援する 1 つの新しい流れと期待される。

3-7-1　デジタルアーカイブとは

　・「デジタル形式で」「記録する・保存する」／「記録されたもの・保存され
　　たもの」

　・「様々なデジタル情報資源を収集・保存・提供する仕組みの全体」

のことであり，当然教育機関や地方自治体でも優れた方法として受け入れられ
ているように多様な文化資源をデジタル化・公開するためのクラウド型プラッ
トフォームシステムである。

　これを実施しているのは，ADEAC（アデアック：A System of Digitalization and
Exhibition for Archive Collections）であり，地域の文化資源をデジタル化し公開す
るためのクラウド型プラットフォームシステムである。

　その原点は 2010 年度から 3 年間，東京大学史料編纂所社会連携研究部門に
おいて，石川徹也教授（当時，現 TRC-ADEAC 株式会社会長）が主宰し，大日本
印刷株式会社，丸善株式会社，株式会社雄松堂書店，株式会社図書館流通セン
ター等の企業が参加した産学連携研究の成果システムである。

　このシステムのコンセプトは，自治体史（県史・市史等）本文の横断的フル
テキスト検索と引用史資料の高精細画像閲覧を可能とすることにあった。この
ため，通常のメタデータの検索だけではなく，当初から史資料本文のフルテキ
スト検索が実装されていたところに最大の特徴がある。

3-7-2　ADEAC の現状

　ADEAC のビジネスモデルは，図書館や博物館，大学等のコンテンツホルダー

に働きかけ，資料をデジタル化し公開する一連のプロセスで利益を得る仕組みである。クラウドによる共同利用方式によりコストに配慮し実施している。各利用機関（発信者）と相談しながら，インターネット利用者に楽しく効果的に活用してもらえるデジタルアーカイブを構築し，ネット上に便利な地域資料のデータベースが出来上がりつつある。

2018 年 7 月現在，88 の機関（一部非公開・準備中を含む）が ADEAC を使ってデジタルアーカイブの構築を行っている。保有コンテンツ数は，メタデータの数で 58,406 件，うち画像があるものは 24,113 件（動画・音声を含む）となっている。直近 1 年間の月平均アクセス件数は約 170 万 PV という状況である。

コンテンツ作成（デジタル化）―公開―検索・閲覧の流れと仕組みは図 2-7 のように示せる。

期待される基本的な効果や実績としては以下のものがあげられる。

1）子どもたちの郷土愛の育成促進（教育教材）利用

①「副読本」とのリンク…「副読本」に記述されている事項を ADEAC で見

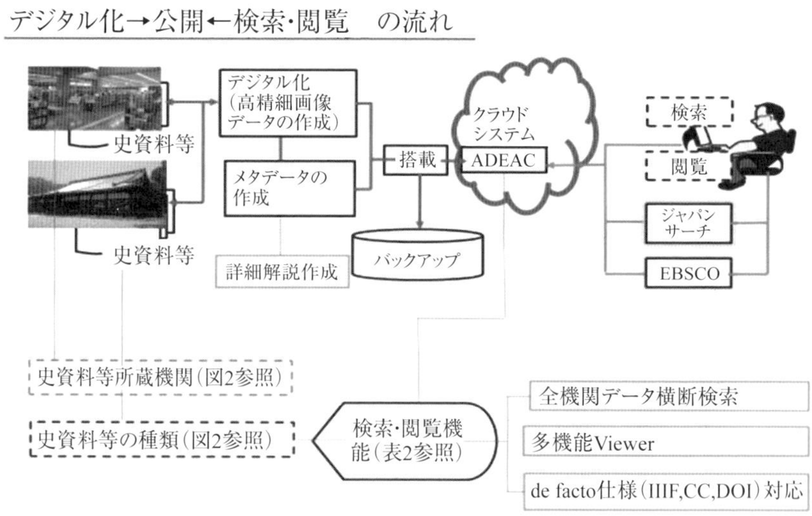

(出所) 石川（2022）70 ページ

図 2-7　デジタルアーカイブの仕組み

　　て理解を深める

　　②「調べ学習」の材…郷土の地勢・地誌等の調べ学習に利用

2）高齢者の知的活動促進利用

　　①古文書解読活動に利用

　　②地域史研究…街歩きの参考資料として利用

3）地域産業振興促進利用

　　①史資料の写を包装紙として利用

　　②レプリカ作成・販売品利用（例：延宝金沢図（土産品），江戸一目図屏風（装飾

　　　品））

　　③観光促進…例：古地図の写をガイド資料として利用

4）研究利用支援（例：特に「（国元・江戸）日記」の画像データおよび翻刻）

5）文化財資源の記録（例：災害・火災・盗難等による消失物の代替）

　　現在，ジャパンサーチと連携も開始しており，全国の各地域を対象に学校教育のみならず，生涯学習，社会教育の分野での活用も行われている。

　　3-7-3　課題

1）公開・非公開問題…特に，被差別問題に対する対応。ADEAC の方針は，所蔵機関の意志の下に実施しているが課題が存在する。

2）網羅性の限界…特に地域の史資料は膨大な件数に及ぶ。それらを維持管理する自治体には，コスト上の問題がある。

3）有意味なメタデータ作成の必要性…ADEAC では，官学連携の下に，地域の大学の協力を得てデータを提供している。この結果，検索精度の向上にも寄与している。

4）データ維持の永続性問題…データ容量増に伴う経費問題は，将来的に保障することは容易ではない。この対応として，ジャパンサーチと連携が実施されたことである。

　　ジャパンサーチとは書籍・公文書・文化財・美術・人文学・自然史／理工学・学術資産・放送番組・映画など，我が国が保有する様々な分野のコンテ

66

ンツのメタデータを検索・閲覧・活用できるプラットフォームである。デジタルアーカイブジャパン推進委員会・実務者検討委員会の方針の下，様々な機関の協力により，国立国会図書館がシステムを運用している。

以上の他にも課題は存在するが歴史資料をデジタルコンテンツとして無料利用に供するだけでなく，より使い勝手のよいシステムにするために，多言語対応や自動翻刻機能，また歴史知識発見機能の研究開発等は不可欠な課題といえる。

また，ジャパンサーチ連携で見えてきた課題として
・コンテンツに対する権利表示の明確化
・クリエイティブ・コモンズの推奨
・権利情報の受け渡しのルール化
・メタデータ自体の権利
等があるが，多くは教育分野，とりわけ遠隔教育の活動でも共通する解決すべき課題である。

4. おわりに──あるべき教育環境と今後の展望について

上記までの検討で，今や遠隔教育も通常の授業も学習も ICT を活用した教育方法により手段としては，境界は無く，いかに効果的な知識，技術が獲得，定着できるかが本質であることがわかった。

ここでは，これらを再度確認したうえで今後の教育，学習環境のあるべき方向を考察していく。

まず，技術的な分野の前提となる制度面の現状は以下のとおりである。

4-1　教育の前提となる制度と現状

ここ 2 年ほど，コロナ禍の状況で，大学のみならず初等中等教育においてもいわゆる集団学習でなく自宅での学習を行うオンライン学習やリモート授業という形で多様な方法での教育形態が試行されてきた。

その方向性について文科省は令和 2 年 12 月 22 日に規制改革推進会議におい

て取りまとめた「当面の規制改革の実施事項」において，災害を含めた非常時に，対面授業に相当する効果が得られるとされる状況であれば，オンラインを活用した教育を実施した場合に，特例の授業として認めるとされたことや，デジタル時代にふさわしい仕組みとして，教育現場における ICT を活用した新たな取り組みが学生の希望等に応じた形で行われるよう，遠隔授業の実施に関する取扱いについて以下のような声明を出している。「大学設置基準第 25 条第 2 項等で規定する遠隔授業により実施する授業科目において修得する単位数は，同令第 32 条第 5 項等の規定により 60 単位を超えないものとして上限が設定されているが，同令第 25 条第 1 項等で規定する面接授業により実施する授業科目は，主に教室等において対面で授業を行うことを想定したものであり，例えば，面接授業の授業科目の一部として，いわゆる同時性又は即応性を持つ双方向性を有し，面接授業に相当する教育効果を有すると認めること，また通信教育を行う大学・学部においては，大学通信教育設置基準第 6 条の規定により，同令第 3 条第 1 項で定める大学設置基準第 25 条第 2 項の規定による遠隔授業によって実施する授業科目で修得した単位のみの卒業も認められ，本来面接授業の実施を予定していた授業科目に係る授業の全部又は一部を面接授業により実施することが困難な場合は，面接授業の特例的な措置として遠隔授業を行うなどの弾力的な運用が認められる。」

　しかしながら 2022 年 3 月文部科学省は，大学に対し，できるだけ対面授業を行うよう，新学期を前に通知した。文部科学省は，新学期を前に全国の大学に対して，新型コロナの感染対策をしたうえで，できるだけ対面授業を行うよう 22 日に通知した。

　なお，2021 年 4 月から 12 月末までに全国の大学を中退した学生のうち，新型コロナの影響と確認されたのは，前年度のおよそ 1.4 倍で，中退した最も多い理由は「修学意欲の低下」などで，文科省としては「オンライン授業が増え，人的交流ができないことが影響した可能性がある」としていて，大学に対面授業の実施を呼びかけている。

　このように，遠隔授業は今までの情報環境ならびに教育環境に関するノウハ

ウの蓄積を生かして各校においてかなり自由に運営できるようになってはいるが，教育環境としては当然人的な交流が求められている。

4-2　教育環境と DX

　情報環境の進展として，象徴的な DX という情報環境を志向する現状の中で遠隔教育を含む教育の方法論はいかにあるべきか。

　DX（Digital Transformation：デジタルトランスフォーメーション）は進化した IT を普及させることで人々の生活をより良いものにしていく変革のこととして，2004 年にスウェーデンの大学教授によって提唱された概念である。経済産業省は 2018 年に「DX レポート」「DX 推進ガイドライン」を公表しており，その中で DX を次のように定義している。

　　企業がビジネス環境の激しい変化に対応し，データとデジタル技術を活用して，顧客や社会のニーズをもとに，製品やサービス，ビジネスモデルを変革するとともに，業務そのものや，組織，プロセス，企業文化・風土を変革し，競争上の優位性を確立すること。

　既に，経済産業省だけでなく産業にかかわる分野では ICT を多次元，複合的な環境の中で最大限に活用することで認知されているが，広く教育環境を支える情報環境としても DX を意識することが求められる。上記の定義の中で「顧客や社会のニーズをもとに……」ということは当然，具体的にどこにニーズがあるかが重要であり，すなわち問題を定義し，解決目的を的確に定義する必要がある。すなわち新しい教育環境の要求定義を今後に向けて行うことが不可欠である。これは，前節で紹介したデジタルアーカイブ等のプラットフォームでも共通することである。またデジタル田園都市国家構想の 1 つの柱としても熟考されるべき事項である。

　既に技術的な面での進捗は，前節までで述べたとおりであるが，どのように適用するかが大事で，必要なことは教育環境そのものの改善方向を検討するこ

とである。

　では，今後の社会に望まれる教育環境とは何か。従来の教育機関での活動と関係で考察すると，それぞれの機関での閉じた環境から社会のあるべき方向性に合致した環境が重要である。

　すなわち，教育内容と教育方法の改善についての関係機関が連携し，評価基準の設定とそれに基づく質の保証を確保することが必要である。

　米国の一部の遠隔教育大学においては，DETC という遠隔教育の教育機関に特化した認証評価団体による監査が行われている。一方，欧州・英国・オーストラリア・タイ，いずれの国や地域において遠隔教育ということで特別の質保証の枠組みを設けているわけではなく，遠隔教育も教育の一環として取り扱われているが多くの任意団体や機関の自主努力で（特にインターネットを介した）遠隔教育に特化した質保証に取り組んでいることも見受けられる。

　対面教育においても ICT 活用が進み，ブレンデッド教育やハイブリッド教育といわれるように遠隔教育と対面教育の境界があいまいになってきた今日の教育の現場において，遠隔や対面といった教育の手段で分けて教育の質保証をすることに対して，見直しの時期にきている。教育は教育であり，手段ではなく，教育の成果の質が問われる時代になってきているのである。

　我が国においては，ここ 30 年間の遠隔教育を取り巻く情報環境は，諸外国と同様に大きな進展が見られた。しかし教授活動については，一貫して共通するインタラクティブな方法が不可欠であることは前述までの個々の成果からほぼ明白であろう。今後は知識，技術，それをインテグレーションするような効果的な新しい教育環境を作る方向が望まれる。

　このためのヒントが現実に事例として存在する。それは，ミネルバ大学の事例である。実施活動の要旨は，以下のとおりである。

4-3　ミネルバ大学の活動

4-3-1　概要

以下，現在公表されている情報から概要を紹介する。

2012 年 4 月，ミネルバ・プロジェクトは，ミネルバ大学となる学部プログラムを作成するためにベンチマーク・キャピタルからベンチャー資金として 2,500 万ドルを調達した。2013 年 3 月にはハーバード大学で社会科学部局長を務めていたステファン・コスリン（英語版）が入社し，初代部局長を務めた。彼はリベラル・アーツの 4 つの大学の学長を雇い，ミネルバのセミナーベースのカリキュラムの開発を監修し，同年 7 月にプロジェクトはミネルバ大学を正式に立ち上げた。

5 つのプログラムを有し 2014 年に最初のクラスが承認された。学校は，受験者 2,464 人のうち 69 人を合格にし，29 人の学生が入学したため，合格率は 2.8％，収率は 42％となった。2016 年に意思決定分析の科学で修士を提供することにより，大学院教育まで拡大した。

4-3-2　教育の特徴

大学の講義はすべてオンラインで行われる。授業は 1 クラス 19 名を上限とする少数編成のセミナー形式で行われ，教員の講義ではなく，学生同士のディスカッションを中心に進められる。すべての授業は録画されているため何度でも見返すことが可能で，音声が自動で即時にテキスト化されるので，講師からのフィードバックも早く確実になるなど，学生たちの深い学びが効率良く進められるようになっている。成績は毎回の講義ごとに 5 段階で評価されるので，現時点での自分の理解度などを認識できる。

4 年間のカリキュラムは，理解の幅と専門知識の深さのバランスがとれるように明確に設計されている。さらに 4 年間で以下の世界の 7 都市を移動しインターンシップ的な教育環境に置かれる。1 年目は，サンフランシスコ，2 年目は，ソウル，ハイデラバード，3 年目は，ベルリン，ブエノスアイレス，そして 4 年目は，ロンドン，台北となっている。

学生は生活している場所での社会貢献活動を求められ，現地の問題など異文化体験をすることになり，学んだことを実際に活かす「異文化没入経験」のプロジェクト学習になっておりこれは教育環境の大きな改革といえよう。

4-4　日本での取り組み

　日本では清泉女子大学地球市民学科がミネルバ大学の方法論を導入している。2 年間の準備期間を設け，学際的な教授陣がこの方法をどう活かせるか FD（ファカルティ・デベロップメント）を繰り返し行いそのうえで，ミネルバ大学の「コンセプト」に相当する「基礎概念」を再編集し，自己肯定感を育む社会情動学習を導入，経験学習（フィールドワーク）についても今までの「行ってどうだった」的なところから，1 つ 1 つステップアップする「足場型カリキュラム」に変えたとのことである。

　このような活動をして大学生にも社会人にも必要なのは，「教えを育む」ことではなく，学べる環境を整備して学ぶ気になった人たちをサポートすることが重要となるわけで，広く多くの教育機関での参考に資するものといえよう。

4-5　お わ り に

　遠隔授業では可能な限り対面授業の長所の本質的な機能を具備しなければならず，これはインタラクティブなコミュニケーションを実施できること，そして学習者に学習の目的を強く認識させ学習意欲を増進させることである。

　教育の目的の明確化，通常授業の教授法で優れている方法は当然，遠隔授業でも共通する。

　これからは，制約や前提条件の下，多様なアプローチが可能で，あるべき教授法の実践と学習環境を用意することが重要である。常にこれを意識，配慮した教育の運用が引き続き不可欠であり，多様な ICT 活用が施行されていく中で情報環境の改善，さらなる進展にかかる情報交換，関連機関の連携がより強く望まれる。

　以上，遠隔教育の歴史，現状，必要性，遠隔授業活性化の方法，教授方法の研究課題について述べた。遠隔講義では，第 2 節で述べたように特に① 受講者とのコミュニケーションが重要であり，② 情報の一方通行・伝達にならないこと，③ 親しみを持った問いかけ等々，遠隔地の学習者に対する「気くばり」

が最も重要で，通常の対面授業と共通する。遠隔教育システムは，教育のグローバル化を実現し，現在抱えている特殊な状況の中では有力なツールである。

しかしメディア利用の教育は，大変便利で効率的であり，長所も大きいが，使い方（ユースウェア）を誤ると欠点が強調されて逆効果になってしまう。したがって遠隔教育では，教授法の研究が一層重要であることを強調したい。

さらに，教授法を講師個人の力量のみに頼るのではなく，講師が講義しやすい教授者インタフェースを開発する必要がある。

昨今の情報環境の急激な進展の中で，大学における授業内容や方法に関する在り方について数年前から文部科学省等で新しい方向性が本格的に検討されてきた。それは，問題発見型の授業の実施や学生の学習意欲を増進させるなどの課題に関してマルチメディア等の情報通信技術を活用して授業方法の改善充実を図ろうとするものである。さらに，国際理解の促進など海外の大学と交流もこれらの新しい仕組みで実現することも期待されてきた。

ここで，遠隔教育の意義は，講師と学生の物理的距離・時間を限りなく0に近づけることにより，大学という物理的的・質的範囲を地球規模に拡大し，この広い環境の中での学習や研究教育を実現させることである。特に地球環境の保全にかかるテーマなどの研究教育活動には最も適しているものと考えられる。

具体的には，国際間，境界領域の分野などの最新の状況を対象として，インタラクティブなコミュニケーションを通じてこれらの意識・知識を深めることが可能となる。伝統的な教育方法や内容では不十分である。

ここで，中央大学経済学部では，アメリカ，イギリス，タイ，フィリピン，マレーシア，シンガポールとの間で，また商学部では，タイ，中国，ベトナム，インド，モンゴルと海外インターンシップが運用されている。とりわけタイのパンヤピワット経営大学（PIM）では，その経営母体であるCPALL株式会社（タイでセブンイレブンを経営する流通最大手の企業）で資料準備や受発注業務等のインターンシップを基本としている。また，PIMの学生を中央大学ではインターンシップ生として受け入れてきており今後は双方向型のインターンシップが行われる予定である。

インターンシップの活動は実際に現場での実務体験や学習が基本であるが，これからの日本の大学教育の方向として最も重要な柱の 1 つと思われる。しかしながら物理的な制約の下ではまだ課題が多い。ここで進展している情報環境を活用し，知識の獲得だけでなく社会への提案能力を高めるような教育活動が実現されることが期待される。

今後もノウハウの蓄積と改善を行えるように，個別の課題に対して幅広く関係機関間の情報交換と具体的な連携が望まれる。

参 考 文 献

石川徹也（2020）「デジタルアーカイブシステム ADEAC に期待される効果と課題」（情報知識学会誌 VOL. 30，No. 1）68-74 ページ

伊豆原久美子・向後千春（2009）「e ラーニング授業におけるレビューシートの利用が授業評価に及ぼす効果」（『日本教育工学会論文誌』第 33 号）53-56 ページ

植野真臣・吉田富美男・石橋貴純・樋口良之・三上喜貴・根木昭（2001）「複数クラスにおける遠隔授業の特性分析」（『日本教育工学雑誌』第 25 号）115-128 ページ

大下眞二郎（1997）「アメリカにおける遠隔教育の視察報告」（『教育システム研究開発センター紀要』第 3 号）77-81 ページ

北澤武・永井正洋・上野淳（2010）「大学情報教育のブレンディッドラーニング環境における e ラーニングシステムを用いたフィードバックの効果」（『日本教育工学会論文誌』第 34 号）55-66 ページ

経済産業省 商務情報政策局情報処理振興課（2016）「国内 ICT 人材の最新動向と将来推計に関する調査報告書」

向後千春・冨永敦子・石川奈保子（2012）「大学における e ラーニングとグループワークを組み合わせたブレンド型授業の設計と実践」（『日本教育工学会論文誌』第 36 号）281-290 ページ

（財）国際情報化協力センター（1999）『平成 10 年度 アジアにおける ICT 技術資格制度の調査研究報告書』47-90 ページ，169-171 ページ

佐藤文博（1999）「情報処理人材育成における国際協調の現状と展望― SEARCC の人材育成にかかる検討について―」（『機械振興』Vol. 31，No. 10）33-41 ページ

佐藤文博（2018）「アジアの情報環境と新しい ICT 人材の課題」（『中央大学経済研究所年報』第 50 号）570-574 ページ

佐藤文博（2000）「APEC MDL Seminar 提示資料」7 ページ

（社）情報サービス産業協会（JISA）（2015）「世界の IT 産業」

高橋真理子・佐藤文博（2000）『東南アジアにおける情報技術能力の育成 ICT 革命と人材開発』（財）日本職業能力開発協会

田村武志・佐藤文博・井上哲夫（1992）「遠隔授業活性化の試み」（『日本教育工学会研究報告集』第 2 号）25-30 ページ

田村武志・佐藤文博・上西慶明（1993）「マルチメディア遠隔教育システムの評価と学習者インタフェースの検討」（『情報処理学会論文誌』34 巻第 6 号）1235-1245 ページ

田山健二（2018）「ADEAC の取り組み」（『デジタルアーカイブ学会誌』2）324-330 ページ

通商産業省機械情報産業局編（1987）『2000 年のソフトウェア人材―高度情報化社会を担う人材育成について』コンピュータ・エージ社，170 ページ

照山絢子・叶少瑜（2021）「コロナ禍における大学生の学生生活と SNS 使用」（『情報通信学会技術研究報告』第 224 号）6 ページ

独立行政法人情報処理推進機構（IPA）ICT 人材育成本部（2017）「ICT 人材白書 2017　デジタル大変革時代，本番へ～ ICT エンジニアが主体的に挑戦できる場を作れ～」

伯井美徳（2021）「大学等における遠隔授業の取扱いについて」『文部科学省高等教育局長通達 2021 年 4 月 3 日』1-4 ページ

水野秀樹・大幡浩平・小野隆・小田徳幸（1997）「通信衛星を利用した双方向教育システム」（『情報通信学会技術研究報告』第 291 号）101-108 ページ

三苫博・原田芳巳・山崎由花・内田康太郎・五十嵐涼子・大滝純司（2020）「対面授業は，オンデマンド型授業より優れているのか？」（『医学教育第 51 巻』第 3 号）266-267 ページ

山本秀樹（2018）『世界のエリートが今一番入りたい大学ミネルバ』ダイヤモンド社，118-124 ページ

Peterson's 編（1999）『Distance Lerning Prgrams（アメリカ大学遠隔学習プログラム）』ダイヤモンド社，324-334 ページ

第 3 章

AI・データサイエンス教育の方法論

辻　　　智

伊　藤　　篤

1. はじめに

　AI・データサイエンスの世界的なブームが到来している。職業としての AI エンジニア，データサイエンティストの人気は過熱しており，米国では相変わらず人気職業のトップ集団の中にいる。毎年，米国の大手企業就職口コミサイト "glassdoor" は，米国の "50 Best Jobs"（人気職業ランキング）を発表しているが，AI エンジニア，データサイエンティストの人気は衰え知らずとなっている（2022 年 1 月現在）[1]。AI・データサイエンス分野の極端な人手不足により，米国では年俸基本給の中央値が日本円に換算するといずれも 1,000 万円超と高騰している。

　筆者らは，日本における AI・データサイエンスのブームの到来に備えて，2015 年頃から中央大学，宇都宮大学，成城大学などにおいて，AI・データサイエンス教育の方法をいろいろと試してきた。特に，人文・社会科学系（以下，文系と表記）向けの AI・データサイエンス教育をどのように工夫していくのか常に腐心してきた。これまでの実践事例の内容は，先行して様々な機会に積極

---

1)　　glassdoor（2022）50 Best Jobs in America for 2022, https://www.glassdoor.com/List/Best-Jobs-in-America-LST_KQ0,20.htm

的に発表してきた[2]。本章では，2015年度前期から2021年度後期まで成城大学で連続して7年間の授業実績がある「データサイエンス概論」という授業を中心に，その授業実施のための工夫内容および履修生の反響をまとめて報告する。最初の5年間は対面授業であったが，6年目，7年目は2年連続して完全に遠隔によるオンデマンド授業を実施したので，対面とオンデマンドの比較についても最新のデータを交えて比較してみる。

2. 日本における最近の状況

AI・データサイエンスのブームが欧米と比べて遅れてきた日本においても，2019年の夏に集中して，伝統的大企業がこれらの分野の優秀な社員を別格で厚遇する施策を次々に発表した[3]。比較的穏やかな給与体系の日本では，これまでにはあり得ない厚遇の宣言となっており，将来の人材不足を予感した恐怖心の表れとも見てとれた。

---

2) 辻　智（2018）IBM Watson を文系大学の授業で使う，Rad-It21，https://rad-it21.com/ai/tsuji20180814/
　　辻　智（2019）「コグニティブ・コンピューティングとデータサイエンス授業とのいい関係」（成城大学共通教育研究センター紀要『成城大学共通教育論集』11）137-150ページ
　　辻　智（2020）「人文・社会科学系大学におけるデータサイエンス授業の効果分析の試み」（成城大学共通教育研究センター紀要『成城大学共通教育論集』12）103-117ページ
　　公益社団法人　私立大学情報教育協会（2020）教育イノベーション大会，【分科会：E】「AIを使いこなす教育プログラムの取組み，人文・社会科学系大学におけるデータサイエンス授業の試み」http://www.juce.jp/LINK/taikai/taikai2020.htm
　　辻　智（2021）「人文・社会科学系大学におけるデータサイエンス遠隔授業の実践事例」（成城大学共通教育研究センター紀要『成城大学共通教育論集』13）119-136ページ
　　辻　智（2021）特集数理・データサイエンス・AI教育「人文・社会科学系大学におけるデータサイエンス教育の実践事例」（『JUCE Journal 2020年度』No. 3）13-18ページ，https://www.juce.jp/LINK/journal/2102/pdf/02_03.pdf
　　増川純一・辻　智・田村光太郎（2022）特集号招待論文「人文・社会科学系大学におけるデータサイエンス教育」（会誌『情報処理』Vol. 63 No. 2）（Feb. 2022）「デジタルプラクティスコーナー」https://www.ipsj.or.jp/dp/contents/publication/49/S1301-S04.html
3) 日経 xTECH（2019）https://tech.nikkeibp.co.jp/atcl/nxt/column/18/00001/02729/

また，政府主導で推進された“AI戦略2019”[4]（2019年6月11日統合イノベーション戦略推進会議決定）には，

「すべての大学・高専生（約50万人／年）が初級レベルの数理・データサイエンス・AIを習得」
「大学・高専の正規課程教育のうち，優れた教育プログラムを政府が認定」

が掲げられており，2021年に「数理・データサイエンス・AI教育プログラム認定制度（リテラシーレベル）」[5]が創設されたことは記憶に新しい。

2020年度第1回数理・データサイエンス・AI教育プログラム認定制度検討会議（2020年9月9日）の内閣府政策統括官（科学技術・イノベーション担当）による資料3[6]の1-3ページでは，次のようにコメントされている。

「数理・データサイエンス・AIに関する人材確保の必要性（既存データより）」
「AI過去5年間で企業ニーズは5倍以上増加」
「情報業種には文系出身者が多い」

また，4ページには，学士の産業界への就職先の動向分析が掲載されていた。そこには，

「情報処理・通信技術者は文系出身者が半数超」
「情報産業でのエンジニア不足の中，文系学科から多くの人材を調達して

4）「AI戦略2019 ～人・産業・地域・政府全てにAI～」（2019）https://www.kantei.go.jp/jp/singi/ai_senryaku/pdf/aistratagy2019.pdf
5）「数理・データサイエンス・AI教育プログラム認定制度（リテラシーレベル）」（2021）https://www.mext.go.jp/a_menu/koutou/suuri_datascience_ai/00002.htm
6）令和2年度 第1回 数理・データサイエンス・AI教育プログラム認定制度検討会議（令和2年9月9日）の資料3（2020）1-4ページ，https://www.kantei.go.jp/jp/singi/ai_senryaku/suuri_datascience_ai/r2_dai1/siryo3.pdf

いるという実態」

「今後はどの分野もデータを活用した産業になると想像される。この場合，
単純に情報分野の学部学科の定員を増やすよりも，各分野で情報を利用で
きるよう教育していく方向が良いだろう」

とコメントされていた。そのページのグラフは文部科学省令和元年度（2019年度）
「学校基本調査」より内閣府が作成したものである。そこで，筆者も同様に
e-Stat「学校基本調査／令和3年度高等教育機関《報告書掲載集計》卒業後の
状況調査 大学」[7] の最新 Excel データを活用してグラフを作成してみた。その
結果を図 3-1 に 100％の割合図で示す。大学生の出身区分を，「人文・社会科

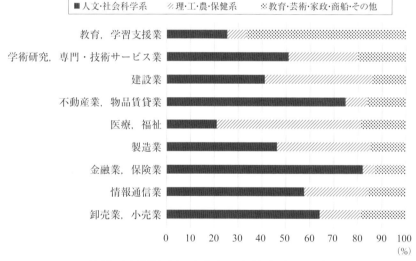

（出所）文部科学省令和3年度（2021年度）「学校基本調査」76 産業別就職者数
（3-1）より筆者作成

図 3-1　学士の産業界への就職先動向

7)　e-Stat 学校基本調査／令和3年度高等教育機関《報告書掲載集計》卒業後の状況調
査 大学 76 産業別就職者数（3-1）（2021）https://www.e-stat.go.jp/stat-search/files?page
=1&layout=datalist&toukei=00400001&tstat=000001011528&cycle=0&tclass1=0000011612
51&tclass2=000001161252&tclass3=000001161260&tclass4=000001161262&stat_
infid=000032155598&tclass5val=0

学系」,「理・工・農・保健系」,「教育・芸術・家政・商船・その他」の 3 つに分けてみた。情報通信業への就職では,人文・社会科学系が 58％ 近くを占めており,この業界のいわゆる文系からの人材調達は続いていることがわかる。したがって,文系の学生にとっても,AI やデータサイエンスを学ぶ動機と必要性は十分にある。

3. 成城大学における実践事例

3-1 データサイエンス教育に対する考え方

学校法人としての成城学園は,2017 年に学園創立 100 周年を迎えたことを機に,次の 100 年の教育目標として「国際教育」「理数系教育」「情操・教養教育」の 3 つを掲げて教育改革を進めている。教育改革 “3 つの柱” の主な取り組みは次のとおりである。

国際教育:語学的教養を通じて国際性を強化する「国際教育」の取り組み

理数系教育:数学的教養を通じて論理的な思考力を強化する「理数系教育」の取り組み

情操・教養教育:芸術的教養を通じて人間性を強化する「情操・教養教育」の取り組み

成城大学には,成城学園 100 周年第 2 世紀プランがあり,幸いにも次の 100 年間にわたるプランがある。幼稚園,初等学校,中学校,高等学校,大学の学園全体にわたって,理数系教育を推進していこうという気概があり,それがデータサイエンス教育も後押ししてくれている。

成城大学は,経済学部,文芸学部,法学部,社会イノベーション学部の人文・社会科学系 4 学部からなるいわゆる文系大学である。成城大学では,2015 年度に,全学共通教育科目としてデータサイエンス科目群を設置した。成城大学におけるデータサイエンス教育のカリキュラムデザインの基本は,「文系でもできる!」,「文系こそ学ぼう!」をスローガンとして,学習する内容は,文理融合的で実践的かつ実務的なものとなっている。この科目群を系統的に学ぶことで,専門以外の分野にも視野を広げ,それを専門分野の学修に活かし,卒業

後どのような分野に進んでも活かせるデータ分析力を身につけることを目標としている。

　希望する学生全員が履修可能となるように，どの科目も「前提がないのが前提」との方針とし，履修生のレベルを揃えるような事前のレベルテストなどは実施していない。各学部・学科の授業を優先させる形で，コロナ禍前の対面授業の時代には曜日・時限の調整を可能な限り行っており，5 時限も積極的に活用していた。さらに，通年授業は行わず，前期・後期で同じ授業を展開し，なるべく多くの学生が履修しやすいように工夫している。

　さらに，2019 年 4 月には，データに関心を持ち，データに基づき考え行動する学生を育てること，および人文・社会科学の分野におけるデータサイエンスの応用を開拓することをミッションに，データサイエンス教育研究センターを開設し，学部間・学年間の交流を促進している。

3-2　カリキュラム構成

　成城大学における 2021 年度までのデータサイエンス授業のカリキュラムは，二段構えのコースになっていた。データサイエンスの基礎を学ぶ「基礎力ディプロマ」のコースと，データサイエンスを応用する「EMS（Extremely Motivated Students）ディプロマのコース」である。基礎力ディプロマのコースは，実践例としての AI やデジタル・トランスフォーメーションを概観する「データサイエンス概論」，基礎的手法を身につける「データサイエンス入門 I および II」，学んだ手法を実践する「データサイエンス・スキルアップ・プログラム」で構成されている。EMS ディプロマのコースは，社会課題の解決方法を学ぶ「データサイエンス応用」，社会課題を見つけて解決する「データサイエンス・アドバンスド・プログラム」の構成である。

　特に本コースの導入科目でもある「データサイエンス概論」は，文系学生の理数系科目に対する苦手意識に留意し，授業とハンズオンを毎回組み合わせている。このことにより，「学ぶ楽しさ」や「学ぶことの意義」が体感的に進むように工夫している。授業の部分では，パワーポイントによる資料投影を中心

とした授業形式で行う。その際，ビデオ資料投影も多く盛り込み，映像と音声により臨場感を高め，体感的に理解が進むようにしている。ハンズオンでは，実際に卓上から Web やクラウドにアクセスして，AI 系のアプリやコンテンツにより実習を行う。その際，海外のデータセンターとのやりとりでも，数秒で結果が戻ってくる圧倒的なスピード感で現実の IT やネットワークの最新技術を体感する。また，90 分という限られた授業時間の中でも，このスピードが功を奏し，実習は時間的にもかなり思いどおりに進めることができる。

3-3　学生の受講の動機

「人間とコンピューターの新たな関係を築くビッグデータの活用」と副題がつけられたこの「データサイエンス概論」の授業は，成城大生全学部全学年を受講対象とした全 15 回の構成である。在学中にいつでも受講できることが利点である反面，クラスの編成ごとに学年や学部の偏りが出るため，クラスの雰囲気はクラスごとに異なる。そのためか，対面授業の時代にはクラスが異様に静かなこともあり，授業の途中で学生に話しかけても反応してくれず，インタラクティブな授業が進められないことがしばしばあった。元々，最近の傾向として授業中に沈黙する学生は多くなっている。そのため，「データサイエンス概論」を履修する学生の率直な意見や本音，授業の理解度を得るには，授業中のインタラクティブな進行より，授業の最後にコメントを書いてもらう方が，情報量が多くなることは，これまでの授業からも学んできた。

図3-2 は，2019 年度前期の 1 クラス分の履修動機をまとめたものである。データサイエンスそのものに興味があり，詳しく学びたいと思っている学生が47%，数学や IT の苦手意識を克服したい学生が 20%，就活や資格取得など社会人になってからも役に立つスキルを身につけたいと思っている学生が24%，プログラミングにチャレンジしたい学生が 9%となっている。これらのように履修動機も様々となっている。驚いたことに，数学や IT の苦手意識を克服したいと思っている学生が 5 人に 1 人くらい存在しているのである。学生に直接理由を聞いたところ，高校 1 年生の時には理系志望であったが，その後

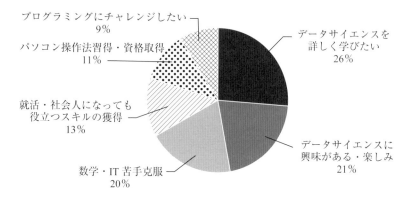

図3-2　データサイエンスを学ぶ動機（2019 年度前期）

の成績により文系に振り分けられてしまい，大学に入学したら理系的なことを
やり直してみたいと思っていたようである。この 7 年間，前期が終了する頃に
なると決まって，夏休みに数学やプログラミングの学習をするのに，どの参考
書がよいか尋ねてくる学生がいた。文系大学としても，データサイエンスの授
業を通して，このような出直したい学生を支援できることは望ましいことであ
ると思う。

3-4　対面授業における工夫

2015 年度前期から 2019 年度後期までの 5 年間は，教室において対面授業を
実施していた。そのときの授業の工夫を，次に示す。

・AI には，人工知能の Artificial Intelligence と，拡張知能（コグニティブ）の
　Augmented Intelligence があることを伝え，学生の AI に対する漠然とした不
　安を払拭している。

・コグニティブの説明では，汎用の知的能力を目指すものではなく，ビッグデー
　タからこれまでにない規模の学習により，特定のタスク（業務）を実行・支
　援する機能と対話的機能を通して，日常的に学習するとともに人を支援する
　機能に注力した内容を伝えている。

・クラウドを活用して，教室の学生全員が卓上 PC から IBM Watson や Microsoft Azure などの最新の AI にアクセスして，テキストや画像を分析したり，機械学習を体感している。

・グローバル化への対応としては，Kaggle などの世界最大級のデータサイエンティスト・コミュニティーを授業で紹介し，それらへの参加を促したり，Gapminder などの世界的に有名なツールを操作する時間も設けている。

・授業中に GitHub，Qiita，IBM Developer などの技術コミュニティーも随時紹介しているので，受講生は授業中のみならず，自宅でも先行例や問題解決の方法を探すことができる。

・対話的機能や，人を支援する機能の学習のため，人型ロボット Pepper や NAO を活用したプログラミングの授業も実施している。教室にこれらのロボットを持ち込み，学生が卓上から各々ロボットを操作して，画面上のシミュレーターにおけるロボットの動きと，実機としてのロボットの動きの差異を考察している。

・プログラミングの強化として，Python に関して 2019 年度から Jupyter Notebook を活用し，授業中にビジネス・データの分析や自然言語および画像処理に関するプログラムを動かしている。

・履修学生の構成は毎学期異なるので，授業初回にアンケートを実施し，これまでの経験やスキルを聞いたり，今後の授業への希望や不安を聞いて，クラス全体としてのレベルや雰囲気を分析し，その後の授業の進め方を決めている。また，毎回の授業の後，感想や要望をリアクションとして書いてもらい，その後の授業の細かな軌道修正も適宜行っている。

・教室内の対面授業におけるハンズオンでは，学生数が多いので，ハンズオン中は前後左右の学生同士で助け合って進めていく体制を取っていた。教室内の近所同士で解決できないときは，その問題を皆の問題として汲み上げて，教壇上から解決策を示したり，うまくできた学生から方法を説明してもらうなどの方法を取っていた。以前はサポート要員を増員して教室内を巡回し，行き詰まった学生を個別にサポートしていたが，却って授業の進行が遅くな

ることがわかり，2019 年度は筆者のワンオペで行っていた。

3-5　遠隔授業における工夫

2020 年からのコロナ禍による非常事態の中，パソコンの BYOD（Bring Your Own Device）が整っていない状況で始まった遠隔授業では，履修生目線に立った遠隔授業実施への工夫と，履修生の置かれている IT 環境によって成績に差が出ないように配慮することが最優先事項であった。履修生側には，遠隔授業の受講に適したノートブック型やデスクトップ型のパソコンが手元にない，古い世代のパソコンしかない，家族でパソコンを共有している，もしくは手元にパソコンがあってもうまく使いこなせていないなどの様々な事情があった。

また，教員側の事情としては，教員が 1 人で簡単に自宅において作成できる授業用のビデオ資料作成方法の模索が急務であった。教員の手元に既にあるツールや機材を使って容易に作成できることが重要であり，新たにツール類を購入したくても既に売り切れなどにより手に入らなくなっていたので，無い物ねだりはできない状況であった。

授業のコンテンツをどのように履修生に届けるのかも大切であるが，教員が 1 人で簡単に自宅において作成できる授業用のビデオ資料作成方法を示すことが必要であった。そのため，次に示す一連の手順を解説した研修用動画資料を自作して，開講前に学園内の教職員（幼，小，中，高，大）と学外の関係者（非常勤講師の先生方）に Google Drive により共有した（「ひとりで出来る Zoom を使ったビデオ資料作成方法──パワーポイントに動画を含める・動画の解像度も変える──」と題して，学園内の教職員用 Web ページにリンクを掲載した）。新たに専用のビデオ編集ソフトウェアをインストールするのではなく，今あるもので何とかするのがコンセプトであった。Zoom は学園ライセンス配布のものを使用している。

・事前の準備として Microsoft PowerPoint（ppt）を使って，動画資料を ppt に埋め込む方法

・ppt のスライドショー機能でプレゼンテーションしながら，その中で埋め込んだ動画も再生する方法

・その模様を Zoom で録画する方法と動画ファイルへの変換手順

・Windows10 に標準搭載されているビデオエディターを使って，Zoom で録画した動画ファイルを編集する方法

・完成した授業用動画ファイルを Google Drive 上でストリーミングのみ可能な状態で公開する方法

3-6　クラス数の推移とシラバスの変遷

表 3-1 にデータサイエンス概論のクラス数の推移を示す。「データサイエンス概論」は，初年度から 4 年間，2 クラスで毎週金曜日の午後に運用してきたが，データサイエンスへの入り口の科目ということもあり，年々履修希望者が増えて，抽選による履修となっていた。履修希望者から増枠の要請があったため，5 年目 4 クラス，6 年目 6 クラスへと増枠し，毎年度前・後期に振り分けて，授業の曜日も金曜日午後の固定から水曜日，木曜日に，金曜日に分散し，ようやく 7 年目は定員に満たないクラスが出て，落ち着いた。このように年々履修者が増加傾向にあったのは，ただ 7 年間続けてきたという訳ではなく，教員側も毎年の試行錯誤を続け，学生側も学内イベントなどで次の履修者や友人に学修に関する様々な情報伝達をしてくれているので，教員・学生ともに履修者を増やすことに協力する姿勢ができているからである。また，データサイエンス科目群全体で，学生と教員の風通しが良く，情報交換も盛んなので，授業の方向性や改善に向けたアイデアも随時出やすい雰囲気である。

　1 クラスの受講生の人数は，最大 63 名を想定して，これまで進めてきた。

表 3-1　データサイエンス概論のクラス数の推移

年度	前期	後期
2015	2	0
2016	2	0
2017	1	1
2018	1	1
2019	2	2
2020	3	3
2021	3	3

初年度の 2015 年は，2 クラス合計 103 名の履修生の登録であったが，7 年目の 2021 年度はコロナ禍にもかかわらず，6 クラス合計 375 名の履修生登録があった。

　表 3-2 に 2015 年度前期データサイエンス概論のシラバスを示す。当初における成城大学の「データサイエンス概論」の授業は，各回の講師を IBM の社員が務めるオムニバス形式で，ビッグデータに関する様々な技術や適用事例が授業で紹介された。筆者の辻は，開始前から IBM 側のリーダーとして，この授業の全体のプロデュースとコーディネーションを担当するとともに，自ら教壇に立って IBM Watson を「データサイエンス概論」の授業の中で様々な形で紹介してきた。辻の IBM における定年に伴い，2018 年の 4 月からデータサイエンス科目群の特任教授として成城大学に着任し，「データサイエンス概論」から「データサイエンス・スキルアップ・プログラム」までを担当し，教壇に立ってきた。

　「データサイエンス概論」は，6 科目のデータサイエンス科目群の中で最も入り口に位置するため，この科目で失敗すると，後の科目履修に続かない恐れ

表 3-2　2015 年度前期データサイエンス概論のシラバス

授業の計画
1．ガイダンス（IBM Overview およびコース概要）
2．社会やビジネスを大きく変える第 3 世代のコンピューティング
3．アニメと第 3 世代のコンピューティングのいい関係!?
4．画像処理技術の展望と第 3 世代のコンピューティング
5．言葉を扱う技術（自然言語処理）とビッグデータの接点
6．お客様の音声をビジネスに生かす音声認識―音声ビッグデータの活用の広がり
7．ビッグデータのための基盤ソフトウェア技術
8．ビッグデータ活用を支えるハードウェア技術
9．ソーシャル・メディア分析最前線―センサーとしての役割を果たすソーシャル・メディアとその分析技術
10．震災時におけるソーシャル・ネットワークの効果と脅威―評判・風評分析の重要性
11．新しいクラウドによるアプリケーション作成体験 1
12．新しいクラウドによるアプリケーション作成体験 2
13．社会インフラ（金融・交通など）のシステムを支え続けるメインフレーム（大型汎用コンピューターの世界）
14．医療技術支援のためのビッグデータの活用
15．最終回（まとめ）

表 3-3　2021 年度後期データサイエンス概論のシラバス

授業の計画
 1．本コース全体ガイドおよびデータサイエンスを取り巻く環境
 2．AI ブームの再燃：IBM Watson の誕生
 3．社会やビジネスを大きく変える第 3 世代のコンピューティング
 4．第 3 世代のコンピューティング Watson の応用（マーケティング，金融，教育）
 5．第 3 世代のコンピューティング Watson の応用（医療・ヘルスケア，エネルギー）
 6．さらに拡がる Watson と AI の世界（スポーツ，映画，ファッション，ゲーム，etc.）
 7．日々進化するサイバー・セキュリティーの世界（身近なセキュリティー）
 8．日々進化するサイバー・セキュリティーの世界（セキュリティー・システム）
 9．コグニティブ時代のソーシャルとの向き合い方（ソーシャル・メディアの特性）
10．コグニティブ時代のソーシャルとの向き合い方（ソーシャル上のルール）
11．地域活性化に向けたビッグデータの利活用― RESAS 地域経済分析システム
12．社会に浸透するロボットの利活用―バーチャル・ロボット・プログラミング
13．Python によるプログラミング体験
14．JupyterNotebook による Python プログラミング（Google Colaboratory, etc.）
15．ビッグデータ時代の新しいクラウドによるアプリケーション作成体験

があり，どのような内容にするのかがとても重要である。学生がワクワクする内容が必要であり，AI やデジタル・トランスフォーメーションを概観できるようなトピックの組合せを考える必要がある。また，“コンピュータ・サイエンス”のような大きくて硬いイメージの題目ではなく，“社会やビジネスを大きく変える”や“医療技術支援”のような身近に感じる題目を多く取り入れた。シラバス作成にあたっては，ICT 業界側の視点が多く盛り込まれているのも特徴で，さらに履修生の要望を取り入れて，年々進化させている。

　表 3-3 は，7 年目 2021 年度後期のデータサイエンス概論のシラバスである。各回のトピックは，社会課題解決に関連した題目となっているが，初年度の2015 年のシラバスと比較すると，さらに具体的な内容となっている。また，AI を体感する Cloud に加えて，ロボットや Python のプログラミングにも挑戦している。

3-7　従来の対面授業と遠隔授業の授業進行

　表 3-4 に従来の教室対面授業とオンデマンド授業の授業進行の対比を示す。オンデマンド授業も教室対面授業と同様に 90 分の中で組み立てる。しかし，オンデマンド授業では進行の順を入れ替える。教室では，授業開始時にまず集

表 3-4　従来の対面授業と遠隔授業の授業進行対比

(a) 2015 年度前期〜2019 年度後期　教室対面授業

時間の目安（90 分間）		内　　容
5 分	機材のセッティング	コンピューターやスマホの立ち上げ／教材へのアクセス
20 分	AI アプリのハンズオン	様々な角度からチャレンジ
50 分	講　義	動画を多用したテクニカル・エンタテイメント風の講義
10 分	課題の送信	授業のリアクションをアンケートに記入して，送信
5 分	機材のログオフ	アクセスしたサイトなどのログオフ

(b) 2020 年度前期〜2021 年度後期遠隔授業用（オンデマンド型）

時間の目安（90 分間）		内　　容
5 分	機材のセッティング	コンピューターやスマホの立ち上げ／教材へのアクセス
30 分	教材ビデオ閲覧	インプットの時間：トピックおよび課題の理解
40 分	課題への取り組み	アウトプットの時間：課題に対して，様々な角度からチャレンジ
10 分	課題の送信	課題の結果をアンケートに記入して，送信
5 分	機材のログオフ	アクセスしたサイトなどのログオフ

図 3-3　2021 年度後期オンデマンド授業の WebClass への掲載工夫例

中力を呼び起こすために AI アプリのハンズオンを開始早々に行う。そうすることで，授業の最後まで集中力が持続する。一方，オンデマンド授業では，最初にハンズオンを行うと，そこでもし躓いてしまうと，次に続く講義部分を聞く気が萎えてしまう。教室では躓いている履修生がいてもケアできるが，オンデマンドではタイムリーにサポートできないからである。

　図 3-3 は成城大学で採用している LMS（Learning Management System）の WebClass への掲載例を示す。少しでも履修生にとって見やすく理解しやすいように，毎回の掲示方法をパターン化した。ビデオ教材（ストリーミングのみ），配布資料（ダウンロード可）＆リンク集，リアクション用のアンケートの 3 つのセットで固定し，それらの見出しの前には授業回の丸番号を置いてわかりやすくした。

　その他，次に列挙したような工夫をしている。

- ・前提知識がないことを前提に授業を組み立てる。初学者，初心者を念頭。
- ・知的好奇心を満たせるようなワクワクするようなトピックを選定。
- ・資料は，Executive Summary & Technical Entertainment 風の作りに。
- ・資料の枚数は，対面授業の半分。
- ・ビデオ資料は，Microsoft PowerPoint に埋め込む（ビデオ資料の中にビデオ）。
- ・無料枠のクラウドの最大限の利用（IBM Cloud, Google Cloud など）。
- ・Global な視点を重視し，世界の Open Data の活用（COVID-19 関連など）。
- ・授業予定日の 1 日前に掲示を開始し，予定日の後，4 日後まで課題提出可。
- ・学習時間の見通しを伝える（90 分完結を目指す）。

3-8　学生に興味・関心を持たせる授業の工夫例

　対面授業であっても遠隔授業であっても，共通に学生に興味・関心を持たせる授業の工夫は必要である。ここで，2 つの工夫例を示す。

　1 つ目が文系の学生にとって，これまで特に難しいと感じていたのが，自然言語で記載されたデータの活用だったと思う。例えば，フィールドワークで得た多くの評判コメント，それぞれの地域の強み・弱み，パフォーマンス評価な

90

どは，金額のような数値ではなく，テキストで記載されていることがほとんどである。これらの情報は，今までは学生が読み，理解して分析されてきた。したがって，学生自身が扱い切れる分量のデータのみで我慢していたようである。大量の自然言語のデータをひと纏めにして，コンピューターで整理できるということは，以前は夢にも思っていなかったようである。IBM Watson が自然言語の理解を代行し，まとめ，エッセンスを簡単に抽出してくれるとしたら，学生は驚くはずである。IBM Watson はデジタル化された自然言語を人間よりも早く整理することができるので，今まで諦めていたデータ分析の制約から学生は解放されることになる。

　その体感のため，対面従業では講義の前に一斉に PC を使うハンズオンも行い，遠隔のオンデマンド授業では講義ビデオを見た後に学生が自分の PC で試してみる。Watson サービスは本来 API として提供されるため，通常は自分でプログラムを書いて，その中で必要な Watson API を呼び出すことになる。しかし，プログラミングに縁のない学生にとっては，いきなりクラウドにつなげて Watson API を使うのは意識的にハードルが高いので，まずは簡単に使える Watson のデモ用 Web アプリを使って，テキストで書かれた情報を分析したり，ツイッターの内容を分析したりする。これらの経験により，ビッグデータに直に触れ，AI による分析が簡単にできることを体感させる。

　例えば，テキストから筆者の性格を推定する IBM Personality Insights[8] は，言語学的分析とパーソナリティー理論を応用し，テキストデータからその筆者の特徴を推測する。文系の学生にとっては，テキストの内容が定性的のみならず，定量的にも評価できることを知るだけでも大きな驚きのようである。また，授業の中では最近の AI に関する記事も紹介しているので，企業の採用に AI を活用してエントリーシートを分析しているなどの身近な話題には興味津々で，その技術の一部を自分でも操作できることが自信につながるようである。3, 4 年生の履修生は，自身のインターンや就活のエントリーシートのドラフトを

8)　IBM Personality Insights（2022）https://ibm-pi-demo.mybluemix.net/?fbclid=IwAR3x8v8S-jPwt8KMBIUsKz-hJRqqTlQ2Y8UHclhBNr-3euYqH3p3nDu3fJI

Personality Insights にかけて，その結果をもとにテキストからは積極的な性格が出ていないなど，自分のテキストの足りない点を推敲している。何といっても，分析に何秒とかからない速さなので何度でも繰り返し改良がしやすい点と，この速さを体感することで企業もこの技術を積極的に活用したいだろうなと学生も納得しやすい点が教育効果である。

　IBM Personality Insights は，2015 年の当初よりずっと授業で使ってきたが，2020 年 11 月に突然サービス提供の終了がアナウンスされ，12 月から新規の使用が一旦できなくなった。既存のインスタンスは翌 2021 年 12 月まで動かせたので，それで何とか凌ぐことができたが，既存のインスタンスも使えなくなるので困っていたところ，日本のチームが日本語対応部分で復活させてくれた。ご参考までに，その復活した IBM Personal Insights にて筆者の辻の過去の論文テキストを使って，分析した結果を図 3-4，3-5，3-6 に示す。これらの多角的な定性的・定量的分析が数秒で実行できる。筆者本人から見ると，その分析結果はとてもよく筆者の性格を表していると思う。学生が実施する場合は，テキストの長さをいろいろと変えてみたり，推敲してみたりすることで，結果が変化することを体感できる。

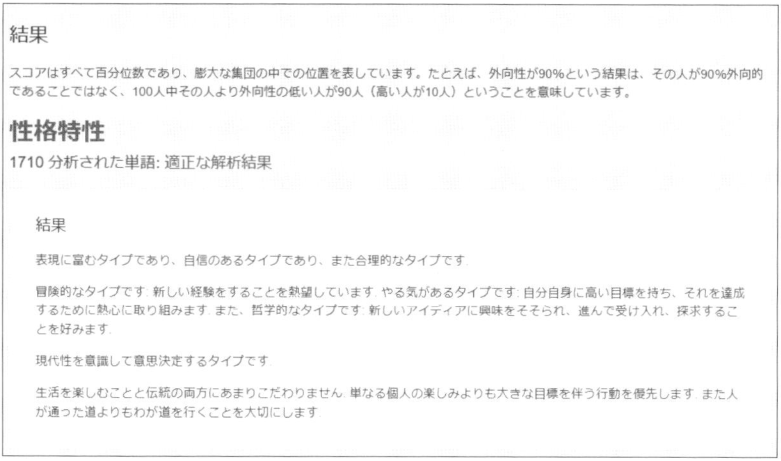

図 3-4　Personality Insights による出力例（性格特性）

92

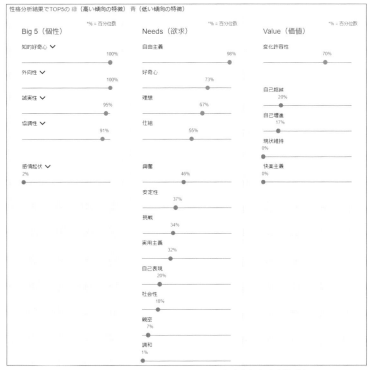

図 3-5　Personality Insights による出力例（百分位数）

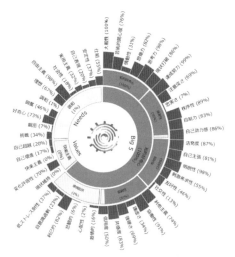

図 3-6　Personality Insights による出力例（Sunburst Chart）

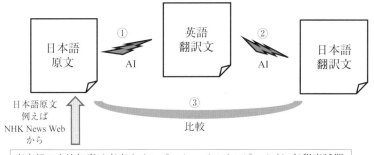

図 3-7　言語翻訳 AI を活用した授業内容例

　2 つ目は，IBM Watson Language Translator[9]，DeepL[10] などの言語翻訳 AI を活用した授業である。図 3-7 に授業内容例を示す。作業自体は，例えば日本語原文から英語翻訳し，それをまた日本語翻訳して原文と比べてみる単純なものであるが，日本語原文と日本語に戻した翻訳文の一致度を考察する。その際，図 3-7 に示したような授業に適した例文を見つけてくるのが大切である。この例文では，「時間的な感覚が出てきた」というフレーズの解釈が人間でも難しく，AI 翻訳でもうまく訳せないことを学生は体感できる。さらに，海外メディアやニュースサイトの英文サイトを授業のフォローアップとして学生に見てもらうことで，人間でもうまく訳せていないことを認識し，AI 翻訳が自動的にうまくいかないこともあると自覚できる。

3-9　授業初回および最終回のアンケート活用
　「データサイエンス概論」の授業は全 15 回の構成であるが，データサイエン

---

9)　IBM Watson Language Translator（2022）https://www.ibm.com/demos/live/watson-language-translator/self-service/home
10)　DeepL（2022）https://www.deepl.com/translator

スに関して初学者が多いのも特徴である。そのため，開始時の第1回と終了時の第15回には同じ質問内容の認知度アンケート調査を行っている。「次のデータサイエンスに関する用語の認知として，あなたに当てはまるレベルをクリックしてください。」という問いかけで，あらかじめ設定したデータサイエンス，ビッグデータ，AI，テキストマイニング，データマイニング，……，RESAS，量子コンピューターなど85のデータサイエンスに関する用語に関して認知度を聞いている。学生にとってよく耳にする用語から，聞いたことがないような専門用語までを意図的に選定している。これらの用語に対して，次の4段階の順序尺度で認知度を聞いている。

・よく理解していて，他者に説明できる

・何となく知ってはいるが，他者には説明できない

・名前くらいは聞いたことがある

・ほとんど知らない

また，アンケートの最後部には，第1回には「この授業への期待，要望，質問，不安など」，第15回では「この授業の良かった点，残念だった点」などを自由記述形式で書き込みできるように設定している。第2回から第14回までの途中の回でも，毎回授業の終わりに理解度や要望を50〜300字程度の自由記述形式で書いてもらっている。第1回から第15回までのアンケート調査には，Microsoft Forms を使用して，学生のコメント文をデジタル的に収集している。

コロナ禍により対面授業最後となった2019年度後期初回授業アンケートの金曜日5限クラスの自由記述形式フリーコメントの分析結果を図3-8に示す。(a) は Word Cloud 表示で直観的にクラスの関心事や心配事がわかる。(b) はキーワード出現頻度のリストで，初回・最終回比較や，年度ごとやクラスごとの比較がわかりやすくできる。

図3-9は，先程の2019年度後期金曜日5限クラスの最終回授業アンケートの分析結果である。図3-4と見比べると (a) Word Cloud，(b) キーワード出現頻度ともに具体的かつ力強い印象となる。図3-8 (b) では"不安"は第4位であるが，図3-9 (b) では"不安"の文字は消えている。図3-8と図3-9

で示したとおり，初回と最終回をとらえることで学生の成長を知ることができ
る。

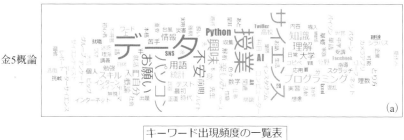

（a）Word Cloud，（b）キーワード出現頻度

図 3-8　2019 年度後期初回授業アンケートの結果

（a）Word Cloud，（b）キーワード出現頻度

図 3-9　2019 年度後期最終回授業アンケートの結果

　図 3-10 と図 3-11 は，遠隔授業 2 年目となった 2021 年度前期および後期の初回アンケート結果の Word Cloud 比較である。遠隔のオンデマンドになり，前期・後期ともに 3 クラスずつとなったので，各クラスの学生の雰囲気が気になるところであるが，この調査方法により学生の様子が摑みやすいので，授業の組み立てに役立っている。

　図 3-12 は，図 3-10 と図 3-11 とペアの初回授業アンケートの結果（2021 年度前期・後期キーワード出現頻度比較）である。これらのキーワード出現頻度を見比べることで，各クラスに大きな相違がないことを確認できる。これまでの 7 年間の経験から，初回のときは各クラスともに似通っている印象である。

　図 3-13 と図 3-14 は，先述のデータサイエンスに関連する用語（データサイエンス，ビッグデータ，AI，テキストマイニング，データマイニング）に対する初回と最終回の学生の認知度を 100％表示の棒グラフで出力したものである。図 3-13 は対面授業時（2019 年度後期 1 クラス分），図 3-14 はオンデマンド遠隔授業時（2021 年度後期 3 クラス合計）の各々初回と最終回の比較である。図 3-13 と図 3-14 を見比べると，各用語に対して，"よく理解していて，他者に説明でき

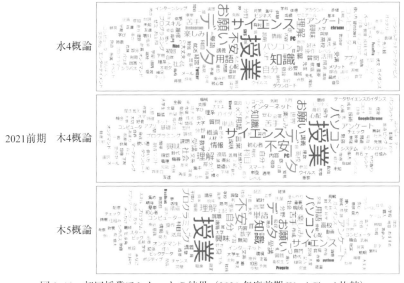

図 3-10　初回授業アンケートの結果（2021 年度前期 Word Cloud 比較）

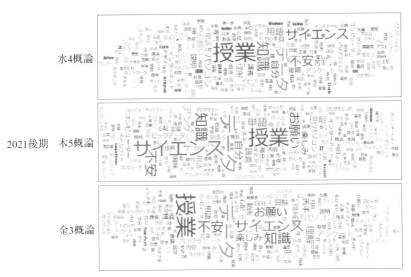

図 3-11　初回授業アンケートの結果（2021 年度後期 Word Cloud 比較）

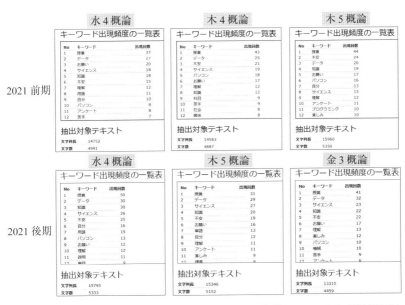

図 3-12　初回授業アンケートの結果（2021 年度前期・後期キーワード出現頻度比較）

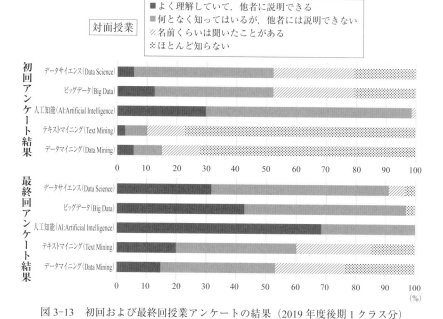

図 3-13　初回および最終回授業アンケートの結果（2019 年度後期 1 クラス分）

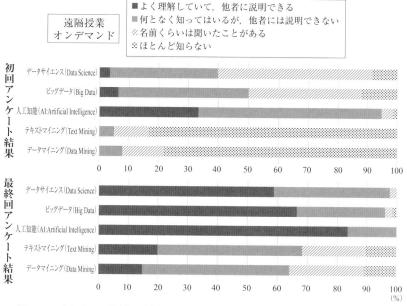

図 3-14　初回および最終回授業アンケートの結果（2021 年度後期 3 クラス合計）

る"割合が，当然のことながら初回よりは最終回の方が伸びる。ここで興味深いのは，「データサイエンス概論」でよく学習してきたデータサイエンス，ビッグデータ，AI に関しては，遠隔授業の方が"よく理解していて，他者に説明できる"の割合が，データサイエンス，ビッグデータ，AI それぞれ，27％，23％，15％と大きくなっている。一方，「データサイエンス概論」ではあまり学習してこなかったテキストマイニングとデータマイニングに関しては，対面授業および遠隔授業で最終回における"よく理解していて，他者に説明できる"の割合はほとんど変わらなかった。

　ここで，ご参考までに，「基礎力ディプロマ」仕上げのコースである「データサイエンス・スキルアップ・プログラム」最終回の授業アンケートの分析結果（2021 年度前期 1 クラス，遠隔授業）を図 3-15 に示す。データサイエンス，ビッグデータ，AI に関して，"よく理解していて，他者に説明できる"の割合がいずれも 80％を超える結果となっている。また，テキストマイニングとデータマイニングに関しても，「データサイエンス概論」の最終回と比べて，"よく理解していて，他者に説明できる"の割合が倍以上の伸びとなっている。

　図 3-8 から図 3-15 で見てきたとおり，年度ごと，期ごと，クラスごとに理解度や認知度を調べながら比較することにより，授業が進めやすくなり，改善

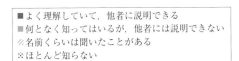

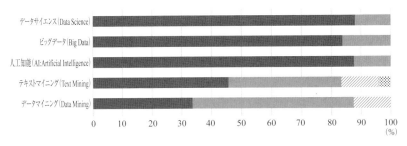

図 3-15　スキルアップ・プログラム最終回授業アンケートの結果
（2021 年度前期 1 クラス）

にも役立つ。

3-10 授業途中回のトラッキング例

　授業初回と最終回の比較をしていくことが大切であることは述べたが，途中回をトラッキングしていくことも大切である。図3-16は，2019年前期対面授業，2020年前期オンデマンド授業，2021年前期オンデマンド授業の履修生リアクション比較例として，平均書込時間を比較したものである。2020年度前期は全12回の開講であったため，2019年度前期も2021年度前期も12回分までを示してある。第1回から第12回まで，時系列的に示してあるが，新たな発見としては，各回ともに教室において感想を書く時間の3倍くらいの時間を2020年度前期は費やしている。オンデマンド初年度の授業では，履修生がオンデマンド操作にまだ慣れていないので，感想を書くのに時間がかかっているのがわかる。オンデマンド授業の設計では，書込時間は10分程度を期待していたが，結果として2020年度前期は20分，30分と時間をかけて取り組んでくれてい

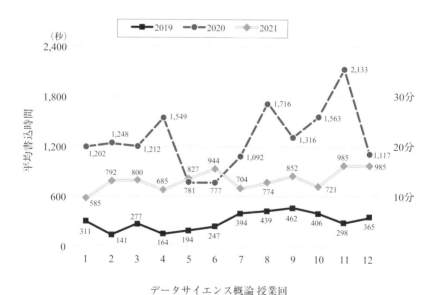

図3-16　2019年度前期対面授業と2020年度，2021年度前期オンデマンド
　　　　授業のリアクション比較（例　平均書込時間）

たのがわかった。操作に慣れてきたので，2021年前期はリアクションの平均
書込時間の短縮が見られた。

　図3-17は，図3-16と対をなすリアクションの平均字数のトラッキングを表
すグラフである。2020年度前期のオンデマンド授業では，平均書込時間の増
加に伴い，感想の平均字数も2倍以上に増えているのがわかる。第4回以降は，
履修生の慣れも出てきて，トピックへの興味の度合いの大小で平均書込時間が
大きく変化しているが，平均字数はほとんど同じくらいの多さで推移していた。
その1つの要因は，履修生の毎回の感想を細かく読んでいくとわかる。履修生
が特に惹かれたトピックでは，いろいろと新しい気付きも生まれ，それをどの
ように自分の気持ちの中で整理するのか，それに時間がかかっているようであ
る。このように，オンデマンド授業では，感想の字数も長くなっているので，
履修生の気持ちの変化もとらえやすい。また，興味深いのは，2021年前期の
書き込み時間は，2020年度前期に比べて短い傾向であるが，逆に平均字数は

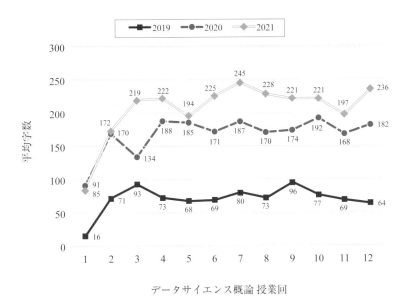

図3-17　2019年度前期対面授業と2020年度，2021年度前期オンデマンド
　　　　授業のリアクション比較（例　平均字数）

多くなっている。これは学生がオンデマンドも2年目になり，全体的に操作にも慣れて余裕が出てきている関係で，書きたいトピックにはしっかりとコメントしてくれていることが，各回のフリーコメントによりわかっている。

3-11　期末レポートの興味トピック

　対面授業および遠隔授業ともにコース修了の1つの条件として，期末レポートを提出してもらっている。次の1～8の選択トピックの内，1つを選んで，これまで講義で学習した内容から思うところを自由に述べてもらい，かつ今から10年後にそのトピックの発展がどのようになっているのが理想的か，自分の考えを記述させる。文字数は600～800字程度を指定している。

［1. ビッグデータ　2. Watson　3. コグニティブ・コンピューティング
　4. サイバー・セキュリティー　5. ソーシャル　6. RESAS　7. ロボット
　8. プログラミング］

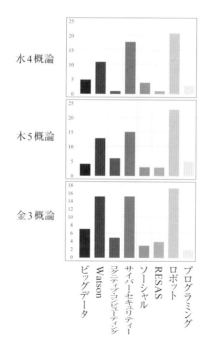

図3-18　期末レポートのテーマ選択結果（2021年度後期3クラス）

　図 3-18 に期末レポートのテーマ選択結果（2021 年度後期 3 クラス）を示す。横軸がテーマ，縦軸が選択した人数である。3 クラスともに共通して，Watson，サイバー・セキュリティー，ロボットの 3 つに人気が集まっている。こうした期末レポートにおける学生のトピック選択の傾向も，後続の授業構成に役立てることができる。

4．履修学生の反応

　授業初回から最終回の 15 回まで，毎回履修生にはリアクション・コメントを求めている。ここでは，2021 年度後期の「データサイエンス概論」3 クラスのコメントを初回，中間回，最終回の中からいくつか紹介する。

［初回］
・自分はデータサイエンスについて全く知らないので，この授業を通してデータサイエンスについて理解したいと考えています。今までに学んだことがない分野なので期待もありますが，同時に授業についていけるか不安です。
・データサイエンスは理系が主に学ぶものだと思っていましたが，文系も多いと知って少し安心しました。
・数学や IT などの分野が苦手なので，克服し，少しでも理解を深めたいと思っています。
・この授業を通じて自分の将来の視野を広げられたらいいなと思いました。今回の授業の資料を見てデータサイエンスを受ける理由は，IT を克服したいという自分と同じ動機の意見が多く，安心しました。また，工夫している点で前提知識がないことを前提に授業を組み立てる，というところも安心しました。

［中間回］
・今回の講義で人工知能が医療に役立っているということを初めて学びました。人間では読み込み切れない膨大な数の論文や薬などの情報を人工知能だからこそ記憶することができるのだと思います。そのために，医師が気が付くことのできなかった病気を迅速に気が付くことができます。このような利点から医師はいらないという風潮が出てきてしまったことは確かに致し方ないことだと思

います。ですが，医師という人間の職業を人工知能が奪うことはできないです。人間だから1人1人の患者に寄り添うことができるからです。人工知能はあくまでも提案をすることだけで，すべての役割を担うことはできないです。人工知能のデータと人間の経験値が合わさることでこれからより良い医療を安心して受けることができると思いました。

・今回の授業を聞いて，私は以前偽の企業メールに騙されて個人情報を入力してしまったことを思い出しました。あの後は迷惑メールの量も増え，個人情報が悪用されるのではないかと不安になっていました。また Free Wi-Fi についてはこれから気を付けないといけないなと思いました。パソコンを使うには Wi-Fi がどうしても必要なので何も考えずに接続することが多々ありましたが，今後はリスクのことも考えて行動していきたいです。

・OriHime の動画を見てとても感動しました。私は今，他の授業で介護職について調べているのですが，そこで介護職員の人手不足を知りました。どうしたら人手を増やせるのだろうかと考えていましたが，この動画を見て眼球以外のからだを動かせない重度の障害を持つ方でも自分を自分で介護できる未来があるかもしれないことを知って科学技術の発展のすごさと偉大さに驚きました。また介護についてだけでなく障害者の方が自分の力で社会の役に立てるということは，社会に障害についての理解を深める機会にもなるのかなと思いました。
［最終回］

・入学当初は対面授業の方が自発的に学習できると感じていたために，遠隔授業に対してあまり良い印象を持っていませんでした。この科目でも遠隔授業だったので周りの人と意見を交換することができず，授業に遅れていってしまうのではないかと感じていました。ですが，この科目ではウェブサイトのリンクが貼ってあり，自分が実際にプログラミングをしてみるということなどをすることがとてもよかったです。対面の授業では各自家で確認してきてなど先生と一緒に確認する機会がないので，一緒に確認をすることができてとても良いと思いました。また，同じものを使用して実践するのでわかりやすく私でもついていくことができたのでとても楽しかったのです。また，遠隔授業では自分のペー

スで学習をすることができるので，本科目では特に良い点だと感じます。私は
プログラミングや Excel などパソコンを使用して何かを作成するということが
とても苦手でした。そのため，そのような科目では Zoom がメインに使用され
ていたので毎授業遅れてしまい，友人に聞いてを繰り返していました。本科目
は自分が今学ぶべき分野だと思っていたので，1 人で履修登録をしました。そ
のために，遠隔授業は自分のペースで動画を止めて，その都度わからないこと
を調べてをゆっくりとすることができたのでとても良かったと思います。

・先生がずっと話しているだけでなく，ビデオを見る時間やアプリを実際に使っ
てみる時間があり，とても楽しく授業を受けられました。データサイエンスは
難しい，未知のものだと感じていました。ですが，授業を通じて自分でも理解
できる，また案外身近にあるということを知れてよかったです。自分が学んだ
ものの中に，セキュリティについてや RESAS の図など今後役に立つような内
容も学べたのでよかったです。また，プログラミングなど日常生活ではあまり
体験できないようなことを体験できてよかったです。

・この授業では，他の授業で教えるような Word や Excel などのツールの使い
方を教える授業ではなく，コンピューター・ネットワークに関する様々な話題
や知見を提供してくれたため，データサイエンスについて今まで以上に興味を
持つようになった。また，日常生活で注意しなければならないこと・役に立つ
ことも学べたため，とても楽しく受講することができた。」

5．お わ り に

　学生のリアクション・コメントを授業の初回から最終回まで毎回トラッキン
グしている関係で，学生の理解が次々と進んでいく様子がわかる。最初は不安
だらけであっても，最終回の頃には，自分で考える尺度が出来上がり，人に説
明できるまでの自信がついて自己肯定感も増していることが感じられる。デー
タサイエンスを他人事ではなく自分事として語れるようになって，社会に出て
からも自信を持って活躍してもらいたいと願っている。

第 4 章

大学におけるデータサイエンス教育の展望

鳥 居 鉱 太 郎

1. は じ め に

　本章は経済社会の基盤として注目されるデータサイエンスやその周辺技術が高等教育機関においてどういう方針で対応付けられるべきか，関連の政策等を振り返りながら提案するものである。データサイエンスなど新たな技術を適用し社会に取り込むためには，エンジニアリング[1] の要素のさらにメタな部分の重要性を認識する必要がある。いくつかの事例をあげながら，この重要な部分がおろそかにできないことを指摘し，AI やデータサイエンスといった分野を高等教育の場で普及させ社会に反映させるための政策の問題を指摘する。

　DX（デジタルトランスフォーメーション：Digital Transformation）が 2000 年代に提唱されるようになりイノベーションによる社会全体でのデジタル化が注目され，近年では第 3 の AI（人工知能：Artificial Intelligence）ブーム，さらにビッグデータといった技術革新による社会変革が期待されている。その成果を社会が得るためには，技術革新や人材育成の観点から産業界の動向はもとより，国の政策立案が成否を左右することになる。その前提として重要であるのは，ICT（情報通信技術：Information and Communication Technology）に限らずどの分野にも当て

---

1)　本章では工学のみならず数理・統計・情報などデータサイエンスに関連する幅広い分野の意味として用いる。

はまると思われる高等教育機関における人材育成であるといえる。日本でもここ数年急速に対応が迫られている大学におけるデータサイエンス教育について，社会での対応との対比からその方向性を過去の事例をふまえながら見極めていく必要がある。

　多くの場合，エンジニアリングなど技術指向にある分野が社会で応用されるには，エンジニアリングの専門家が社会で多く必要とされ，専門家主導の開発作業，標準化や業務への適用が行われる。ここで現場，すなわち技術の適用を受ける部署では技能としての詳細事項よりも運営面や管理面での関心から，担当業務における課題への反映が努力される。ここで非エンジニアリング系の世界との融合，すなわちエンジニアリングの業務への適用が起きることになる。例えばコンピュータシステムの開発では，業務内容の理解や知識が不十分なシステムエンジニア（SE：System Engineer）がその設計を担当した場合，出来上がったシステムの性質は，エンジニアリングとしての要件を満たすものの，現場の業務が抱えている問題や利便性の理解度が低く，システムの更新作業が永遠に続くこととなる。したがって「システムは完成したその日から陳腐化が進む」という傾向に拍車がかかることになる。その原因は従来からわかっているものの改善できていない。すなわち，エンジニアリング一辺倒の知識では，例えば経済社会を動かしているシステムの業務を理解できないといった分断が，そのプロジェクト全体に生じているためである。

　単なるシステム開発というレベルではなく，国家的なプロジェクトの推進でも上記と同様のことがいえる。1980年代には「第5世代コンピュータ計画」が打ち立てられた。ここでは自然言語処理や並列推論マシンなどの研究が進み，各メーカーの各エンジニアの技術向上に成果を出したものの，経済社会への適用や応用へのステップアップがなされないまま終了した。プロジェクトは新世代コンピュータ技術開発機構（ICOT：Institute for New Generation Computer Technology）によって推進されたが，第5世代ではなく「新世代」であるという意識から命名され，その先の第6世代，第7世代と未来社会を支えていこうとする試みでもあった。また1985年から数年間続いた「Σ（シグマ）プロジェクト」は，

バックログに代表されるソフトウェアの生産性や生産体制の大きな問題を解決するため，効率的な開発の推進を目指したものである。ソフトウェア工学におけるブレークスルーを期待するものであったが，結果的には技術革新のスピードに計画が追い越されてしまう形となり，目的達成には至らなかった。これら2 つの国家的プロジェクトでは，エンジニアリング関連分野における課題や管理に注目がおかれ，社会での応用の節点が少なかったためにできた壁が，大きな障壁としてプロジェクトの目的達成に影響を与えたものと思われる。

　個々のシステムでも国家的なプロジェクトでも，そこには最終的にそれが適用される業務の現場があり，適用の後運用されて初めて目的を達成できるといえる。したがって，現場からのアプローチや実践によるフィードバックなくしては，エンジニアリングの中での理想との乖離が発生してしまう。高等教育機関における対応という意味でとらえた場合，現状のエンジニアリングだけの養成課題としての発想でいいのか，あるいは現場でのアプローチ優先の発想がいいのかを意識する必要がある。例えば社会のすみずみで DX による対応を期待するのであれば，当然のことながら後者の発想が必要であり，高等教育機関においてもカリキュラムを筆頭にその対応には工夫が求められる。しかし基幹技術である限り最初のアクションはエンジニアリング分野でなされ，データサイエンスにおいても理学・工学系学部など（以下「理系」と表現）が教育方針や内容を整備していくことになる。ここで人文・社会科学など（以下「文系」と表現）における対応がおろそかになると，高等教育においても現場をふまえた対応が困難になる人材育成方針として，産業界と同じ問題を生むことになる。

　以上の観点から，本章の第 2 節では高等教育機関における IT スキル標準の課題をふまえながら，国家プロジェクトでの課題から産・学の連携に関する部分までに存在する問題点を指摘する。第 3 節ではデータサイエンス・カリキュラム標準をふまえながら日本の 4 年制大学におけるデータサイエンス分野の対応状況を概観し，第 2 節で指摘する問題点が現実に起きつつあることを示す。また中央大学において開始された AI・データサイエンスの教育事例を資料から掲示し，本章で注目している部分についてその特徴を述べる。第 4 節では文

系学部におけるデータサイエンスの対応をカリキュラムの観点から迅速かつ効果的に行う方法を示す。そして海外での事例として中国における AI・データサイエンスの対応状況を設置組織や該当授業で調査した結果を示し，柔軟なカリキュラムが競争力を生もうとしている様子を概観する。

2. ICT 分野における政策の偏りについて

個別のシステム開発はもとより，第 5 世代コンピュータや Σ 計画といった国家プロジェクトに至るまで，エンジニアリングの社会への適用を意識したうえでの取り組みが重要となる。そして産・学連携を意識するまでもなく，高度に対応できる人材育成にとっても，高等教育機関におけるカリキュラム策定において同様の取り組みが必要であることは明らかである。本節ではまず IT スキル標準 (ITSS：IT Skill Standard) やデータサイエンス・カリキュラム標準を概観し，そこで欠落している部分の指摘を行う。次に産・学連携からふまえた第五世代コンピュータ，Σ 計画といった国家プロジェクトにおける計画の偏りについて述べる。

2-1　各種スキル標準と高等教育機関におけるカリキュラム策定

これまで情報処理学会や大学コンソーシアム，政府関連機関により高等教育機関における ICT 教育のカリキュラム標準が策定されてきている。何十年もいわれ続けている数十万人規模のソフトウェア技術者不足に加えて，高度な ICT 人材の不足に対応するための仕組みが策定の動機となっている。また近年注目の度合いが高まるデータサイエンスにおいては DS（データサイエンス：Data Science）カリキュラム標準など，ICT 分野の中で特定のスキル標準が提唱されてきている。米国に代表される海外でのスキル標準をふまえた日本国内への取り込みにはその前提として実態にそぐわない部分も多く，人材不足の解消や開発競争力の強化といった目的になじまない側面がある。産業界など人材の採用側では，一斉に新卒採用を行う人材獲得方法が未だ固定的であり，競争の中，特定の実務経験を重視した中途採用がまだまだ活発でない。高等教育機関

では学生がその目的に合わせて大学や学部を変更する，あるいは特定の知識や
スキルを求めてオンライン授業によるレベルアップを目指すなど，多様な様式
をとっているとはいえない。これらのことから，高等教育機関の実態およびそ
の先にある産業界等の実態が，カリキュラムやスキル標準の国際的な仕組みと
そぐわないのである。以下に 2002 年度に公開され更新を続けている IT スキル
標準についてその特徴や課題を述べる。

　IT スキル標準は初版から始まり 2011 年には V3 が公開されている[2]。高度 IT
人材に求められるスキル項目があげられており，技術者のレベルアップはもと
より，高等教育機関における教育やカリキュラムにおいて客観的な評価を得る
指標となっている。V3 において 11 種類の職種と 38 の専門分野の構成が打ち
出されているが，11 種の職種は次のとおりである。

- ・マーケティング
- ・セールス
- ・コンサルタント
- ・IT アーキテクト
- ・プロジェクトマネジメント
- ・IT スペシャリスト
- ・アプリケーションスペシャリスト
- ・ソフトウェアデベロップメント
- ・カスタマーサービス
- ・IT サービスマネジメント
- ・エデュケーション

　38 ある専門分野とは，例えば IT スペシャリストでは，以下の 6 つの専門分
野があげられており，さらにスキルの度合いとしてエントリーレベルからハイ
レベルまで 7 段階として定義されている。

- ・プラットフォーム

---

　2)　「IT スキル標準 V3 2011」（2012），情報処理推進機構。

112

・ネットワーク

・データベース

・アプリケーション共通基盤

・システム管理

・セキュリティ

　ITスキル標準の活用はこうした職種，専門分野やレベルに細分化された項目について，各組織や個人がスキルマップとして評価を行い，プロジェクト内での活用や，研修や教育への適用が期待されるものである。したがって，個々の組織や個人で必要な部分を随時見極めていくことになる。なお技術革新や社会情勢の変化に応じて，これらの指標に含まれない要素が出てくることは必須の状況である。人材の育成や確保における国際競争力という観点からも期待されるITスキル標準は，主に東南アジア各国での採用などで地道な展開を続けている。一方で，時代の変化による専門分野の追加がフレームワークとして産業界から要望される中，従来のITスキル標準で対応できていないDXやサイバーセキュリティを始め，働き方改革の方向性にも対処できる見直しも行われている。「ITSSを基軸とした新フレームワーク（Wings）」[3]は，見直し前に行われた代替措置の代表例である。このフレームワークでは，ITスペシャリストにおける新たな専門分野として次の項目などがあげられている。

・リアルタイム／組込みシステム開発

・アニメーション開発

・UX分析／設計／評価

　WingsはさらにSFIA（The Skills Framework for the Information Age）とのマッピングを可能としている。世界で広く用いられているSFIAは2000年代からグローバル化を意識した共通参照モデルとして進化し続けており，2021年にはSFIA Ver8を公開している。iCD協会ではこのフレームへのマッピングを行い，Wingsとして活用できる仕組みを提供している。そして「ITSSとiCDタスク」

3）「ITSSを基軸とした新フレームワーク『Wings』の提供について」（2021），一般社団法人iCD協会。

および「SFIA と iCD タスク」によるそれぞれの対応をもとに，さらに iCD タスクでの紐付けによる ITSS を基軸とした新フレームワークが構築されている。これらは既存の ITSS 領域では対応しきれない部分に対して，新たなフレームワークをドッキングさせ，さらには国際的指標とのマッピングをも行った大きな仕組みとなっている。

　主に産業界で使用される IT スキル標準については，以上のとおり時代の変遷やグローバル化の流れにおいて複雑さという問題点を指摘することができる。この点は高等育機関からふまえても，人材育成の観点から IT スキル標準をふまえた教育内容の検討という視点で大きな課題であるともいえる。また IT スキル標準の一部は ICT 関連資格の多くとマッピングすることが可能となっており，技術者のみならず学生からの関心など高くなり得るもので，教育機関への影響は小さくはないといえる。高等教育機関では「カリキュラム標準」が作成され，情報処理学会が 2007 年度に策定したカリキュラム標準 J07[4),5)] では，次の 6 分野が掲示されている。

・コンピュータ科学領域

・情報システム領域

・ソフトウェアエンジニアリング領域

・コンピュータエンジニアリング領域

・インフォメーションテクノロジ領域

・一般情報処理教育

　こうしたカリキュラム標準は世の中の動向をふまえて情報セキュリティなど見直しが行われてきているが，データサイエンス・カリキュラム標準についても，策定方針の検討が進んでいる[6)]。社会人や学生を対象とした人材育成の研

---

4)　「カリキュラム標準 J07」(2008)，情報処理学会。

5)　「大学における情報教育 J07」(2008)（『情報処理』Vol. 48, No. 11）情報処理学会，1218-1224 ページ。

6)　「情報処理学会データサイエンス・カリキュラム標準（専門教育レベル）─策定方針と今後の取り組み─」(2022)（『情報処理』Vol. 63, No. 1）情報処理学会，16-19 ページ。

修や学校教育の現場のために，IT スキル標準をもとに開発された IT スキル標準モデルカリキュラムがある[7]。ここでは研修ロードマップがレベル 1 から 3 まで示され，それぞれ科目群やシラバスが用意されている。そして改定が進む情報処理技術者試験との対応を考慮したスキームとして，IT 人材に求められるスキルやキャリアを体系的に整理したものとして，人材不足や高度 IT 人材の育成に貢献することが期待された[8]。米国では早くから IT スキル評価が具体的な内容で体系化され，柔軟かつ素早い対応で深刻な人材不足を解消し，国際競争力を維持してきている。そこでは人材評価の核となる「スキル標準」，「技術者教育の評価認定制度」および「IT スキル資格試験」といった，IT スキーム評価スキームの存在が大きな原動力となっているものと考えられる[9]。

　以上から明らかになるのは，Wings による対応に見られるようにスキル標準の政策が時代への対応の点で遅れ国際競争力を持たないということである。これは標準化の観点から見ても，国際的な競争力を人材育成の観点から達成しようとする試みに追いついてない現状にあるといえる。また「IT スキル資格試験」においても同様の懸念が生じる。スキル標準とスキル資格試験の連動性は，高等教育機関にとっても社会人の人材育成にとっても関心の高いことであるが，国際的な標準化とは別方向のスキームを維持していく限りは，その目的達成には効果が限定されるといえる。

　高等教育機関における ICT 分野のカリキュラム策定においては，IT スキル標準とは異なり教育モデルとしてのカリキュラム整備が進んでいる。米国における情報科学技術分野でのカリキュラム 68[10] から始まり改定が続く内容をもとに，日本での特徴を加味したものとなっている。米国において 10 年ごとの

　7）「IT スキル標準モデルカリキュラム（IT スキル標準 V3 以降対応）」（2009），情報処理推進機構。
　8）　鳥居鉱太郎（2005）「IT スキル標準における CBT システムの対応について」（『松山大学論集』第 17 巻第 3 号）29-46 ページ。
　9）　星貴子（2004）「わが国における IT 人材活用の現状と課題—アメリカの IT スキル評価スキームからみたわが国の課題」（『Business & Economic Review』Vol. 14, No. 1）日本総研，117-139 ページ。
10）「CURRICULUM68」（1968）（『Communication of the ACM』Vol. 11, No. 3）。

改定が行われているのと同様，日本のカリキュラム標準 J07 も見直しが行われ，
パブリックコメントを経てカリキュラム標準 J17[11] が公表されている。この間，
情報技術をとりまく社会情勢は大きく変化しているが，J07 からの 6 カリキュ
ラムに加えて，サイバーセキュリティに対する側面的カリキュラム標準「情報
セキュリティ」が提示された。しかし対応が求められる「データサイエンス」
については示されなかった。10 年ごとの改定があれば 2028 年が想定されるが，
その間は側面からの領域補完や別の規格で推移するものと思われる。欧米では
DS 分野のカリキュラム構築が進み国際的な通用性を視野に入れるまでになっ
ているのが現状であるが，ようやく J17 とは別の取り組みとして DS カリキュ
ラムの整備が始まっている。

　J17 や DS カリキュラムは情報処理学会を中心として進められるものだが，
これらとは別に，数理・データサイエンス教育強化拠点コンソーシアム（6 大
学コンソーシアム）[12] によるカリキュラムの策定がある。このコンソーシアムは
拠点校 6 校に加えて協力校，特定分野協力校そして連携校から構成され，コン
ソーシアム概要によると次の事業内容に取り組むための組織となっている。

　・全国的なモデルとなる標準カリキュラム・教材の作成

　・その標準カリキュラム・教材の他大学への普及方策（例えば全国的なシンポ
　　ジウムの開催等）の検討および実施

　・センターの情報交換等を行うための対話の場の設定（各大学のセンターにお
　　ける教育内容・教育方法の好事例を共有し，より取り組みを発展させるための議論
　　など）

---

11)　「カリキュラム標準 J17」（2018），情報処理学会。
12)　「2016 年 12 月に文部科学省より数理及びデータサイエンスに係る教育強化の拠点
　　校として選定された北海道大学，東京大学，滋賀大学，京都大学，大阪大学，九州
　　大学の 6 大学。拠点 6 校として，数理・データサイエンスを中心とした全学的・組
　　織的な教育を行うセンターを整備して，各大学内での数理・データサイエンス教育
　　の充実に努めるだけでなく，全国の大学に取組成果の波及を図るため，地域や分野
　　における拠点として他大学の数理・データサイエンス教育の強化に貢献することが
　　期待される」（「数理・データサイエンス・AI 教育強化拠点コンソーシアム」概要よ
　　り抜粋）。

・センターの取組の成果指標や評価方法の検討

　そして 2020 年にはリテラシーレベルのモデルカリキュラムを，2021 年には応用基礎レベルのモデルカリキュラムを公開している。政府の「AI 戦略2019」（2019 年 6 月統合イノベーション戦略推進会議決定）[13] では，「我が国が，人口比ベースで，世界で最も AI 時代に対応した人材の育成を行い，世界から人材を呼び込む国となること。さらに，それを持続的に実現されるための仕組みが構築されること」が，第 1 の戦略目標とされた。こうして，コンソーシアムから「文系」，「理系」を問わないすべての大学・高専生（約 50 万人卒 / 年）を対象とした「数理・データサイエンス・AI（リテラシーレベル）モデルカリキュラム～データ思考の涵養～」が，2020 年に策定・公表された[14]。ここでモデルカリキュラム（応用基礎レベル）においては，リテラシーレベルの教育を補完的・発展的に学修することにより，「文理を問わず，一定規模の大学・高専生（約25 万人卒 / 年）が，自らの専門分野への数理・データサイエンス・AI の応用基礎力を習得」（AI 戦略 2019）することを目標としている[15]。

　以上の各種政策は，様々なスキル標準やカリキュラムが時代の流れとともに混在し，相補的なものとして全体像が構築されていく関係となっている。これらはさらに欧米の世界標準にマッピングの段階を経て，DS カリキュラムのように側方分野の追加など混乱の様相もある。高等教育機関から参照されるスキル標準やカリキュラムは，社会人にとってのスキル標準および人材育成（高度人材育成も含む）におけるそれらと部分的に合わさったり合わさらなかったりというわかりにくさは，こうした問題から生ずるものといえる。そして情報関連資格や技術者教育の評価認定制度との対応についても，同様のことがいえる。こうした現状において，高等教育機関の学生が社会での活躍をふまえたスキルアップ像を描きにくく，学生を受け入れる社会においても，学生に求めるもの

13）「AI 戦略 2019」（2019），統合イノベーション戦略推進会議。
14）「数理・データサイエンス・AI（リテラシーレベル）モデルカリキュラム」（2020），数理・データサイエンス教育強化拠点コンソーシアム。
15）「数理・データサイエンス・AI（応用基礎レベル）モデルカリキュラム」（2021），数理・データサイエンス教育強化拠点コンソーシアム。

とこれから人材育成していく内容とのリンケージが示されないことになる。

　このような状況の中で，例えばCSFirst[16] といった小学校向けに用意された
カリキュラムが，日本の小学校でも利用されようとしている。2020年度より
必修化された小学校でのプログラミング教育では，Scratch[17]に代表されるブロッ
ク型プログラミング言語の採用が進むと思われる。プログラミング教育必修化
では，楽しいとする児童が多い反面，担当する教師の負担が重くなり当初から
課題を内包しているが[18]，CSFirst では Scratch を用いてカリキュラムを進めな
がら，教員は Scratch for CS First のサポートを得ながら児童が行う学習の進捗
やプログラムの内容を確認することができる。カリキュラムを策定したうえで
教員へのサポートを行うところに世界的に利用が進み，世界標準としての戦略
を垣間見ることができる。すなわち，教室の場で実際に使えるカリキュラム内
容であることが重要なポイントになる。

2-2　大学におけるカリキュラム策定の課題

　これまで示してきた高等教育機関におけるカリキュラムでは，「文理を問わず」
修得が求められる学習内容は膨大であり，DSカリキュラムにおいてはリテラシー
部分を設置せず，6大学コンソーシアムのモデルカリキュラムで対応する仕組
みとなっている。したがって，DSカリキュラムが情報系の学部に限定される
カリキュラムである性質が強くなり，「文理を問わず」のカリキュラムだとは
いえない。6大学コンソーシアムにおけるカリキュラムでは，「リテラシーレ
ベル」は大学で全員が対象であり「応用基礎レベル」はその半数程度が該当者
と想定されている。実際は2つのカリキュラムを合わせた膨大な内容をこなす
ためには「文理を問わず」であるものの，元々該当分野の科目が多い「理系」

16)　Googleにより2014年に北米で開始されたカリキュラム。これまで100以上の国の
　　200万人以上の児童，7万人以上の教員が活用しており，日本でも2022年に公開さ
　　れた。
17)　MITメディアラボにより公開されている教育プログラミング言語。命令などのブロッ
　　クを重ねていくことにより，プログラムを構築することができる。
18)　「プログラミング教育実態報告書」(2021)，特定非営利法人みんなのコード。

118

に適応するものであり，「文系」でのすべての対応ができないのは致し方ない状況である。

　同時に，リテラシーレベルのモデルカリキュラムは導入や心得といった内容であり，「文系」の学生が最も必要となる，それぞれの学問領域での節点や適用，業務への応用事例を学び，その根底としてデータサイエンスなりの技術がどう適用されているかを学ぶことが求められる。理由は簡単で，経済社会を動かす根本には経営や経済，法学などの対象分野における課題や発展の道具としてどのようなものがあるのか，何が適用可能かそして何が必要かを知ることが学生の最大関心事になる筈である。6大学コンソーシアムや政府の戦略会議などにおいても，まずは技術面からの対応や取り組みから始められることは自然な流れである。しかし，これをスキル標準やカリキュラム標準の制定を行う段階でもそのままとしては「理系」用の内容として偏ってしまい，経済社会の基盤を支える「文系」用の内容は，リテラシー，心得，導入といった内容で濁されてしまうのである。ここに高等教育機関におけるカリキュラム策定の問題点を指摘することができる。

　6大学コンソーシアムの「リテラシーレベル」の構成は「導入」，「基礎」，「心得」，「選択」に4分類され，その学修項目が次のとおり示されている[19]。

（導入）1. 社会におけるデータ・AI利活用

1-1. 社会で起きている変化　　　1-2. 社会で活用されているデータ

1-3. データ・AIの活用領域　　　1-4. データ・AI利活用のための技術

1-5. データ・AI利活用の現場　　1-6. データ・AI利活用の最新動向

（基礎）2. データリテラシー

2-1. データを読む　　　　　　　2-2. データを説明する

2-3. データを扱う

（心得）3. データ・AI利活用における留意事項

3-1. データ・AIを扱う上での留意事項　3-2. データを守る上での留意事項

19）「数理・データサイエンス・AI（リテラシーレベル）モデルカリキュラム」（2020），数理・データサイエンス教育強化拠点コンソーシアム。

（選択）4.　オプション

4-1. 統計および数理基礎　　　　4-2. アルゴリズム基礎

4-3. データ構造とプログラミング基礎　4-4. 時系列データ解析

4-5. テキスト解析　　　　　　　4-6. 画像解析

4-7. データハンドリング　　　　4-8. データ活用実践（教師あり学習）

4-9. データ活用実践（教師なし学習）

　応用基礎レベルでは「データサイエンス基礎」,「データエンジニアリング基礎」,「AI 基礎」に 3 分類され, 分析設計, データベース, 機械学習などより詳細な内容のスキルを学修するモデルとなっている。高等教育機関ではこれらのモデルをカリキュラムとして採用するとしたものではなく, それぞれの実情から検証を行い, 既設科目からの読み替えや新規開講など模索しながら, 目標達成を目指すことが期待される。応用基礎を修得した学生の半数以上は, 自らの専門分野にデータサイエンス・AI を駆使し応用していくことが期待される。

　ここでいう専門分野は, 高等教育機関に設置されたすべての学部が該当することとなる。元々「理系」の学部では関連科目が豊富であり, 読み替えなどで応用基礎レベルまでの体系を整えられる可能性が高いといえる。これに対して「文系」では応用基礎レベルはもとより, コマ数の兼ね合いからもリテラシーレベルでの科目対応すら厳しいケースが考えられる。したがって, 既設の一般的科目を読み替えることでリテラシーレベルのモデルに対応とし, 応用基礎については特別に履修可能な状況にあるごく一部の学生が対象となってしまう側面がある。ここに高等教育機関における政策としての大きな課題を認めることができる。応用基礎レベル後の流れとしてある「自らの専門分野」が, 経営や経済などの学部における専門分野として当てはまる構造にはなっていない。こうした傾向は DS カリキュラムにおいてもいえることで, その前段階をクリアできないままの DS カリキュラムへのステップアップは, カリキュラム上も修得レベルからも「文系」学生には困難であることになる。現在あるいくつかのカリキュラム標準およびスキル標準は, この点を考慮しないまま, あくまでも

「理系」における対応が趣旨といわざるを得ない。現在，数万人から今後十数万人以上不足するとされる「データサイエンティスト」[20]の要請が急務であるという方針の下国家的な政策として行われているものの，相変わらず変革されない可能性を含んだ政策になっていると考えることができる。

　状況は深刻で，人口が減少する中，高度なスキルを持つ人材としてデータサイエンティストあるいはIT人材が慢性的な不足という事態に陥っている。ビッグデータを始めとする多様なデータを分析し価値を生み出す数値処理的なスキルを持ち，データの評価や課題への答えを出していく専門家として期待される一般的なデータサイエンティストであるが，全学部的な人材育成として高等教育機関に求められているのに対して，対応が進んでいないといえる。数十年も前からコンピュータ技術者が何十万人と不足している指摘が続いている。またソフトウェア（開発）の輸入超過や低い国際的な競争力が問題にされ続けている[21]。一向に解決されていないこうした問題から，データサイエンティストの育成においても同様の根本的な問題を抱えていることが想定できる。理論やシミュレーションをもとに社会への便利な応用が期待されるエンジニアリングは，その技術面での進化や技術者の育成が重要である。一方で経済社会を構成する様々な組織では，各々の業務課題が経営学であれば経営戦略や広告・マーケティング，法学であれば法情報処理，経済学であれば経済政策や金融，文学であれば社会統計など，各学問分野で特異な方法により応用が期待される。したがって，こうした分野での知識と経験があって初めて対応できる分野であり，人材不足の根源はここにあるといえる。コンピュータ技術やデータサイエンスを業

20)　データサイエンティスト協会による定義は次のとおりである。
　　「「データサイエンティストとは，データサイエンス力，データエンジニアリング力をベースにデータから価値を創出し，ビジネス課題に答えを出すプロフェッショナル」ここでいう「ビジネス」とは，社会に役に立つ意味のある活動全般を指します。また，「プロフェッショナル」とは，体系的にトレーニングされた専門性を持つスキルを持ち，それをベースに顧客（お客様，クライアント）にコミットした価値を提供し，その結果に対して認識された価値の対価として報酬を得る人を示します。」
21)　鳥居鉱太郎（2015）「COBOL資産のオフショアマイグレーションによるソフトウェア産業の活路について」（『中央大学経済学研究所年報』第46号）479-495ページ。

務に取り入れ活用することを考えた場合，単なるデータサイエンティストでは対応が難しい，という理解が必要な理由として示すことができる。

　その分野のデータを分析・評価し，仮説検討までできる人材は経済社会の基盤を支えるエンジニアリングと，もう一方では「文系」の各学問分野が重要となることは明確である。数十万ともいえるコンピュータ技術者の不足や国際競争力の低下が一向に改善されていない現状から，上記に述べたとおり原因はこの問題にあるものと思われる。したがって，データサイエンティストとして高度な人材育成は重要かつ必要であるが，存在するカリキュラム標準やスキル標準だけを見て，欧米のモデルにマッチングさせていく方法では不十分なのである。CSFirst の成功事例が示すとおり，カリキュラムやモデルの策定だけではなく，現場で必要とされること，CSFirst であれば教員へのサポートツール，を用意して初めて機能し世界標準へと進化していくことになる。「文系」においては高度なスキルのエントリーレベルを置くだけの対応ではなく，各学問分野での事例と応用のトレーニングが重要となってくる。そして圧倒的多数を占める「文系」卒業者が自らの専門分野でのデータサイエンスの活用の仕方を，専門分野の理論でもって総合的に判断できることが肝心なことになる。一般的なコンピュータ技術者にしても同様のことがいえる。簿記会計を知らずして，あるいは興味を無くして良い会計システムが構築できるかといえば，IT スキルがいくら高いエンジニアがいても現場での利用に有効なものはできないのである。産官学連携ではこのことを特に注意深く進めていく必要がある。適用対象業務での能力が重要という観点から見ると，以下に述べるとおり国の政策でも同様のことがいえるケースをあげることができる。

2-3　国家プロジェクトにおける計画の偏り

　第5世代コンピュータプロジェクトでは，第4世代までのコンピュータとは異なる非ノイマン型アーキテクチャによる並列処理マシン，推論機能を持つ知識情報処理システム等に関する基礎研究およびプロトタイプ構築がなされた。プロジェクトの期間は1982年からの前期3年，中期4年，後期3年の計10年

間である[22]。当初は各種の人工知能分野でのブレークスルーが期待されたものの，その運用や活用面からの方策はなく，個別のエンジニアリングとして技術開発に研究が集中されることになったといえる。上記で指摘したカリキュラムにおける問題点と同様に，実際に経済社会で利用される場面での考慮はなされていなかった点をあげることができる。

　非ノイマン型アーキテクチャによる推論機構がプログラマーの負担を減らすことにつながる，という視点は注目に値するものである。しかし，例えば会計処理での実際のデータの流れや計算方法の観点を想定したものとして，研究開発が行われたということはない。またゲノム解析を見ても，応用研究として視野に入れられていたものの，あくまでもエンジニアリングとしての接近であり現場で必要な，ゲノム解析の担当者が便利に感じ使いたくなる仕組みとしての取り組みにはなっていなかった。実際にはこうした観点からのアプローチこそが，現場で受け入れられる研究成果であることが目的である筈である。

　1984年の産業構造審議会報告書では，90年代にはソフトウェア技術者が60万人不足する，という推定がなされた。70年代には国内メインフレーム各社はハードウェアの開発において体制が整ってきたものの，ソフトウェアやシステムの面では計算機の能力向上に追いつかない側面が散見された。その対応策として出された政策がΣ計画で，1985年から1990年にかけて実施された。Σ計画はソフトウェアの開発環境を改善し，効率的かつ国際競争力のある開発体制を構築し，慢性的な人材不足の解消にも寄与する目標が掲げられた。全体計画としては，プログラム実行用ハードウェアから独立した標準的ソフトウェア環境の確立，およびプログラム・技術情報の検索転送のためのネットワークシステムの確立の2点が構想された。これらにより，①ソフトウェアの品質および生産性の向上，②ソフトウェアの重複開発の防止，③ソフトウェア開発設備の充実，ノウハウの蓄積，技術の向上を達成するものとされた[23]。これらは，

22）「第五世代コンピュータプロジェクト研究開発の軌跡」（1992）（『機械振興』
　　　Vol. 25, No. 7）機械振興協会，24-31ページ。
23）　横浜信一（1986）「シグマシステム構築計画—ソフトウェア生産工業化システム—」

今日のクラウド社会の基盤としての分散，集中のネットワーク機構およびオープンシステムの発想が網羅された計画であったともいえる[24]。ところがここでも現場不在のエンジニアリングが行われ，計画にのっとったハードウェア開発による市場拡大策に重きが置かれたことになる。実際に開発を行う現場で必要とされる環境の整備の視点が取り残され，競争力はもとより正規の標準化や産業標準化として進化する国際標準への機運も起きることはなかった。以上のとおり，こうした国家プロジェクトにおけるケースでも，CSFirst の事例と通じるところがあるといえる。

3. 大学におけるデータサイエンス導入動向

　第2節において，高等教育機関におけるカリキュラム標準はもとより情報技術に関する政策やスキル標準，関連資格においてもエンジニアリング的アプローチのみがもたらす弊害を示した。データサイエンスが近年注目される中，やはり政策としてエンジニアの不足が掲げられ，人材育成が重要な関心事となっている。ここで大きな問題として指摘できる点は，高度な情報処理技術者としてのデータサイエンティストが何万人という単位で不足し，育成を急ぐという観点である。ビッグデータを始めそこに取り込むデータの種類や取得方法，そこからどのような分析が求められるのか，あるいはシナリオを用いる場合はどのような分析結果が必要であるのか，そこは実際の業務を担当する現場でわかることである。したがって計算手法や各種の理論，情報処理技術といった側面だけでは困難な対象であることがわかる。当初のアプローチとしてはエンジニアリング分野からの整備や対応が自然な流れであるものの，高等教育機関や社会での展開をふまえたとき，そこに大きな落とし穴が内在していると思われる。以下に日本の大学におけるデータサイエンス分野の対応の動向，ならびに中央大学における同分野への取り組みを述べる。

　（『機械振興』Vol. 19, No. 10）機械振興協会，12-18 ページ。
24)　秋間升（1991）「オープンシステムの動向」（『機械振興』Vol. 24, No. 7）機械振興協会，69-75 ページ。

3-1　大学における DS カリキュラムの偏り

　カリキュラム標準では，エントリーレベルの内容はデータサイエンスに入る窓口として有効であるという位置付けになる。「理系」分野の学部ではその先の応用基礎レベルでの科目対応が可能であるが，「文系」分野の学部ではそうならない。カリキュラム全体の科目数などから，エントリーレベルの内容を既設の科目で当てはめるのが精いっぱいであるためである。この観点は，あとは現場に任せるといった政策上の盲点として指摘することができる。すなわち，技術・開発部門ではない多くの業務の現場では，対象とする業務ごとにデータの内容やそこから発生する情報の可能性はまちまちであり，多くの「文系」出身の学生が活躍する場となっている。そこでどのようにデータサイエンスが適用されるかが，社会の変革や発展の要となるのは経済社会において自明のことである。活躍の現場では，データサイエンスに関する知見や知識を各々の学部専門性を活かしながら統合分析を行い，適用に至ることが期待される。実際のビッグデータの扱いやデータベースの作成や利用，そしてソフトウェア的手法による分析や理論付けは，高度なデータサイエンティストとコラボレーションすることにより達成していくことも自然な流れである。したがって，業務の現場でのデータサイエンスの使われ方について，特に「文系」学部では「エントリーレベルにあるデータサイエンティスト」に対応するカリキュラムとして準備されるべきである。

　文部科学省では，2021 年に数理・データサイエンス・AI 教育プログラム（リテラシーレベル）の認定制度を発足させている[25]。これは各大学が，すべての学部においてデータサイエンス分野の教育を実現することなどを条件に大学への

---

25)　目的として次のとおり示されている。「数理・データサイエンス・AI 教育プログラム認定制度（リテラシーレベル）は，学生の数理・データサイエンス・AI への関心を高め，かつ，それを適切に理解し活用する基礎的な能力を育成するため，数理・データサイエンス・AI に関する知識及び技術について体系的な教育を行う大学等の正規の課程（教育プログラム）を文部科学大臣が認定及び選定して奨励するものです。これにより数理・データサイエンス・AI に関する基礎的な能力の向上及びその機会の拡大を図ることを目的としています。」

認定を行うもので，データサイエンス分野のカリキュラムをすべての学生に必要なものととらえて「理系」学部だけでなく，「文系」学部でリテラシーレベルの対応を促進するものであるといえる。しかし，従来からある科目からの読み替えなどで対応が可能な状況でもあり，上記で述べた人材育成にとって不十分な側面も見られる。エントリーレベルはもちろんのこと，応用基礎レベルへの対応は「文系」学部においても重要であるが，一番重視すべき点は，現場での気付きを生むであろう，各学問分野での専門性に紐付けられた事例研究や実践になる。したがって，既存の様々な教科・科目においてデータサイエンスからのアプローチ方法を取り入れた内容を盛り込んでいくことが重要になってくる。またエントリーレベルにおいては，こうした専門の授業が学部分野ごとに数科目ずつ設置されるべきである。

　表4-1に，日本の大学におけるデータサイエンス関連の取り組みについての調査結果を示す（2022年3月に東日本にある大学のWebページで公開されている内容を検索した調査結果で，すべてを網羅している訳ではない）。関連するトピックスの一例をあげたものであるが，「文系」学部での対応は，認定基準の「エントリーレベル」が主だっていることが推測される。本章で指摘する現場レベルでの学問分野に即した授業としては，単発のセミナーなどで対応するケースも見られるが，これまで指摘した課題を残さない工夫が必要である。

表4-1　日本の大学におけるデータサイエンス関連対応の取り組み

大学1	・社会学部　地域社会学科「AIと社会に対応した学習を導入」
大学2	・社会情報学部カリキュラム　データサイエンス群
大学3	・令和2年度事業報告について「実践的なデータサイエンス教育」
大学4	・数理・データサイエンス・AI教育プログラム（リテラシーレベル）プラスの選定について（2021年8月10日投稿）
大学5	・2021年度入学生から全学部で数理・データサイエンス・AI教育プログラムを実施（2021年4月7日投稿）
大学6	・経営情報学部　システム情報学科　システム情報専攻　情報科学コース「データサイエンティストを目指す」
大学7	・国際教養学科　科目「ICTリテラシー」（データサイエンスを含む）
大学8	・全学共通新カリキュラム共通科目「AI・データサイエンス入門」
大学9	・情報科学科　数学分野・医用工学分野　科目「情報科学」
大学10	・令和3年度から数理・データサイエンス・AI教育を必修化

大学11	• 総合マネジメント学部 情報福祉マネジメント学科(教育目標にデータサイエンスを含む)
大学12	• 経済学部 金融コース(データ・サイエンスを含む)
大学13	• Society5.0時代に必須のスキルとなるデータサイエンス力を身につける「データサイエンス・AI教育プログラム」の導入(2021年度より)
大学14	• 本学のMDASH-Liteが「数理・データサイエンス・教育プログラム(リテラシーレベル)」に認定(2021年8月6日投稿)
大学15	• 文部科学省より「数理・データサイエンス・AI教育プログラム認定制度(リテラシーレベル)」に認定
大学16	• データサイエンス教育プログラム 2022年4月スタート！(2022年2月8日投稿)
大学17	• 教養科目群「データサイエンス入門」
大学18	• メディア情報学部 ゼミナール「データサイエンス」
大学19	• AI・情報システムコース AI, IoT, データサイエンスを活用〜AI時代の新しいモノづくりを実現できる技術者をめざす〜
大学20	• 数理・DS・AI教育プログラム認定制度リテラシーレベルに認定(県内の大学で初)
大学21	• データサイエンス副専攻 文系大学生向けのデータサイエンス・STEM教育
大学22	• 本学のICT・データサイエンス教育プログラムが「数理・データサイエンス・AI教育プログラム(リテラシーレベル)」に認定されました(2021年8月5日)
大学23	• 経済学特殊講義(社会科学のための実践的データサイエンス)
大学24	• 文部科学省「数理・データサイエンス・AI教育プログラム(リテラシーレベル)」に認定(2021年8月4日投稿)
大学25	• 情報マネジメント学部 現代マネジメント学科 専門教育科目「データサイエンスとAI」
大学26	• イベント「DX時代のインフラ整備と産学連携のデータサイエンス教育」(2021年11月24日開催)
大学27	• 女性データサイエンス教育研究所(〜2022年3月31日)
大学28	• 2020年度からシステム理工学部2学科で1年生前期にデータサイエンス科目必修化(2019年12月17日投稿)
大学29	• セミナー「DX時代のインフラ整備と産学連携のデータサイエンス教育」(事業構想大学院大学・月刊先端教育)(2021年11月24日開催)
大学30	• 「データサイエンス概論」が文部科学省「数理・データサイエンス・AI教育プログラム認定制度リテラシーレベル」に認定(2021年8月27日投稿)
大学31	• 重点事業計画「ICT・データサイエンス教育の充実」
大学32	• ネットワーク情報学部 DS：データサイエンスプログラム
大学33	• 本学のデータサイエンス副専攻の取り組みが, 文部科学省が推進する数理・データサイエンス・AI教育プログラム認定制度(リテラシーレベル)に認定(2021年7月1日)
大学34	• 本学の教育プログラム「数理・データサイエンス・AI教育プログラム」が8月4日付で文部科学省「数理・データサイエンス・AI教育プログラム認定制度(リテラシーレベル)」に認定
大学35	• トレタデータサイエンス研究所×多摩美術大学 飲食経営のビッグデータを可視化する
大学36	• 総合政策学科 カリキュラム 必修科目「データ・サイエンス」
大学37	• 情報マネジメント学部 データサイエンス・社会調査コース
大学38	• 情報システム工学科 データサイエンスドメイン

大学39	・文部科学省 数理・データサイエンス・AI 教育プログラム（リテラシーレベル）に認定
大学40	・「食・農データサイエンス部会」設立のお知らせ（2021年 7 月 9 日投稿）
大学41	・バイオデータサイエンス入門プログラム認定証の制度が始まる（2019年 4 月 1 日投稿）
大学42	・学部横断型プログラム データサイエンス教育プログラム
大学43	・文部科学省「数理・データサイエンス・AI 教育プログラム（リテラシーレベル）」に認定（2021年 8 月20日投稿）
大学44	・服装学部共通 専門教育科目 プラクティカルスキル データサイエンス I・II
大学45	・情報数理学部情報数理学科 3 年次 AI・データサイエンスコース（2024年 4 月開設予定）
大学46	・データサイエンス学環（仮称） 2023年 4 月開設予定
大学47	・「データサイエンス・AI リテラシー教育プログラム」が，文部科学省の「数理・データサイエンス・AI 教育プログラム認定制度（リテラシーレベル）」に認定（2021年 8 月 5 日掲載）
大学48	・国際文化学科に「情報メディア・コース」が開設（履修できる科目にデータサイエンスを含む）
大学49	・経営情報学部経営情報学科 データサイエンス分野
大学50	・経営情報学部情報システム学科（カリキュラムにデータサイエンスを含む）

（出所）筆者作成

3-2　中央大学における AI・データサイエンス教育の取り組み

　中央大学では AI・データサイエンスを 2020 年 4 月に設置し，研究・教育・社会連携などを多角的またスピーディーに推進している。設置に関しては次のことが重要視されている。以下，AI・データサイエンスセンター Web ページ「所長挨拶[26]」より一部を抜粋する。

　　「中央大学は長い歴史を持つと共に，法学部をはじめとして人文・社会科学に関係する多くの学部や組織をもつ大規模な総合大学です。AI 技術が私たち社会生活に深く浸透しつつある今，技術主導ではなく「人間中心の AI 社会」を私たちは創っていかねばなりません。そのためには，社会のニーズや懸念などを可視化し，実際の技術開発や関連する法制度などにそれらを反映させること，いわゆる RRI（Responsible Research and Innovation）の観点がむしろ今後は大切になってきます。本センターは，中央大学の特

26）　AI and Data Science Center 所長挨拶（https://adc.r.chuo-u.ac.jp/）。

徴ある総合大学の強みを生かして，AI 技術を駆使してデータに基づき合理的な意思決定ができる人材を育成して参ります。

　この目的の達成のため，教育部会と研究・社会連携部会の二つの部会を設け活動していきます。前者は，全学教育を起点に AI およびデータサイエンスに関わる教育を効果的に実現していく仕組みを検討し，実現していきます。後者は，産業界を巻き込み先端的な研究を推進する中で，AI およびデータサイエンスを積極的に活用できる，大学生・大学院生および社会人の高度教育を実践していく予定です。」

ここでは，総合大学として各学部における学問分野の特色を AI・データサイエンス方面から適用することの重要性が示されている。そして教育面においては，特色ある教育プログラムとして，次の内容が設置された。以下，公開資料より一部を抜粋する[27]。

「2021 年度から文理を問わず全学部生を対象として，AI・データサイエンス分野をリテラシーから応用基礎レベルまで系統的に学修する「AI・データサイエンス全学プログラム」を開設します。

　本プログラムにおいて，導入教育にあたるリテラシー科目「AI・データサイエンスと現代社会」では，入学生全員に履修していただきたい，大学生であれば誰もが知っておくべき基礎的内容の習得を目指します。また，「AI・データサイエンス総合」科目では，各分野の第一線で活躍している実務家からの事例紹介および講師との議論を通じて総合的な理解を深めることを目指します。

　さらに，この領域に対して意欲的な学生を対象として，プログラム言語などを習得する科目「AI・データサイエンスツール I，II，III，IV」や実践的な科目「AI・データサイエンス演習 A（1），A（2），B（1），B（2），C

---

27)　中央大学 AI・データサイエンス全学プログラム（https://www.chuo-u.ac.jp/gp/collaborate/program/information/）。

（1），C (2)」を履修することができます。また，「AI・データサイエンス
演習」科目に加えて，各学部の関連科目等を履修し所定の要件を充足した
者に対して，修了証を発行します。」

　ここでは，エントリーレベルから応用基礎レベルにわたる各授業の設置なら
びに修得要件を満たした学生への修了証の発行が謳われている。エントリーレ
ベルにある科目「AI・データサイエンス総合」では，社会の第一線で活躍す
る実務家を講師として招き，対象とする業界や業務の背景や，そこで問題となっ
た課題や解決方法の試行錯誤や技術的な適応内容が，データサイエンスの初学
者が理解できる内容で説明される。そして全学部の学生が対面で集まる議論の
回が設けられ，実務家講師の進行の下，あるテーマに絞った議論を行っていく
仕組みとなっている。こうした取り組みは，これまで指摘してきた現場・業務
での適応について，具体的なレベルで技術面の対応も概観しながらの理解に大
きく寄与するものである。学生は学部の専門性からくる思考形態や知識がまち
まちである。全学部の学生が集まり，特定の学問分野だけをバックグラウンド
に持つ学生だけで議論するのではなく，多様な背景からの議論の展開に結び付
くことになる。こうした展開方法は，社会において様々な観点から業務を推進
していくことを考えても有効な仕組みであるといえる。

　図 4-1 に「AI・データサイエンス総合」授業の流れを示す。前期・後期と
もに 14 回で実施されるもので，全体の概要や用語の基礎知識を学ぶ初回と今
後の発展的な学習方法を学ぶ最終回を除いた回では，4 名の実務家講師が各 3
回の授業を担当する。各講師の 1～2 回目はオンデマンド方式で，学生は繰り
返し閲覧することにより内容を確実に把握できる構成となっている。各講師 3
回目では上記で述べたとおり，対面における教室での議論の回となっている。
実務家講師があるテーマを決定し，小グループに分かれてのディスカッション，
そして全体での議論などがプランニングされる。なお機器の操作や全体の進行
については，コーディネーター役の専任教員が担当している。

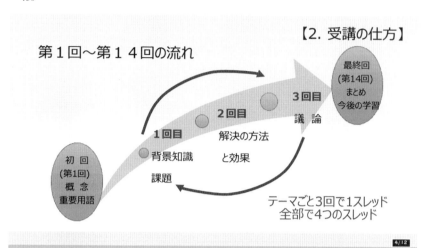

（出所）中央大学 AI・データサイエンス全学プログラムのガイダンス資料より抜粋

図4-1 「AI・データサイエンス総合」授業の流れ

4. おわりに

　本章では IT スキル標準やカリキュラム標準の対応に必要な側面を示し，これが人材育成において高等教育機関や産業界においても大きな課題となっていることを示した。経済社会の基盤としてのデータサイエンスが新たな取り組みとして登場し，エンジニアリングからのアプローチが産官学において急速に展開されている。こうした中で指摘したことは，人材不足という問題解決において，それはエンジニアリングからの対応のみでは成し遂げられないということである。エンジニアリングは社会での適用および運用で初めてその目的が達成されるものである。しかし，現場の業務ではそれを導入する以前からの方法がとられている訳であり，業務の担当者レベルでの見方や見え方がわかる素養が，適用の点で最も重要な要素の１つであると考えられる。データサイエンスは，ビッグデータを始め日々多様な形式で大量なデータが収集・蓄積され社会で活用されるうえで，幅広い分野で多くの業務への適用が期待されるものである。したがって，現場目線でのデータサイエンス活用は極めて重要な課題であると

いえる。社会でほとんどすべての人がかかわるといってよいデータサイエンスの適用は，現場目線でのアプローチがエンジニアリングの各手法と同様にキーとなってくる。

　密接にかかわりある学問分野からなることから，「理系も文系もなく」といういわれ方がされている。データサイエンス教育の推進においても意識され，枠組みとして裾野を広くする政策がとられている。2012年に出された政府の提言では，経験科学，理論科学，計算科学に続き，データ科学が第4の科学的手法として表現され，ビッグデータに関する研究開発や環境構築を国際連携や人材育成を図りつつ産業化につなげる計画が打ち立てられている[28]。ここではビッグデータ時代におけるアカデミアの役割として，ライフサイエンスや地球環境等における第4の科学的手法の進展が論じられている。しかし多くを占めるであろう，他の分野や業務についての関連性で触れられることはなかった。ここにも「理系も文系もなく」という視点が，実はエンジニアリングのアプローチを進める初期段階で抜け落ちているといった実態としてとらえることができる。喫緊に要求される政策として，パイロット的な環境やビッグデータの活用モデルを構築する事情はあっても，その後の政策で業務レベルへの対応は必須のものである。これがなければ社会全体での適用や国際化を目指した標準化，ひいてはデータサイエンスの分野における国際競争力には結び付かないと思われる。

　経済産業省のDXレポート[29]では，2025年の崖として，社会でのDX化が遅れることによりIT人材不足では2025年には（2015年の約17万人から）約43万人まで拡大するとされている。また経営者がDXを望んでも，業務自体の見直しに対して現場サイドの抵抗が大きく，いかにこれを実行するかが課題であるとされている。ここにも本章でいうところのエンジニアリング一辺倒の現場

---

28)　「ビッグデータ時代におけるアカデミアの挑戦」（2012），文部科学省アカデミッククラウドに関する検討会。
29)　経済産業省（2018）「DXレポート」デジタルトランスフォーメーションに向けた研究会。

への適用，といった偏ったアプローチの影響を見ることができる。レガシーシステムの利用継続によるリスクやDX実現に向けた趨勢の中，富士通社ではメインフレームロードマップとして，2030年度にメインフレーム販売終息を公表している。一方，Webサービスを中心とした一部のソフトウェア開発では，非エンジニアでも可能なノーコード（No Code）開発も増えている。ビッグデータやデータ分析の手法のみならず，あらゆる業務においてエンジニアリングの活用が期待され現場レベルに導入され，企業がデジタル企業として変貌してくる過程にあるといえる。

　表4-2は中国の大学におけるデータサイエンス対応の取り組みについて，日本でいう4年制大学を調査した結果の一部である[30]。•印は学部・学科や関連したトピックス，《　》は授業科目名である。日本の大学（表4-1）と大まかに比較した場合，国の政策としてのデータサイエンス対応というより，中国の大学では各大学・学部の特徴を活かした取り組みがより多く感じられる。人材育成を始め産業における国際競争力の観点から，各専門分野における中国スタイルの取り組み方法は意義があるものと思われる。大学のカリキュラムはその改革には膨大な検討項目があり，実現まで長期の日数を要しているのが現状である。エンジニアリングに関連する学部では，科目の読み替えはもとより新科目の設置や履修対応が比較的スムーズに行えるが，「文系」学部については困難な点が多い。しかし，効果的かつ迅速な方法として，シラバス内での解決策が考えられる。近年，各大学では授業のシラバス充実が図られ，第三者点検によるチェックを取り入れながら，統一したフォーマットによる作成が進んでいる。各教科のシラバスに，例えば全15回のうちの1〜2回をデータサイエンス分野とのかかわりや実践例を入れる，としたシラバス作成要項にすることが考えられる。また特定の回で対応とする代わりに，シラバス内の記述項目として「データサイエンスに関連した内容」，「DXとの関連性や事例紹介」といった欄を設

30）　約1,400校ある大学のうち，いわゆる「一本大学」上位200校を対象として2022年3月に各大学のWebページを関連するキーワードで検索した内容で，日本語に訳したもの。

けることにより，苦し紛れに新設科目を設置する以上の効果が期待できるものと思われる。

表 4-2　中国の大学におけるデータサイエンス関連対応の取り組み

大学 1	• 情報科学技術学院：電子情報科学と技術　電子情報工程　電子科学と技術　微電子科学と技術　自動化　ソフトウェア工程　コンピュータ科学と技術　人工知能 • ビッグデータ研究会　大数据挖掘与社交网络分析(On Mining Big Data & Social Network Analysis) 《ビッグデータ分析》《機械学習》《ビッグデータシステム基礎》《人工知能：原理と技術》《機械学習先端応用》
大学 2	• 情報科学技術学院：コンピュータ科学と技術　電子情報科学と技術　微電子学　知能科学と技術 • ビッグデータ科学研究センター 《人工知能原理》《人工知能実践：ナンバープレート識別，人の顔，表情識別など》
大学 3	• コンピュータ学院：コンピュータ科学と技術　バーチャルリアリティテクノロジー　人工知能 • データサイエンスブートキャンプ 《人工知能》《ビッグデータ分析》《機械学習工程基礎》《IoT とビッグデータシステムの設計》《機械学習概論》《ビッグデータ科学概論》
大学 4	• ビッグデータ管理と応用　データサイエンスと漢方医学との融合，活用　ビッグデータの管理，応用，決断 • 2020年新設学科　ビッグデータ管理と応用 《医学ビッグデータ分析》
大学 5	• ビッグデータにより，知能大学を建設する 《旅行ビッグデータ》
大学 6	• データサイエンスとビッグデータ技術学科を新設 《ビッグデータとインターネット金融》
大学 7	• コンピュータとサイバースペースセキュリティ学部：データサイエンスとビッグデータ技術学科 • 情報通信研究学部：人工知能学科 • データサイエンスとスマートメディア学部：知能イメージングテクノロジー，メディアビッグデータ，スマートメディアテクノロジー 《人工知能概論》《メディアビッグデータと実践分析》
大学 8	• 法学部，ビッグデータと人工知能法律研究センター成立 《ブロックチェーンとデジタル経済》
大学 9	• 統計と数学学部が第 2 回全国データサイエンスとビッグデータ技術学部専門検討会 《データサイエンスとビッグデータ技術》《ビッグデータと金融》《ビッグデータ分析原理と応用》
大学10	• 人工知能学科を新設 • 経済学部：統計とビッグデータ研究院 《ビッグデータ：方法と実践》《データサイエンスとビッグデータ技術》《人工知能》

大学11	• 農業大学，データサイエンスとビッグデータ技術学科を新設 《データサイエンスとビッグデータ技術》《ビッグデータ統計方法と実験》 《ビッグデータ保存処理，技術と実験》 《ビッグデータの分析と視覚化のテクノロジーと実験》《人工知能技術と実験》《ビッグデータ技術の包括的応用》
大学12	• 外国語大学，人工知能と人間の言語の研究所が正式に設立 《ビッグデータマーケティング分析》《データ分析と人工知能》《データモデル分析 Power Pivot》
大学13	• 2019年に人工知能を含む5つの新しい学部専攻を新設 《人工知能》《機械学習》《データの視覚化》《ビッグデータインフラストラクチャ》《ビッグデータの分析と応用》《多変量統計分析》 《データウェアハウス》《ソーシャルメディア分析》《知能検索エンジンテクノロジー》《Python プログラミング基盤》 《R言語統計分析》《並列コンピューティングと分散コンピューティング》《意思決定最適化分析手法》《モバイルインターネットのアプリケーションと実践》
大学14	• 人工知能学院 《データサイエンスとビッグデータ技術》《ビッグデータの研究と応用》 《ビッグデータのケーススタディ》《データマイニング》 《実用的なデータ分析の方法と事例》《データ分析ソフトウェアツール》
大学15	• 2019年，人工知能専攻を新設 《トラフィックビッグデータ》《市民ビッグデータ》《金融ビッグデータ》《画像ビッグデータ》《ビッグデータ分析と応用》 《人工知能》《機械学習の概要》《ディスクリート数学》《データ構造》《オペレーティングシステム》《データベースシステムの原理》 《機械学習》《知識工学》《自然言語処理》《パターン認識》《深層学習の実践》 《コグニティブコンピューティング》《医療データ分析》 《凸最適化手法》《高級言語プログラミング》《Python プログラミング》
大学16	• 人工知能専攻を新設 《ビッグデータ統計手法》《データ分析ソフトウェア》《データマイニングの方法と応用》《市場調査と予測》《ビジネスデータマイニング》 《財務データマイニング》《金融市場慣行》《機械学習》
大学17	• 林業大学，データサイエンスとビッグデータテクノロジー専攻を新設 《人工知能と起業知恵》《ビッグデータテクノロジー》《データサイエンスとビッグデータテクノロジー》 《データベースの原則とアプリケーション》《人工知能》
大学18	• 石油大学：人工知能学院 《人工知能》《機械学習入門（英語）》《データサイエンス》《Python データ分析と視覚化》《メディアビッグデータマイニングと実践》 《金融ビッグデータと定量分析》
大学19	• 鉱業大学：カトロニクス情報工学部，人工知能専攻 《計算思考と人工知能の基礎》《Python 言語プログラミング》《データウェアハウスの理論と実践》《データ収集と整理》 《データ視覚化テクノロジー》《ビッグデータ管理と応用の紹介》《人工知能と機械学習》《エネルギービッグデータ分析》 《マイニングファイナンスビッグデータ分析》《エレクトロニクスビジネスビッグデータ分析》 《ソーシャルネットワーキングおよびテキストマイニング》

大学20	• 知能と計算学部：人工知能専攻 • 数学院，データサイエンスとビッグデータ専攻 《知識工学》《機械学習》《音声情報処理》《データマイニング》《自然言語処理》《人工知能倫理》 《ニューラルネットワークとディープラーニング》《コンピュータビジョン》《パターン認識》《知能無人システム》《群知能》 《知識グラフ》《知識表現と推論》《ビッグデータ分析の理論と方法》《問題解決とエキスパートシステム》 《機械学習総合演習》《知能認識システム総合演習》《知能無人システム総合演習》《人工知能総合演習》 《ビッグデータのための Python の基礎》《確率と統計》《データサイエンス入門》《データ視覚化》
大学21	• 医科大学：知能医学工程専攻（4 年制） • 医科大学：医学人工知能 《知能医療工学》《医療ビッグデータとデータマイニング》《機械学習とパターン認識》《スマートドラッグデザイン》 《コンピュータビジョンと知能医療画像処理》《知能医療センシング技術》《医療ロボット》 《知能人間とコンピュータの相互作用技術》《知能医療信号処理》《知能医療電子テクノロジー》
大学22	• 人工知能専攻 • データサイエンスとビッグデータ技術専攻 《データ構造》《データベースの原理と応用》《コンピュータオペレーティングシステム》《コンピュータネットワーク》 《Java 言語プログラミング》《Python 言語プログラミング》《ビッグデータアルゴリズム》《人工知能》 《データモデリング》《ビッグデータプラットフォームのコアテクノロジー》
大学23	• 師範大学：人工知能専攻 《データベースの原則》《ビッグデータでサポートされる精密教育と研究》 《ビッグデータでサポートされる画像教育》《ビッグデータアルゴリズム》 《ビッグデータテクノロジー》《ビッグデータ分析と処理》
大学24	• ビッグデータ学院 《機械学習》《人工知能》《高度な言語プログラミング》《統計基盤》《データ構造とアルゴリズム》《オペレーティングシステム》 《コンピュータネットワーク》《ビッグデータオープンソースアーキテクチャ》《データマイニングと機械学習》《最適化の理論と方法》 《データベースシステム》
大学25	• 財経大学：データサイエンスと人工知能学院 《ビッグデータと会計》《ビッグデータ管理と応用》

（出所）筆者作成

第 5 章

ロボットを利用した AI 教育

佐 々 木　　陽

1. は じ め に

　昨今のエッジデバイスの進化により，ロボットを利用した AI 教育の現場へ
の導入が加速している。現在主流のオンライン教材での AI 教育と並行し，ロボッ
ト等の実機を使用した実践的な AI 教育の導入も加速しつつある。本章では，
AI 教育の現状と実際の研修の学習効果や，実施方法についてまとめたもので
ある。

2. AI 教育の現状

　AI 教育は，深層学習の技術とツールの進化により，より身近なものとなり
つつある。現在の AI 教育の主流は，オンライン教材が中心となり，学校・企
業等で活発に AI 教育の研修が実施されている。オンライン教材の内容としては，
深層学習の基礎知識の習得を目標に，Jupyter[1] や Google Colaboratory[2] など Web
ベースのプログラミング実行環境などが用いられている。その中でも，Google
Colaboratory は，ブラウザのみので実行可能であるために，集団での同時研修
も可能となり，教育現場への AI 教育の導入が加速する大きな要因となった。

---

1)　　Jupyter, "Jupyter," *https://jupyter.org/*
2)　　Google, "Google colaboratory," *https://colab.research.google.com/*

138

表 5-1　オンライン教材での AI 教育とロボットを利用した AI 教育の比較

Kit 名	ツール	データセットの作成	対象年齢
オンライン教材での AI 教育	Google Colaboratory	既存のデータセットを使用	大学生以上
ロボットを利用した AI 教育	Jupyter	生データをその場で収集	中学生以上

（出所）筆者作成

　現在の主要な，オンライン教材では，教材は Colaboratory の Notebook 形式で提供され，深層学習で使用するデータセットもオンラインからダウンロードしてくることが可能である。すぐに本格的な AI 教育の実施が可能な環境となっている一方で，既存のデータセットを使用するために，生きた生のデータ収集やそのデータの深層学習を行える教材はあまり存在していない。"オンライン教材での AI 教育"では，AI 教育の現場への導入が容易になった一方で，データセットの設計や収集知識を獲得できないのが大きな課題となっていた。

　その穴を埋めるべくして現れたのが，"ロボットを利用した AI 教育"である。"ロボットを利用した AI 教育"では，深層学習で必要なデータセットの収集やその深層学習の結果によるロボットの自動操作が可能な AI 教材となっている。表 5-1 に，"オンライン教材での AI 教育"と"ロボットを利用した AI 教育"の比較表をまとめておく。既存の教材との差は，データセットに主眼をおいているかどうかの部分となってくる。"ロボットを利用した AI 教育"では，データセットの作成方法やその学習に主眼をおくために，対象とする年齢幅も中学生から社会人と幅広い年齢層に実践的な教育を実施することが可能である。実際に動作するものを教材として用いることで，自ら作成したデータセットが AI の品質にどう影響するかを実体験することが可能であり，またロボットを AI で自動で動かす楽しみも味わうことができる。

2-1　ロボットを利用した AI 教育の歴史

　"ロボットを利用した AI 教育"が実現できるようになった背景には，エッジデバイスの高性能化と深層学習の学習済みモデルの軽量化があげられる。こ

のようなエッジデバイスのパラダイム・シフトにより，深層学習の学習そのも
のと，学習済みモデルの実行が可能となり，深層学習でロボットを制御する
AI × Robotics という新しいジャンルが誕生するに至った。

　AI × Robotics の発想のもととなったのが，2016 年に発表された End to End
Learning for Self-Driving Cars[3] という論文である。この論文ではフロントカメ
ラ画像とハンドルの角度を，シンプルなモデルを用いて深層学習することで，
自動車の実車での自動運転が実現可能なことを証明した。End 2 End Learning
といわれる所以は，カメラ画像と制御情報（ハンドルの角度，速度），いうなれ
ば入口と出口を直接学習させることで，車を AI で制御することができるため
である。

　この論文にインスピレーションを受けて，2017 年には，Udacity[4] がオンラ
インラーニングベース用に，End 2 End Learning ベースの自動運転エミュレー
タの教材開発とその講座が開設された。エミュレータ上でデータセットを収集
し，GPU 搭載のマシンで深層学習の学習を実施し，その学習結果をエミュレー
タに戻すことで，エミュレータ上の自動運転を行う教材が提供された。また，
それと同時期に DIY ROBOTCARS[5] コミュニティでは，1/16 スケールの RC カー
をベースにした実車への実装の試みが行われ DonkeyCar[6] という名称で，オー
プンソースとして公開された。DonkeyCar は，1/16 スケールながら，データセッ
トの収集から自動走行までを，実車で試せるところが，画期的であった。
DonkeyCar は，学習や走行に必用な機能はすべて Python で記述されたコンポー
ネントとして公開され，Linux ターミナルからコマンドで操作することが可能
であった。また，DonkeyCar はソースコードやハードウェアの設計図も OSS
として公開され，改造も容易なことから世界中に普及した。DonkeyCar は，

3)　M. Bojarski, D. D. Testa, D. Dworakowski, B. Firner, B. Flepp, P. Goyal, L. D. Jackel, M.
　　Monfort, U. Muller, J. Zhang, X. Zhang, J. Zhao, and K. Zieba（2016）"End to End Learning
　　for Self-Driving Cars," *CoRR*, vol. abs/1604.07316.
4)　Udacity, "Udacity," *https://www.udacity.com/*
5)　DIYROBOTCARS, "Diy robocars," *https://diyrobocars.com/*
6)　DIYROBOTCARS, "Donkey car," *https://www.donkeycar.com/*

140

1/16 スケールの RC カーに，Raspberry Pi を追加で装着することで，深層学習の学習済みモデルが実行可能となった。その一方で，深層学習の学習そのものは，別の GPU 搭載の PC もしくはクラウドマシンで行う必要があった。

　DonkeyCar をさらに進化させた教材として現れたのが，NVIDIA[7] が GTC2019 で発表した JetBot[8] である。JetBot は，GPU 搭載のエッジボードである Jetson Nano を用いることで，JetBot 本体だけで深層学習の学習までもが可能になった初めてのロボットである。DonkeyCar は，深層学習の学習には別途 GPU 搭載 PC もしくはクラウドを必要としたが，JetBot はそれのみで完結可能となったために，教育現場への導入のハードルを大きく下げることに成功した。さらに，JetBot は初心者をターゲットとした教育教材ながら，NVIDIA 社の深層学習の知見が組み込まれ，今までに容易に実現できなかった内容が組み込まれた最先端の教材であった。深層学習の学習には，転移学習を用いることで，エッジデバイスの貧弱な GPU 環境でも，学習可能な工夫などが盛り込まれていた。また，JetBot の教材は Jupyter Notebook 形式で提供され，学生の PC のブラウザから JetBot に接続し，Notebook の内容を逐次実行していくことで，AI でのロボットの自動走行が可能な内容となっていた。

　NVIDIA 社は，その後，JetRacer[9] というレース車両も公開しており，AI カーレースのスタンダードな車体となりつつある。

2-2　何を教育するのか

　"ロボットを利用した AI 教育" において，何を教育しているのかというと，実データを使ったデータセットの作成とその結果が AI にどう反映されるかである。ロボットを使った実践的な教育を通して深層学習への理解を深めることが可能である。また，DonkeyCar，JetBot，JetRacer などは，深層学習の基礎知識がない状態でも研修可能な構成となっており，AI 教育への裾野を広げると

7）　NVIDIA, "Nvidia," *https://www.nvidia.com/*
8）　NVIDIA, "Jetbot," *https://jetbot.org/*
9）　NVIDIA, "Jetracer," *https://github.com/NVIDIA-AI-IOT/jetracer*

同時に，楽しみながら知識を身につけることが可能な教材となっている。

2-3　既存の AI 教育との違い

オンライン教材での AI 教育では，scikit-learn[10) 等のライブラリを使うことで，サンプルのデータセットを使うことが可能である。そのため，データセットの収集やラベル付けの作業は行われない。宮崎・坂井（2022）[11) などでは，Google 社の提供する Teachable Machine[12) と Scratch[13) の連携した IoT 教育の事例について述べられている。Google 社の提供する Teachable Machine では，データセットの収集とラベル付けと深層学習での学習や，その結果の確認をブラウザだけで行うことが可能である。その学習済みモデルを，ブロックプログプログラミング環境である Scratch に組み込むことで，深層学習の結果をプログラム上で実行することが可能になる。ブラウザ内だけで動く前提なら，この方法で現場への導入が可能であるが，ハードウェアとの連携となると，一気にハードルが高くなってしまう。

これらの教材に対して，"ロボットを利用した AI 教育"では，深層学習やプログラミングの前提知識がない状態でも，ハードウェアと連携した AI 教育を実施することが可能な内容となっている。また，Jetson Nano 等の GPU 搭載の教育ボードの出現で，Jetson Nano 内での深層学習の学習も可能となり，研修のための準備の負担を大幅に軽減することに成功している。難しいと思われていた，深層学習によるロボットの自動制御の集団教育を可能とし，世界中で様々な試みが行われ始めている。

2-4　現在のロボット教育との違い

ロボット教育という視点で考えた場合，"ロボットを利用した AI 教育"は，

---

10)　D. Cournapeau, "scikit-learn," *https://scikit-learn.org/*
11)　宮崎英一・坂井聡（2022）「Teachable machine と scratch で作る画像認識による iot システムの研究」(『香川大学教育学部研究報告』6 号) 49-54 ページ。
12)　Google, "Teachable machine," *https://teachablemachine.withgoogle.com/*
13)　MIT, "scratch," *https://scratch.mit.edu/*

A. ロボットを利用したプログラム教育

1. 入力データ
カメラ・センサー

2. 機能
プログラム

3. 動作
ロボットの動作

B. ロボットを利用したAI教育

1. 入力データ
カメラ・センサー
ロボットの動作

2. 深層学習の学習

3. 機能
学習済みモデル

（出所）筆者作成

図5-1　何を教育するのか

既存の"ロボットを利用したプログラム教育"とは異なる知識の習得を目的としている。図5-1に示したように，現在のA. ロボットを利用したロボット教育では，入力データから機能をプログラムで実装し，動作につなげており，機能の設計や作成方法を中心とした教育内容となっている。一方で，B. ロボットを利用したAI教育では，入力データを作成し，深層学習の学習，機能の流れになっており，入力データの設計や収集方法を中心とした教育内容となっている。深層学習の学習はコンピュータが行い，その結果として機能である学習モデルが出力される。

　既存のロボット教育では，SLAMなどによりロボットの自動走行を実現していたが，AI × Roboticsでは，End 2 End Learningによる深層学習で自動走行を実現している。機能としては同じ機能を実現しているが，空間を認識する方法には大きな違いがあり，今後は，SLAMベースのアルゴリズムとEnd 2 End Learningによる深層学習の連携が模索され始めている。この分野は，Spacial

AI[14)]とも呼ばれ，新しい学問分野になりつつある。"ロボットを利用した AI 教育"は，このような次世代ロボティクスの基礎知識習得の機会としても大きな意味合いを持ち，機械工学系の学生にも必須知識となってくるものと考えている。

2-5　機械学習のトレンド

"ロボットを利用した AI 教育"のような分野では，機械学習のトレンドやそのパラダイム・シフト，新しいハードウェアの出現により，教育できる対象が広がってきている。昨今の機械学習のトレンドをキャッチアップすることは，今後の教材を考えていくうえで重要であり，本項では深層学習の大きな流れについて解説していく。現在，機械学習は，クラウドベースの機械学習（CloudML），エッジベースの機械学習（EdgeML），マイコンベースの機械学習（TinyML）の 3 つに分けることが可能である。"ロボットを利用した AI 教育"は，EdgeML の技術をベースに実現している（表 5-2）。

クラウドベースの機械学習（CloudML）は，2006 年以降急速に普及し，今では各社のクラウドサービスにより手軽に教育現場でも使用できるようになってきている。その中でも，Google Colaboratory は，教育現場での導入も容易で，多くの教育現場での採用実績も豊富である。"オンライン教材を使用した AI 教育"では，CloudML の仕組みが用いられ，多くの教育現場への導入が加速しつつある。

表 5-2　機械学習の実行環境による分類

ジャンル	特　徴
CloudML	クラウドの大規模リソースで学習する機械学習
EdgeML	バッテリーベースのデバイスでも学習もしくは実行可能な機械学習
TinyML	マイコンベースのデバイスでも実行可能な機械学習

（出所）筆者作成

---

14)　A. J. Davison（2018）"Futuremapping: The computational structure of spatial AI systems," *CoRR*, vol. abs/1803.11288.

エッジベースの機械学習（EdgeML）は，2016年以降急速に普及し，バッテリーベースで動く環境として自動運転やカメラによる監視，スマートシティ等での社会実装が進みつつある。EdgeMLでは，転移学習によりエッジ側での再学習も一般化しつつある，CloudMLで大規模学習したモデルのカスタマイズも可能となりつつある。EdgMLはバッテリーで動くという特性もいかし，ロボット分野への導入も進みつつある。JetBot，DonkeyCar，JetRacerなどのAI ×Roboticsの教材は，EdgeMLの技術がベースになっている。

マイコンベースの機械学習（TinyML）では，2019年以降にマイコンでの機械学習が動く環境が公開され，機械学習の新しいトレンドになりつつある。TinyMLは30KB以下の容量で，mWクラスの消費電力で動かすことが可能である。機械学習の学習はクラウドで行うが，その結果は量子化・軽量化され，C/C++の配列として出力される。TinyMLはOSを使用せずにベアメタルで動くことを前提としている。導入のハードルを下げ，価格も安く抑えられるため，今後はTinyMLを用いたAI教育の試みが増えていくのではと考えている。教材の価格も安くなり，様々な教材開発が加速すると思われる。

3．ロボットを利用したAI教育向けロボットキット

"ロボットを利用したAI教育"で，使用されるロボットキットには，表5-3などが存在している。その中でも，DonkeyCar，JetBot，JetRacerなどは，初心者向けのキットとして国内で数多くの実績が存在している。また，定期的にAIカーレースも実施され，コミュニティを軸としたエコシステムが形成され

表5-3　AI Robot 教材

Kit 名	開発者	学習方法	搭載 MCU
DonkeyCar	DIYRobotics	一般的な学習	RaspberryPi
Jetbot	NVIDIA	転移学習	Jetson Nano
JetRacer	NVIDIA	転移学習	Jetson Nano
DeepRacer	AWS	強化学習	Intel CPU
Duckietown	MIT	転移学習	Jetson Nano

（出所）筆者作成

ようとしている。DeepRacer は，AWS のトレーニング用に広がり，定期的なレースなども開催されている。Duckietown も，マサチューセッツ工科大学を中心に教育教材などの拡充が行われている。本節では各キットの詳細と比較などを述べていく。

3-1　DonkeyCar

DonkeyCar（図 5-2）は，1/16 スケールの RC カーをベースにした自動運転プラットフォームである。ソースコードは，Python 言語で記述されており，オープンソースで公開されている。また，実車での走行に加え，エミュレーターの提供も行われており，実車がなくてもエミュレーターだけでも，走行させることが可能である。2017 年頃から，シリコンバレーを中心に勉強会（図 5-3）が始まり，そこから世界に広まっていった。AI × Robotics 教材のリファレンス的な存在であり，ユーザコミュニティは DonkeyCar Discord channel で運営され，活発な議論が行われている。

DonkeyCar の特徴としては，ユーザが操作する RC カーのスロットルとステアリングのデータと，フロントカメラの映像をデータセットとして保存し，そのデータセットを GPU 搭載 PC もしくはクラウドで深層学習で学習し，その

（出所）筆者撮影

図 5-2　DonkeyCar

（出所）筆者撮影

図 5-3　シリコンバレーでの勉強会風景（2018 年当時）

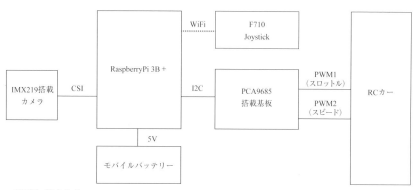

（出所）筆者作成

図 5-4　DonkeyCar のダイアログボックス

結果で RC カーの自動走行を行う仕組みとなっている。

　DonkeyCar のハードウェアのダイアログボックスは，図 5-4 のような構成になっている。RaspberryPi を軸にし，そこに CSI カメラと，ラジコンの制御に必要な PWM を生成可能な PCA9685 搭載のボードを装着し，RC カーの上に，それらをマウントする形で車体を構築する。RC カーの操作は，RaspberryPi に接続したジョイスティック（F710）から行う。ジョイスティックの操作をRaspberryPi で受信し，I2C で PCA9685 とやり取りすることで，ラジコン用の

PWM 信号を生成する。

3-2　JetBot

JetBot（図 5-5）は GTC2019 に，NVIDIA 社より発表された AI 教育用のロボットである。JetBot の設計や教育コンテンツは，すべてオープンに公開され，誰もが制約なくアクセスできる形になっている。

JetBot は，Jetson Nano 4GB をメインに，CSI カメラと 2 個のモーターを制御することで構成されている（図 5-6）。

（出所）筆者撮影

図 5-5　JetBot

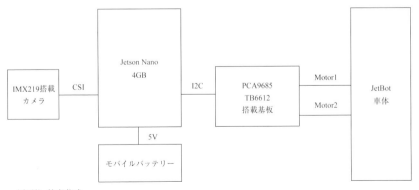

（出所）筆者作成

図 5-6　JetBot のダイアログボックス

3−3 JetRacer

JetRacer（図 5-7）は 2019 年に，NVIDIA 社より公開されたレース用の AI RC カーである。JetRacer も JetBot 同様に，すべてオープンに公開され，教材から組み立て方法まで，誰もが制約なくアクセスできる形になっている。JetRacer は，Jetson Nano 4GB を搭載し，PCA9685 のチップを経由して RC カーを制御する。また，プロポでの手動走行と Jetson Nano での自動走行はマルチプレクサのチップである MC74HC で行っている（図 5-8）。

　JetBot で使用されている回帰での自動走行と同じ仕組みで，JetRacer の自動

（出所）筆者撮影

図 5-7　JetRacer

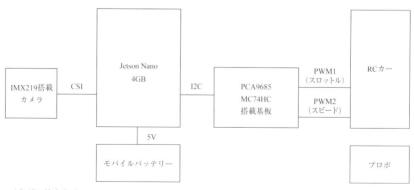

（出所）筆者作成

図 5-8　JetRacer Dialog

走行は実現している。JetRacerはレース用の車両という位置付けになり，コースでデータセットを作成し，JetRacer上で転移学習を行い，自動走行を行う。

3-4　DeepRacer

DeepRacerは，AWSにより公開された強化学習をベースにしたAI教育教材である。AWSのクラウドで強化学習を実行し，その結果を実車に転送して自動走行を行う仕組みになっている。

3-5　Duckietown

Duckietownは，マサチューセッツ工科大学で2016年から開発が始まった，ロボット工学とAIを学ぶための教材である。現在では，Jetson Nanoもサポートしている。JetBotやJetRacer，DeepRacerがAIを学ぶ教材であるのに対し，DuckietownではAI以外にもロボット工学も教育対象としている部分が異なる点となる。

3-6　その他のロボット教材

これまで記載した教材以外にも，世界では様々な教材の開発が加速しており，今後の参考までに，その他の注目プロジェクトの一覧を記載しておく（表5-4）。

表5-4　AI Robot 教材

Kit 名	開発者	搭載ボード
Kaya	NVIDIA	Jetson Nano
MIT RACECAR	MIT	RaspberryPi
F1TENTH	ペンシルバニア大学，バージニア大学，UNIMORE	RaspberryPi

（出所）筆者作成

4.　Edge ML

ロボットを利用したAI教育で使用可能なデバイスとして，様々なデバイスが存在している。その中で，注目すべきポイントは，GPUやTPUが搭載され

ているかと，デバイス上での深層学習の学習が可能かどうかのポイントがあげ
られる。本項目では，これらの点に着目し，ロボットを利用した AI 教育での
利用の可能性に関して，記述していく。

4-1　AI が実行可能なエッジデバイスの一覧

ロボットを利用したAI教育で，使用されるデバイスとして，RaspberryPi シリー
ズ，Jetson シリーズ，Google coral シリーズ[15) などがあげられる。AI の実行と，
AI の学習という観点から説明していく（表 5-5）。

表 5-5　AI が実行可能なエッジデバイスの一覧

デバイス名	開発社	GPU の搭載	TPU の搭載	デバイスでの学習
RaspberryPi	ラズベリーパイ財団	△	×	×
Jetson	NVIDIA	◯	×	◯
Coral	Google	×	◯	×

（出所）筆者作成

4-2　RaspberryPi シリーズ

RaspberryPi は，2012 年にラズベリーパイ財団による販売が開始された ARM
コア搭載のシングルボードコンピュータである（表 5-6）。2021 年 5 月 12 日には，
累計出荷台数 4,000 万台を達成し，世界で最も普及した STEM 教材用のボード
ともいえる。ROS2 対応のロボットや DonkeyCar などの AI × Robotics のキッ
トなどでも採用されている。多くのライブラリやフレームワークが対応してお

表 5-6　RaspberryPi

ボード名	CPU コア数	市場価格
Pi4　Model B	ARM Cortex-A72 （4コア）	8,000円
Pi3　Model B+	ARM Cortex-A53 （4コア）	4,000円

（出所）筆者作成

15）　Google, "Google coral," *https://coral.ai/*

り，その点が教材としての導入しやすさにもつながっている。

4-3　Jetson シリーズ

　Jetson シリーズは，2014 年 4 月に NVIDIA 社により販売が開始された GPU 搭載シングルボードコンピュータである。GPU を搭載し GPU を使用するためのライブラリである CUDA に対応しているために，GPU を用いた深層学習の学習や実行が可能なボードとなっている。Jetson シリーズの中でも最も廉価なモデルとして，Jetson Nano シリーズは，搭載メモリ 4GB 版が 14,000 円，搭載メモリ 2GB 版が 8,000 円で販売されており，クラス全員に配布する前提の教材としても問題ない価格帯で提供されている（2021 年時点）（表 5-7）。また，Pin インターフェースは RaspberryPi 互換になっており，RaspberryPi 向けに開発されたハードウェアも使用することが可能である。さらに NVIDIA 社の提供する JetPack（Linux ライブラリ群）により，教育目的での利用から研究研究目的での利用まで，同じ OS，同じライブラリ，同じプログラムを実行することが可能である。Jetson シリーズでは，NVIDIA の CUDA ライブラリを標準でサポートしていることで，深層学習の学習までもボード上で実行可能であり，また学習済みモデルの実行は，量子化／軽量化をサポートした TensorRT の形式

表 5-7　NVIDIA Jetson Developer Kit

Devkit 名	GPU コア数 （アーキテクチャ）	AI パフォーマンス	市場価格 （2021年時点）
Nano（2GB）	128コア （Maxwell）	472 GFLOPs（FP16）	8,000円
Nano（4GB）	128コア （Maxwell）	472 GFLOPs（FP16）	14,000円
Xavier NX	384コア （Volta）	6 TOPS（FP16）	50,000円
AGX Xavier	512コア （Volta）	21 TOPS（INT8）	
AGX Orin	2048コア （Ampere）	11 TOPS（FP16） 22 TOPS（INT8） 200 TOPS（INT8）	90,000円 220,000円

（出所）筆者作成

152

に変換することで非常に高速で軽量に実行することが可能である。

4-4 Coral シリーズ

Coral シリーズは，2019 年 9 月に Google より販売が開始された Edge 向けのテンソル・プロセッシング・ユニット（TPU）である。現在までに，Edge TPU を搭載したシングルボードコンピュータやアクセサレーションモジュール等の開発環境が Google より提供されている（表 5-8）。OS には Linux を使用し，Edge TPU 用の Python ライブラリが提供され，RaspberryPi 等のボードとも連携可能となっている。

Edge TPU では学習済みモデルの高速実行が可能ではあるが，DNN の学習は Edge TPU では難しく，クラウド側で行うことが必要となっている。クラウド側の TPU も提供されており，大規模データセットにおいては GPU よりも高速な学習が可能となっている。

表 5-8　Google coral

Devkit 名	アーキテクチャ	AI パフォーマンス	市場価格
Dev Board	Edge TPU	4TOPS	$129.99
USB Accelerator	Edge TPU	4TOPS	$59.99
Accelerator Module	Edge TPU	4TOPS	$19.99

（出所）筆者作成

5. ロボットを利用した AI 教材の授業

2018 年以降，DonkeyCar，JetBot，JetRacer を用いて，勉強会や授業を実施してきた経験を踏まえ，各教材の特徴とカリキュラムについて解説していく。

5-1　各教材の特徴

DonkeyCar，JetBot，JetRacer の教材としての特徴を述べると，AI × Robotics の分野に限っていえば，JetBot，DonkeyCar は初心者向けの教材，JetRacer は

中級者向けの教材という位置付けになる。DonkeyCar や JetBot は中学生から社会人まで研修が可能で，JetRacer は高校生以上向けに研修可能である。JetBot や JetRacer は，教材内で起動する Jupyter に PC から接続し操作する。Donkey Car は，DonkeyCar を制御する RaspberryPi をコマンドで操作し，学習はクラウドサービスである Google Colabolatory で実施する。

5-2　DonkeyCar

5-2-1　DonkeyCar 研修でのカリキュラム

　実際に授業を実施した際のカリキュラム例を表 5-9 に示す。研修で使用する DonekyCar は 10 台程度を想定し，1 人 1 台のケースと，1 チーム 1 台のケースいずれも同じカリキュラムを使用した。研修を 1 日（6 時間程度）で実施するために，DonkeyCar の設定（Wi-Fi）や組み立てを研修前に完了させておくこと，DonkeyCar の深層学習の学習用の Notebook を新規に作成した。初期の研修では 1 日では時間切れになってしまうことがあったが，この 2 点を実施したことで，6 時間で完了できるところまで効率化することに成功した。DonkeyCar の

表 5-9　DonkeyCar でのカリキュラム例

時間	項　目	用　途
0:00 − 0:10	DonkeyCar の概要	DonkeyCar の説明
0:10 − 0:13	SSH でログイン	ノート PC を用いて DonkeyCar に SSH で接続し，ログイン
0:13 − 0:45	キャリブレーション	ラジコンを RaspberryPi に接続したジョイスティックで操作するために，左右，前後の値の調整
0:45 − 1:45	データセットの作成	ラジコンをジョイスティックで操作し，データセットを作成
1:45 − 2:00	休憩，教室レイアウト変更	休憩
2:00 − 3:00	クラウドでの学習	データセットを学習
3:00 − 5:00	自動走行	学習結果で自動走行を行う うまく走らない場合は，データセットの作成，クラウドの作業を繰り返す
5:00 − 5:10	休憩	休憩
5:10 − 6:00	AI カーレース	Google Colaboratory を用いて，学習済みモデルを使ってタイムトライアルのレースを実施

（出所）筆者作成

154

研修テキスト[16]や Colaboratory の Notebook は，Web に公開している。

5-2-2　DonkeyCar 研修に必要なハードウェア機材

作成したカリキュラムとテキストに基づき，研修に必要な機材は表 5-10 となる。特に，RC カーのバッテリーの消耗が激しいので，DonkeyCar10 台で，20 本の予備バッテリーを用意しておく。また，バッテリーの急速充電器を 3 台用意しておくとよい。急速充電器が用意できない場合は，通常の充電器 10 台程度を用意しておく。

5-2-3　DonkeyCar 研修用のネットワーク構成

DonkeyCar 研修では，1 人に 1 台の DonkeyCar とノートパソコンが用意できると理想的である。また，DonkeyCar とノートパソコンは IP アドレスを指定して SSH やブラウザで接続するために，双方の IP アドレスが見えている状態である必要がある。また，深層学習の学習には，Google Colaboratory を使用する（図 5-9）。

5-2-4　DonkeyCar 研修用のレイアウト

DonkeyCar の 1 回の授業では，Wi-Fi 混線の関係から 10 台以下の DonkeyCar が望ましい台数となっており，図 5-10 のように，前半は一般的な机の並びにし DonkeyCar のコマンドの使い方や設定などを行い，後半は 10.26m × 6.71m のコースを教室に敷き詰め，DonkeyCar を走らせながら研修が実施できるレイアウトにする必要がある。

表 5-10　DonkeyCar 研修で使用するハードウェア

機材名	用　途	個　数
DonkeyCar 本体	学習用ロボット本体	10台
ノートパソコン	Chrome が動くもの，DonkeyCar の操作，Colaboratory で使用	10台
RCカーの予備バッテリー	交換用バッテリー	20本
Wi-Fi ルーター	インターネットに接続された Wi-Fi	2〜3台
コース	AI カーレース用のコース	1シート
急速充電器	RC カーの充電用	3台

（出所）筆者作成

16）　FaBo, "Donkeycar docs," *https://faboplatform.github.io/DonkeyDocs/*

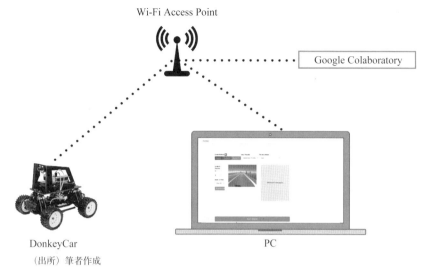

（出所）筆者作成

図 5-9　DonkeyCar の研修用のネットワーク構成

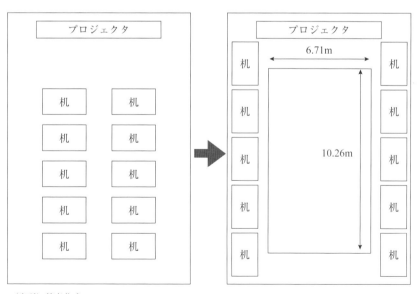

（出所）筆者作成

図 5-10　DonkeyCar の授業のレイアウト

（出所）筆者撮影

図 5-11　DonkeyCar の授業の様子

　実際の授業の様子は，図 5-11 のような感じになっている。後半は，コース
に出て走行し，机に戻って学習を行う作業の反復となる。

5-2-5　DonkeyCar 研修用の学習の流れ

　DonkeyCar の深層学習用のデータセットの収集には，まず学生が F710 を使っ
て DonkeyCar の操作を行いその走行データを保存していく。その際に，フロ
ントのカメラ画像とスロットルとステアリングを関連付けてデータセットとし
て保存していく。データセット規模は 5,000〜2 万セット程度用意する必要が
あるために数十分〜1 時間程度，必要なデータセット分のデータを集めるため
に手動走行を行う。作成したデータセットは GPU 搭載の PC もしくはクラウ
ドに転送し，そこで深層学習により学習をする。学習済みモデルが生成された

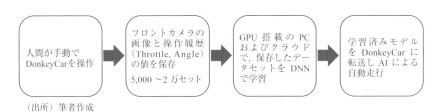

（出所）筆者作成

図 5-12　DonkeyCar の自動走行までの流れ

ら，そのモデルを再び RC カーに転送し，自動走行という流れになる（図 5-12）。

5-2-6　DonkeyCar 研修で使用するコマンド

DonkeyCar の主要な機能は，DonkeyCar フレームワークとして提供され，Python のコマンドとして実行することが可能である（表 5-11）。ユーザは，これらのコマンド操作だけで，データ収集から，深層学習の学習，自動走行，さらには動画の作成まで行うことが可能である。

5-2-7　DonkeyCar 研修用の Wi-Fi 設備の注意点

研修を実施する際に，最も注意すべき点はネットワークの混線である。DonkeyCar が 10 台，それと接続する PC が 10 台と仮定すると，20 台の機器が接続できるネットワーク環境が必要となる。また，FaBo DonkeyCar では，Wi-Fi Joystick である F710 を使用しているので，2.4GHz 帯の Wi-Fi を使用する機器がさらに 10 台追加され，合計 30 台の機器での調整が必要となる。10 台の DonkeyCar での研修実績はあるが，筆者の経験上，それを超える台数になると Wi-Fi ネットワークの調整の作業が大変になる。

5-2-8　DonkeyCar 研修の AI カーレースの実施

研修の締めくくりは，各受講者がデータセットを収集し，深層学習した学習済みモデルを使って AI レース（図 5-13）となる。最後にレースを開催することで，学習の成果を発表できると同時に，レースに向けたチューンアップを行うことで，データセットの収集と深層学習を反復学習をモチベーションを維持した状態で実施することが可能となる。受講者は，楽しみながら学習できると

表 5-11　DonkeyCar の主要コマンド

コマンド	機　能
donkey createcar	プロジェクトを作成する
donkey calibrate	RC カー操作のためのキャリブレーション
python manage.py drive –js	Joystick を使った手動操作
python manage.py train	DNN による学習
python manage.py drive	学習済みモデルによる自動走行
donkey makemovie	収集したデータと学習済みモデルから動画を作成する

（出所）筆者作成

（出所）筆者撮影

図 5-13　DonkeyCar AI レース

同時に，レースによってその学習の結果の優劣をつけることが可能となる。

5-3　JetBot

5-3-1　JetBot 研修でのカリキュラム

　実際に授業を実施した際のカリキュラムを表 5-12 に示す。2 つの教材を 3
時間程度の時間内で実施することが可能な内容となっている。JetBot を用いた
研修では，JetBot とノートパソコンのみで授業を実施可能である。深層学習の
学習には，クラウドは必要とせず，JetBot 内ですべて完結可能である。JetBot
で実際に使用している研修テキスト[17]は，Web に公開している。

表 5-12　JetBot でのカリキュラム例

時間	項　目	用　途
0:00 − 0:30	JetBot の概要	AI や JetBot の説明
0:30 − 1:30	Collision Avoidance	Collision Avoidance のサンプルで障害物回避の自動走行を行う
2:00 − 3:00	Road Following	Road Following のサンプルで回帰の学習で自動走行
2:30 − 3:00	走行発表	デモ走行を行い，学習結果を発表

（出所）筆者作成

17）　FaBo, "Jetbot docs," *https://faboplatform.github.io/JetbotDocs/*

5-3-2 JetBot のデータセット規模と学習方法

JetBot の深層学習の学習には、転移学習を用いることで、Collision Avoidance では 60 データセット、Road Following では 100 データセット程度の規模（表5-13）で、自動走行可能となっている。DonkeyCar の学習には、5,000 から 2 万セット程度必要なデータセット規模が必要だったのと、別途 GPU 搭載の PC が必要だったが、JetBot では JetBot 単体で、深層学習の学習までも行うことが可能となる。

5-3-3 JetBot 研修に必要なハードウェア機材

JetBot でも、現在までに、高校生、大学生、社会人向けに授業を実施してきた。JetBot の授業には、JetBot とノート PC と Wi-Fi ネットワークを用意すれば実施可能である（表5-14）。また、Collision Avoidance 用のコース、Road Following 用のコースがあると授業がスムーズに実施可能である。JetBot の授業では 1 人に 1 台配布して、最大で 10 台程度で授業を実施することが可能である。10 台を超える場合は、Wi-Fi ネットワークの調整が必要となってくる。

5-3-4 JetBot のネットワーク環境

JetBot の操作は、JetBot と同じ Wi-Fi アクセスポイントに接続中の PC で行う。JetBot 上で起動する Jupyter に接続し Jupyter Notebook の教材を順番に実行して

表5-13　データセット規模比較

キット種類	データセット規模
DonkeyCar	5,000〜20,000セット
JetBot（Colision Avoidance）	60セット以上
JetBot（Road Following）	100セット以上

（出所）筆者作成

表5-14　JetBot での授業の実施

機材名(台数)	用　途
JetBot 本体(10台)	学習用ロボット本体
ノートパソコン(10台)	Chrome が動くもの
Wi-Fi ルーター（1〜3台）	インターネットに接続された Wi-Fi ルーター
コース(各コース10枚×2コース)	Collision Avoidance，Road Following 用のコース

（出所）筆者作成

160

いく（図5-14）。JetBot と PC の IP アドレスは，PC から JetBot の IP アドレス
が見える状態にしておく必要がある。

　NVIDI により教材は Jupyter Notebook 形式で提供されており，画像分類によ
る障害物回避，物体検出による追従走行，回帰による自動走行などを行うこと
が可能である（表5-15）。

5-3-5　JetBot 研修用のレイアウト

　JetBot の授業レイアウトでは，最初の説明のみ通常の机の配置で行い，実技
が始まる際は，4～5人に1コースを配置して（図5-15），コースを設置する形
で授業を行う。

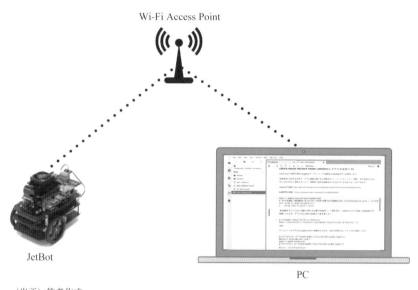

（出所）筆者作成

図5-14　JetBot の操作

表5-15　JetBot の教材内容

教　材	内　容
Collision Avoidance	障害物回避
Object Following	物体追従
Road Following	コース走行

（出所）筆者作成

　実際に工業高校で実施したときの様子が図 5-16 である。6 人 1 チームの合計，
7 チームで 2 時限の時間内で Collision Avoidance を実施した。

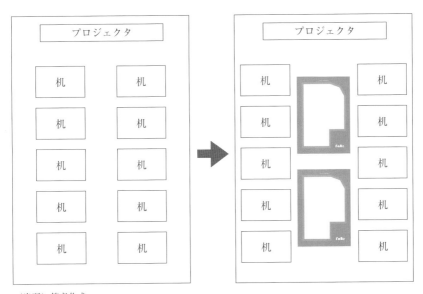

図 5-15　JetBot の教室レイアウト

図 5-16　JetBot の実際の授業の様子

162

5-3-6 JetBot Collision Avoidance

Collision Avoidance では，画像分類による障害物回避（図 5-17）では，境界線が明確になっているコース上に，JetBot を手動で移動させながら，障害物と非障害物の 2 分類のデータセットを 50～100 セット程度収集する（図 5-18）。収集したデータを転移学習で学習し，その結果で障害物の場合は車体を 90 度旋回し，非障害物の場合は，そのまま真っ直ぐ走行させることで，指定範囲を走行させることが可能となる。学生が行う作業は，データセットを 30 セット×2（障害物，非障害物）を収集させるのみであり，その学習結果でロボットを自動走行させることが可能となる。学習は，データセットの収集，転移学習，自動走行を反復的に行うことで，データセットが走行に及ぼす影響を実体験することが可能である。

（出所）筆者撮影

図 5-17　Collision Avoidance

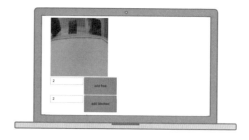

（出所）筆者撮影

図 5-18　Collision Avoidance のデータセット収集

5-3-7　JetBot Object Following

Object Following では，画像分類による障害物回避（図 5-19）では，画像分類による障害物回避で作成した学習済みモデルと，物体検出の学習済みモデルを用いることで，物体検出で認識したものを追従走行することが可能となる。2つのマルチモーダルな AI の動作による物体追従の実体験が可能となる。

5-3-8　JetBot Road Following

Road Following では，回帰による自動走行（図 5-20）では，道路のようなコー

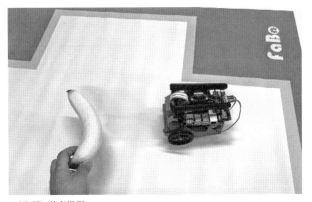

（出所）筆者撮影

図 5-19　物体検出と障害物回避による自動走行

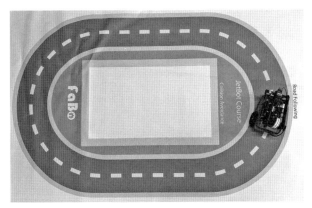

（出所）筆者撮影

図 5-20　Road Following による自動走行

スに JetBot を配置してデータセットを作成する。JetBot のフロントカメラとその画像で JetBot を向かわせたい向きをデータセットとして 70 セット程度収集する（図 5-21）。データセットを転移学習し，その結果でコースを自動走行させる。

5-3-9　JetBot のコース

また，授業の際は，特徴量が明確にでているコースシート（図 5-22，図 5-23）を使用するとスムーズに自動走行させることが可能となる。コースを使わない

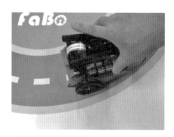

（出所）筆者撮影

図 5-21　Road Following のデータセット収集

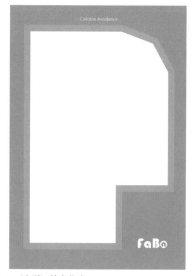

（出所）筆者作成

図 5-22　Collision Avoidance

（出所）筆者作成

図 5-23　Road Following

場合は，床のコンディションと，学生が自作したコースが難易度が高いパターンになったりするケースが多く，転移学習の学習済みモデルの精度が出ないケースが多く発生する。

5-4　JetRacer

5-4-1　JetRacer 研修でのカリキュラム

JetRacer の授業のカリキュラム例は，表 5-16 のとおりとなる。データセットの収集，学習，自動走行はすべて JetRacer 内の JupyterLab の Notebook も用いて行うために，高校生以上なら問題なく動作させることが可能である。学習方法や自動走行までの設定には，独特のノウハウが必要となるため，講師の適切なサポートが必要となる。

5-4-2　JetRacer を用いた授業

JetRacer を用いた授業は，主に社会人向けに実施した実績がある。JetRacer は，JetBot の Road Following と同じ方法で，RC カーを自動走行させる仕組みとなっている。JetRacer の授業に必要な機材としては，JetRacer 本体の他，ノートパ

表 5-16　JetRacer でのカリキュラム例

時間	項　目	用　途
0:00 - 0:20	JetRacer の概要	DonkeyCar の説明
0:20 - 1:00	データセットの作成	コース内でデータセットを作成する
1:00 - 2:00	自動走行	収集したデータセットの学習結果で自動走行
2:00 - 4:00	チューンアップ	データセットの収集，自動走行を繰り返す
4:00 - 5:00	AI カーレース	学習済みモデルを使ってタイムトライアルのレースを実施

（出所）筆者作成

表 5-17　JetRacer の授業に必要な機材

機材名	台　数	用　途
JetRacer 本体	10台	学習用ロボット本体
ノートパソコン	10台	Chrome が動くもの
RC カーの予備バッテリー	20本	
Wi-Fi ルーター	1～3台	インターネットに接続された Wi-Fi ルーター
コース	1枚	AI カーレースのコース

（出所）筆者作成

166

ソコンと Wi-Fi 環境が必要となる（表5-17）。DonkeyCar と同様に，RC カー用
のコースと，机のレイアウトを作成し実施する。

5-4-3　JetRacer の授業のレイアウト

JetRacer の授業レイアウトでは，座学時や設定時は通常のレイアウトで行い，
データセットの収集のタイミングでコースを設置して（図5-24），授業を行う。

5-4-4　JetRacer の学習

JetRacer の学習や走行には，10m × 6m 以上の 1/10 スケールの RC カーが問
題なく走行できるコース（図5-25）が必要となる。

JetRacer の学習画面は，JetBot と同様に，フロントカメラの画像と JetRacer
を走行させたいポイントをクリックし登録していく（図5-26）。1 コースに必要
なデータセット数は100～300 セット程度で，データセットを登録し，逐次転
移学習で学習させていくことでデータセットを作成していく。転移学習を用い
ることで最小データセットで効率よく認識できる一方で，特徴量が多いポイン
トに向かって暴走することも多く，そういった例外をコツコツとデータセット

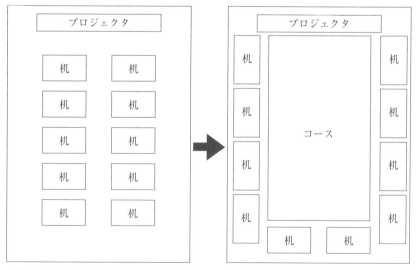

（出所）筆者作成

図 5-24　JetRacer の教室レイアウト

（出所）筆者撮影

図 5-25　JetRacer のコース

（出所）筆者撮影

図 5-26　JetRacer のデータセットと学習画面

に登録し，正しく走るように学習させていく。

5-4-5　AI カーレース

また，JetRacer では成果発表の場として AI カーレース（図 5-27）を開催する
と，反復学習により，より教育効果が出やすくなる。授業の最後に AI カーレー
スを実施してもよいが，数週間から数カ月の期間をあけて，その間に生徒が自

168

（出所）筆者撮影

図 5-27　JetRacer の AI カーレース

ら AI カーの自動走行の練習をし，AI カーレースをイベントとして開催するこ
とをおすすめする。

6. お わ り に

　実際に実施した授業経験をもとに，"ロボットを利用した AI 教育"につい
て解説した。NVIDIA 社の Jetson Nano の出現により，教育現場への導入のハー
ドルが下がり，世界中で様々な試みが行われ始めている。その中でも，
DonkeyCar，JetBot，JetRacer を用いた教育は活発化してきており，コミュニティ
ベースのエコシステムが構築されつつある。AI カーレースなどと連携させる
ことで，"ロボットを利用した AI 教育"は，楽しみながら AI 教育を実施する
ことが可能である。また，AI の初学入門用の教材としての可能性も秘めている。
さらに，今後はロボット工学の進化のための End 2 End learning による AI のロ
ボット制御の基礎知識習得の教材としても注目を集めていくことになると思わ
れる。

第 6 章

英語の学習・教育と ICT

原 田 康 也

1. は じ め に

　本章では外国語・第二言語としての英語の学習・教育と ICT の活用との関係について，いくつかの観点から筆者の経験と知見を整理して詳述を試みる。

　これらの知見の背景には，1960 年代半ばから中学校・高等学校・大学で英語の授業を受講し，授業外で英語を自習し，あるいは英語に接してきた経験，1970 年代前半から言語学・英語学の研究を志し，並行して英語・言語一般とその学習・教育について調査・研究・実践・考察を行ってきた経験，1985 年度より 37 年半にわたって早稲田大学法学部で英語担当教員として法学部 1・2 年生を主な対象として英語科目を教えてきた経験，1994 年 11 月より 2001 年 4 月まで早稲田大学情報科学研究教育センター教務主任・メディアネットワークセンター（教務担当）教務主任として早稲田大学全体の情報化にかかわる企画・立案と全学で利用する計算機・ネットワーク資源の管理運用と全学のコンピュータ・リテラシー入門科目のカリキュラム立案にかかわってきた経験，1990 年代後半以降に私立大学情報教育協会・インターネットラーニングアカデミーなど，英語教育・コンピュータ・リテラシー教育にかかわる多様な学外の組織・機関の委員会での議論の経験，2000 年 12 月以降，早稲田大学情報教育研究所所長としていくつかの企業との共同研究に携わってきた経験，2004 年度以降

に複数の科研費による研究を進めてきた経験，こうした研究を遂行する過程で
協力してきたいくつかの（主に外資系の）英語教材・英語教科書の出版社・国
内外の英語学習サービス提供会社等との情報交換，2005 年度以降担当してき
た大学院での言語学・応用言語学で接してきた日本語を外国語として学んでき
た留学生たちへの口頭発表・レポート作成指導の経験などがある。

2. 外国語学習の本質

　外国語・第二言語の学習と教育に関する理論と方法については過去 100 年ほ
どの年月の中で論調の変化が見られる[1]が，外国語学習・第二言語学習の本質
は過去 400 年，あるいは 4,000 年以上にわたって特段の変化がなかった[2]といっ
ても過言ではない。目標言語の基本的な文法を学びつつ基本語彙を身につ
け[3]，綴りと発音の関係を覚えながら大量の上質なテキストを読み，目標言語
を使って意味のあるやり取りを継続することでしか，その言語を身につけるこ
とができないという言語の学習と習得の本質には変わるところがないが，ICT
の利用が日常生活の基盤となったことで，前提条件の大きな変化も生じている。
　1970 年代以降，個人で外国語を学習する場合における多読・多聴の実用性・
有効性についての提言[4]と実証的な研究が進み，日本でも近年では多読・多聴

---

1) Brown（1994，2006）などを参照。
2) 例えば Language learning 400 years ago *The Language Revolution*（https://
thelanguagerevolution.co.uk/2021/05/10/language-learning-400-years-ago/）などの論説が
ある。
3) 後述する Linguaphone の構成は，各課の初めに挿絵があり，その課の話題となる典
型的な情景が描かれ，その挿絵に現れる様々な事物を表現する語彙を学ぶきっかけ
となるが，この構成はコメニウスが 1658 年に出版した百科事典的構成のラテン語教
科書『世界図絵』（Orbis Pictus）・『目に見える世界図絵』（Orbis Sensualium Pictus）
Comenii（1659）にも見られる。なお，『世界図絵』・Orbis Pictus という名称について
は高橋（1991）・井ノ口（1988）などの議論がある。
4) Krashen（1987，1988）による言語習得に関する仮説などが契機となった。このほ
か Stephen Krashen on Language Acquisition 2010/10/16（https://www.youtube.com/
watch?v=NiTsduRreug），Stephen Krashen on Language Acquisition Part 1 of 2 2011/05/31
（https://www.youtube.com/watch?v=vh6Hy6El86Q），Stephen Krashen on Language
Acquisition Part 2 of 2 2011/05/31（https://www.youtube.com/watch?v=ak3UrGCj71s）など参照。

の活用に注目が集まっている。2010 年頃までは，多読のための資料は印刷された図書が中心であり，多聴のためにはレコード・カセットテープ・CD などの録音媒体に定着された音源が必要であり，いつでもだれでも実行できる学習方法とはいえない側面もあったが，2000 年以降になるとインターネット経由の音楽配信サービスが実用化され，2010 年前後からは動画配信サービスも利用しやすくなり，COVID-19 を契機としてオンライン自宅学習が世界的に一般的となったことで，今日ではインターネットを通じて外国語のテキストや音声に無料または安価に触れる可能性と機会が圧倒的に増えている。インターネット上のラジオ放送や podcast などの音声素材については，読み上げ原稿や書き起こしテキストが入手できることも多い。YouTube など，動画と自動音声認識と機械翻訳を組み合わせて，原語の文字テキストや翻訳された文字テキストを字幕で見ながら外国語の音声を聞くという視聴スタイルも日常的になっている。配信の対象となっているのは，新たに書き起こされたテキストの場合もあるが，古典的なテキストをオリジナルのままで，あるいは，学習者向けに語彙・構文などの制約を配慮して書き換えて使用する場合もある。このようにテキスト・音声・動画・キャプションに無料で大量にいつでも触れる可能性が高まっているという事実は，外国語・第二言語の学習・教育の具体的な方法を大きく変革する可能性を示しており，特筆にふさわしい。Hubbard（2012, 2013）はこうした状況の変化を見通して 2010 年前後の発表で，外国語教員の役割として教材・教科書の作成より様々なオンラインの素材について内容・英語学習上の容易度ないし困難度などの観点から整理し学習者に情報提供を行う digital curation が重要であるという提言[5]を行っている。しかし，多くの日本人英語教員・英語学習者はこのようなオンライン学習資源の存在とその意義に気が付いておらず，あるいはこれを積極的に活用しようとする意識が低いままである。

　もう 1 つの変化としては，学習者の触れる「言語」，学習がある程度進行した言語使用者の使用する「言語」というものが，ICT の普及，特にインターネッ

　5）　Hubbard（2012, 2013）など参照。

トとオンラインコミュニケーションの日常化によって，それなりに異なってき
た点も無視できない。19 世紀半ばまでであれば，音声による言語コミュニケー
ションは特定の時空間に共通に存在する二者・複数者間の口頭コミュニケーショ
ンに限定されていたが，電話・ラジオ・テレビの発明と普及により，有線・無
線の回線を介した遠距離間の音声コミュニケーションが一般的となった。また，
蓄音機などの録音機器の開発により，時間を隔てた一方向的音声コミュニケー
ションも広がってきた。携帯電話・スマホの使用が一般的となった今日では忘
れ去られつつあるが，留守録を介してある程度は双方向的な音声コミュニケー
ションが一般的となった時代もあった。こうした録音・再生装置のない時代に
は，外国語の学習において必須である音声言語的側面（発音・強勢・抑揚など）
の教授は極めて難しく，発音器官ならびにその名称の解剖学的な解説から始め
る必要があったことは Brown（2006）にも言及されている。録音・再生装置は，
音声言語の学習と教育に革命的変革をもたらしたことは間違いなく，蓄音機の
実用化とほぼ同時期，19 世紀の終わりから 20 世紀の初めにかけて，
Linguaphone[6] ／ Cortinaphone[7] ／ Conversaphone[8] などの録音教材を基盤とした

---

6) 詳細は Linguaphone（company）*Wikipedia, the free encyclopedia*（https://en.wikipedia.
org/wiki/Linguaphone_(company)），Minute of Listening "Linguaphone"（https://www.
minuteoflistening.org/contributor/linguaphone/），Diego Romo "The Linguaphone Group:
Pioneers of Language Learning Technology" *Utah Communication History Encyclopedia* な
ど参照。Minute of Listening "Linguaphone" によると "Linguaphone is a global language
training provider based in London and has provided self-study language courses since 1901. ...
They were the first language training company to recognize the potential of combining a
traditional written approach to learning a language with recordings（firstly on wax cylinder,
and later with records）." と記載されている。

7) "Cortina Languages Institute（1882-2017）" *A language learners' forum*（https://forum.
language-learners.org/viewtopic.php?t=11415），"Rafael Díez de la Cortina y Olaeta" *Wikipe-
dia, the free encyclopedia*（https://en.wikipedia.org/wiki/Rafael_D%C3%ADez_de_la_
Cortina_y_Olaeta）など参照。Cortinaphone についても 1890 年代から File: Cortinaphone
advert.jpg（https://en.wikipedia.org/wiki/File:Cortinaphone_advert.jpg）に見るとおり "The
Original Phonographic Method" が「理想の自宅学習方式」と宣伝されている。
Languages Cortinaphone *Photoplay: The Aristocrat of Motion Picture Magazines* Vol.11 p.
175（https://books.google.co.jp/books?id=H30NAQAAIAAJ&printsec=frontcover&hl=ja&s
ource=gbs_ge_summary_r&cad=0#v=onepage&q&f=false）の宣伝も興味深い資料である。

外国語学習用教材の宣伝・販売が開始されていることは興味深い。また，後述するように日本では 1960 年代以降に LL（Language Laboratory）を普及させようという動きが活発となり，関連する学会も設立されたが，中学校・高等学校における「視聴覚教育」に最も積極的に取り組んできたのが「外国語科（英語）」であったというのも歴史的に否定できない事実である。

　20 世紀から 21 世紀にかけて，インターネットを介した音声コミュニケーションが現実的なツールとなり，2019 年末以来の SARS-Cov2 による感染症 COVID-19 の感染拡大により，Zoom などのオンライン会議システムの使用が当たり前の世の中となった。また，vlogger や YouTuber など，一般のインターネットユーザが音声動画を配信することが日常的となり，Facebook／Instagram／TikTok／YouTube など含め，一対多コミュニケーションも普及している。

　一方で，ビジネス用コミュニケーションとしては電信から telex という文字情報通信の流れもあり，エアメールから電子メールの時代を経て，各種のテキストメッセージが飛び交う時代となった。文書とは手書きするものという時代の penmanship の学習が英語母語話者に対してほぼ行われなくなった時代に，日本人英語学習に対してこれを継続すべきかどうかは慎重に検討すべき課題である。一方，キーボードからの英語文字入力への習熟の必要性は，英語学習だけでなくコンピュータ・リテラシーの観点からも重要である。

3.　英語教育を支える情報通信技術

　既に述べたとおり，テキストの電子的通信・音声の録音と再生・動画の記録と再生・音声合成と音声認識・画像からのテキスト（キャプション）生成・テキストからの画像合成など，情報通信技術の発展はすべてが外国語教育・外国語学習の具体的方法に密接に関連している。音声の録音再生は蓄音機・蝋管・SP レコードに始まるが，Cortina Languages Institute（1882–2017）が 19 世紀のうちにこれを活用した語学学習体系を提唱している。日本では Conversaphone

---

8)　"Conversaphone Language Courses" *A language learners' forum*（https://forum.language-learners.org/viewtopic.php?t=6770）など参照。

Language Courses も一部で有名であった。合わせて，20世紀半ばの言語学・外国語学習の背景にアメリカ構造主義言語学の隆盛とこれに基づく諸言語の記録と記述の試みと，その後のアメリカにおける「応用言語学」の流行と audio-lingual method[9] を無視することができない。

3-1　1950年代以前

外国語の学習にはテキストのみならず音声の提示が不可欠である。録音・録画を再生する機器が安価に普及するまでは外国語の音声を提示するには文字・記号・(模式的)断面図などにより説明するしかなく，情報の伝達に大きな限界があったが，国際音標文字と辞書・教科書による記述だけから音声を学んで高度な熟達度まで習得に成功した日本人英語学習者の事例も報告されている。

録音・再生装置の発明は19世紀後半と思われるが，Linguaphone[10]／Converaphone／Assimile[11] などこれを活用した自習教材が19世紀末から20世紀初めにかけて販売されるようになった。

3-2　1950年代・1960年代

1950年代になるとSPレコードなどが普及し，筆者の個人的な記憶では，1950年代か1960年代に購入したと思われる Linguaphone には1枚に1レッスン程度のかなりの枚数のレコードが付随していた。また，各課のテキストは駅構内・郊外の住宅といった情景設定に応じた挿絵に様々な事物が描かれ，その番号に応じて単語が列挙され，こうした語彙を活用した情景説明に続いて，これらを前提とした対話・会話が提示されていた。また，別冊で語彙リスト・文

---

9)　Audio-lingual Method については "Audio-lingual method" *Wikipedia, the free encyclopedia* (https://en.wikipedia.org/wiki/Audio-lingual_method) など参照。
10)　Linguaphone については1900年頃からシリンダー録音機を用いたという記述が見られる。
11)　株式会社日本外語協会 フランス ASSIMIL 語学教材 (https://www.gaigo.co.jp/assimil/assimil.html)，"Assimil" *Wikipedia, the free encyclopedia* (https://en.wikipedia.org/wiki/Assimil)，ASSiMiL, Europe's top language learning method "A leader in self-study language learning" (https://www.assimil.com/en/) など参照。

法事項の簡単な説明などの冊子が提供されていた。この頃の日本の英語教育に
おいては，応用言語学・ALM（audio-lingual method）・pattern practice などが英語
教育の分野の重要なキーワードであった。1960 年代には，文部省の積極的な
方針などもあり，全国の中学・高等学校に LL（language laboratory）教室[12] が設
置され，1961 年に語学ラボラトリー協会[13] が発足した。

　筆者が 1964 年に入学したカトリック系の私立中学・高等学校は中学校では
週に 8 時限（45 分（冬期）・50 分（夏季））の英語の授業が設置され，そのうちの
4 時限が日本人教員による文法と講読を中心とした授業で，文法の学習時間の
多くを pattern practice に充てていた。残りの 4 時限は日本人でない教員（ドイ
ツ人・メキシコ人・アメリカ人など）による授業で，3 時間が英作文（文法・講読
の授業に合わせて単文の和文英訳による文法事項の復習と基本的文系習得の徹底を中心
とする）で残りの 1 時限は LL 教室における音声中心の授業であった。英語の
教材は文部省の指導要領に依らない独自教材であったが，ソノシートを購買部
で購入することが推奨されていた。これは，家庭用の簡易なレコードプレーヤー
で再生することができる録音媒体で，1970 年代までは雑誌の付録などにも見
られたものである。筆者の兄は 4 年前に同じ中学・高校に入学していたが，教
科書に付属のソノシートを再生して毎日英語の音声を聞いていた記憶がある。
日立のベルソーナというブランドのテープレコーダー[14] を購入して英語の発

---

12)　メディア博物館　LL 教室「LL 教室〈LL の分類〉」マルチメディア教材利用開発研
　　究会（http://www.kinosita.itabashi.tokyo.jp/mm_museum/mm_museum/html/ll03.htm）など
　　参照。
13)　外国語教育メディア学会（LET: The Japan Association for Language Education &
　　Technology）の「本学会について：概要と沿革」によると，1961 年 7 月 15 日に語学
　　ラボラトリー協会（The Language Laboratory Association of Japan, LLA）として発足し，
　　1969 年に語学ラボラトリー学会（英語名は同じ），その後，2000 年に外国語教育メディ
　　ア学会（LET: The Japan Association for Language Education & Technology）へと名称が
　　変更されている。
14)　この商品が他のテープレコーダーと比して優れていたという判断ではなく，テレビ・
　　洗濯機・炊飯器など他の電化製品を日立の割賦販売で購入した流れで決めたものと
　　思われる。このテープレコーダーは当時一般的であったオープンリール式であり，
　　カセットテープが一般的になるのは 1970 年代であった。

音練習をしていた。

3-3　1970年代

　オープンリール式の民生用（家庭用）テープレコーダーはステレオ・ハイファイ向けの高級品を除けばモノーラルが一般的であった。1970年前後に民生用オーディオで4チャンネル再生が話題となり，オーディオフェアなどで展示されることもあったが，普及したとはいえない。オープンリールのステレオ・ハイファイ向けテープレコーダーは一部のマニア向けの高級機種であり，チャンネルセパレーションのために4つのトラックを正方向右チャンネル・逆方向左チャンネル・正方向左チャンネル・逆方向右チャンネルに分けて使用しており，オートリバースを実現しようとすると機械精度やアライメントも含めて高級化せざるを得なかったため，これを一般の中学生・高校生が外国語・英語を学習するためのLL機能に転用することなどは想像ができなかった。

　カセットテープの普及はミニコンポの普及と時期的に重なったこともあり，モノーラルとの簡易互換性を確保するためか，オープンリールとは異なり4つのトラックを正方向右チャンネル・正方向左チャンネル・逆方向左チャンネル・逆方向右チャンネルに分けて使用し，カセットテープの録音時間の制約もあったためか，ステレオ・オートリバースが安価に一般化した。この左右チャンネルのうち片方を再生専用の教師音声とし，残りを学生用の録音・再生チャンネルとすることで，一般のステレオカセットレコーダーと同程度の金額でaudio-active comparativeのLL機能付きカセットレコーダーを販売することが可能となったが，どの程度普及したか[15]は今となっては定かではない。

3-4　1980年代・1990年代

　1970年代末から1980年代初めにかけてApple IIが開拓したpersonal computerないしマイコンの市場にSHARP／EPSON／SANYO／Toshibaなど

15）　LLカセットレコーダーを多重録音用機材に流用しようとした当時の中学生・高校生の追想がネット上に散見される。小林（2007）など参照。

各社が参入したが，1980 年代半ばまでに NEC の PC-9801 とその互換機が日本語処理能力などから日本国内の市場を席巻した。一太郎・松などの日本語ワープロと MIFES などの日本語エディタの人気が高かった。

　録音・再生用媒体としてカセットテープから CD への移行が顕著となり，CD ラジカセ・CD ミニコンポの時代となっていた。LL 教室の機器の構成としては学生用ブースに AAC（Audio-Active Comparative）の機能を持ったカセットテープ録音再生装置を組み込むことが一般的となってきた。

　1990 年代になると IBM PC 互換機から Windows95 の時代を経て，コンピュータ教室では Windows NT などが使われるようになった。英語エディタ・ワープロとして WordMastar ／ WordStar などが普及した。PC での音声・動画の記録・再生も可能であったが，ファイルサイズ・処理機能などの面から実用的とはいいがたかった。CD に加えて MD も使われるようになったが，LL 機能のある CD ／ MD 録音再生装置は現れなかった。LL 教室の学生ブースにカセットテープの代わりに半導体メモリを使う LL が SONY から発売されていた。

3-5　2000 年代以降

　2000 年になる頃にはインターネット・マルチメディアがマスコミ・テレビのキーワードとして踊り，シリコンバレーも含めてバブル気味のブームとなっていた。日本の英語教育設備としては video on demand と CALL（computer assisted language learning）教室が話題となったが，実態が伴っていたとはいいがたい。PC 上での音声・動画の記録・再生も実用的になりつつあり，英語学習用ソフトとして興味深いものが作成されていたが，Realtime Player のバージョンアップが頻繁で，バージョン間の互換性が低く使い勝手が悪い状態が続いた。

　インターネット・マルチメディアのバブルがはじけた後の 2010 年代になるとインターネットが実用的となり，音声・動画の記録・再生・配信が実用的になりつつあった。音声・動画によるインターネット経由の遠隔会議システムも実用化されていたが，一般の人々が日常的に使うツールとはなっていなかった。

　2019 年後半に中華人民共和国武漢を中心に SARS-Cov2 による Covid-19 が世

界的な流行を見せ，日本でも大学における対面授業の回避などが長く続き，留学などにも大きな影響を与えた。Zoom／Teams／Webex などの遠隔会議システムをだれでも当たり前に使うようになった。

4. 英語教育における ICT の合理的で倫理的な活用[16)]

外国語学習における情報処理技術の応用としては，コンピュータとインターネットを中心としたマルチメディア教室の構築や CAI に関心が向いた時期もあり，その後はパソコンの機能向上とネットワークの広帯域化に伴って，moodle なども含めた CMS の活用などが話題になってきているが，音声認識・音声合成・テキストマイニング・コーパス処理・情報抽出などの知的情報処理の要素技術を応用することにより，外国語学習の質を飛躍的に高めようとする研究動向も認められる。

深層学習の普及以降の今日における ICT 活用といえば，人工知能を抜きにして論じることはできない。振り返って考えてみると，電子式コンピュータの実現以来，人工知能の応用として機械翻訳が構想されてきたが，英語教育に機械翻訳・翻訳（支援）サービスをどのように取り入れるか，排除するかは極めて今日的な検討課題となっている。機械翻訳・音声翻訳通信に加え，スマホなどを利用した多言語文字認識・多言語音声認識・多言語検索なども実用化され，こうした研究開発で蓄積された要素技術と情報資源を外国語学習に活用する研究も続いている。

システム構築のための構成要素には，学習の基礎原理と学習対象のモデル化，学習用基礎資料の収集・選択・開発，コンテンツの作成・展開，教材の配信と提供，学習履歴の分析と保存，標準化と相互接続性・相互運用性の確保，学習到達度の測定などがあるが，以下では上記各要素について概観することにする。

---

16) 本節では個別的な要素技術の発展可能性の検討ではなく，ICT を活用した外国語学習をより実効性のあるものとするうえでどのような技術的課題が存在し，そのためにどのような要素技術の組み合わせが利用可能であるかを展望することを目指している。なお，一部原田（2001）で言及した話題を繰り返している。

4-1　英語学習のモデルと ICT によるナビゲーション

　一口に外国語学習といっても，その形態には教室で教員を中心に学習を進める一斉授業方式，教員と小人数の学習者で対面式に行う口頭表現練習，PC などを利用して個人で行う自己学習など，多様な学習・教育のスタイルが考えられる。発達段階・学習到達度に応じて，語彙・構文などの言語材料の習得，文章構成の基本的方略や有効な説得のための対話方略の習得など，様々なレベルの学習内容が想定され得る。初級段階においては，語彙・表現・文法の基本項目についての練習を積み上げる学習が不可欠となることも事実であるが，外国語学習の本質はその言語の運用能力の養成にあり，外国語の文章を読み，外国語で文章を綴り，外国語により口頭での意見交換を行うという言語活動そのものが本来の「学び」であるということを忘れると議論の迷路にはまる可能性が高くなる。

　外国語学習におけるデジタルメディアの利用について，電子メールや会議システムなどを利用して習得中の言語による実際のコミュニケーションを実体験することを重視する「コミュニケーション誘発型の学習」と音声・文字の提示やキーボード・マウス・音声などによる反応を中心とした「基本事項のドリル学習」とでは，必要とされる技術的支援も異なる。

4-2　選択的情報配信とテキスト自動変換による学習支援

　電子商取引における選択的情報配信や，自然言語処理研究の中で，機械翻訳・自動要約・情報抽出などを外国語学習に適用すると，学習者の到達度と学習履歴から，特定の語彙や表現の学習を促す画面を提示することや，その学習者がweb のブラウザを使用して外国語の文書を見ようとしたとき，その到達度の範囲を超える表現について例文を示したりパラフレーズを提示したり辞書の記述を表示することによってその読解を支援するといったシステムの介入が考えられる。外国語をまだ不完全にしか習得していない学習者に対して，システムの介入によってその外国語の理解を補佐しつつその利用を支援することによって結果的に学習を成立させることは自然な考え方であり，具体的には到達学習レ

180

ベルに応じてテキストを書き換えて提示する，到達語彙レベルに応じて補助的
な語彙学習を促す，音声を文字化して表示する，文字テキストを音声化する，
音声素材を文字化するなど，様々な変換を行う支援が構想できるが，YouTube
などでは自動字幕・自動翻訳などを通じてこうした要素がかなりの程度まで実
現されている。このことを学習者の立場から見ると，学習到達度をシステムが
常時掌握して，それに応じた介入を動的に行い，その時点の学習到達度に最適
化された学習課題が，外国語を使用したコミュニケーションに伴って提供・配
信されるということになる。

4-3　フォーマット自動変換と素材自動収集による教員支援

コンピュータ・ネットワークを利用した独自の教材やドリルを用意する場合，

1. 素材やテキストの選択・作成
2. 練習・問題形式への加工（選択肢の作成など）
3. HTML など利用するプラットフォームに合わせた書式への変換と加工
4. 採点と集計
5. 素材・テキスト・問題の修正

などの事前準備と事後整理等の作業が必要となる。

　コンピュータを利用したドリル練習は，紙ベースのドリルをコンピュータに
置き換えただけでは効果が十分見こめず，学習者の達成度に応じた個別的訓練
に対応するには，従来に比して多種の練習問題を多量に用意しなければならな
いことも既に指摘されている。いったん作成した教材についても，外国語学習
教材については数学や理科などに比べて陳腐化が早い。語句や文法事項などの
学習内容としては適切であっても，時間の経過に伴い例文や文章の記述内容や
ビデオ素材の映像が陳腐化して，学生の動機付けから考えると教材としての継
続利用が不可能となる場合が多いためである。

　教員・教材作成者にとっては，旧来の「ドリル練習用システム」では素材と
なる語彙・例文・テキストあるいはそれに付随する音声・映像資料などがあっ
ても，さらに対象となるシステムごとに加工して「コンテンツ」に仕上げねば

ならないが，素材を学習者の到達度に応じたヒント，学習項目に仕上げるため
には，到達度レベルのデータベース（例えば到達度レベル別の語彙リスト）と照ら
し合わせながら，複数のコンテンツに分岐させる必要がある。教員・教材作成
者が到達度レベルのデータベースを用意することによって，システムが素材を
それぞれの学習者の到達度に応じて学習用コンテンツに動的に自動分岐派生す
る[17]ことが期待される。

　今日ではpencil and paperでの実施を前提としたテスト・ドリルをGoogle フォー
ムなどのonline form に入力しなおしてオンラインで実施することも一般的となっ
ているが，copy & paste を繰り返すよりは，ファイルをそのまま drag & drop
すると自動的に変換されるといったツールがあると，教員の毎日の生活に少し
余裕ができるかもしれない。また，教材に必要なテキストやビデオ素材を，授
業で扱いたい表現や構文を指定することでインターネットから harvest してく
るような crawler があってもいいかもしれない。

4-4　言語知識学習内容の理論的構成

　学習システムの構成にはなんらかの学習モデルが前提となる。例えば，単純
な語彙の学習についても，英語の基本語彙・常用語彙等をアルファベット順に
学習するのは効率的な学習方略とは思いがたい。語彙などの比較的体系性の乏
しい学習項目について，頻度情報など統計的な数値によるランキングを前提と
して学習体系を考えることはそれなりの合理性を有するが，統計的なモデルは
ある種のデフォルト的な仮説を提供するに過ぎない。常識的に考えて，ある学
年で north と south と east を学ぶが west は 2 年後まで学ばないというような教
科課程は合理的とは思えない。適切な学習方略の決定には，少なくとも頻度情

---

17)　1999 年度から 2000 年度にかけて早稲田大学メディアネットワークセンターでは，
　　例文と基本語彙についての記憶課題に関連してドリル形式の自動派生を可能とする
　　プラットフォームの試用と実験を行ったが，その際の経験から，語彙の文法範疇ご
　　との分類や，例文に対する品詞や構文に関するタグ付与などを有効に組み合わせる
　　ことによって，さらに高度なコンテンツの自動生成が望めるのではないかという見
　　通しを持っていた。石堂・原田（2000a，2000b）など参照。

182

報，音節数，綴りの文字数，意味（多義語の場合はそれぞれの品詞と意味と相対頻度）など，様々な要素を多角的に検討する必要性が考えられる。英語のように発音と綴りの関係が多対多で多くの例外を持つ言語では，発音と綴りの関係を学ぶ基礎学習部分に多大の努力を払わざるを得ないが，そこでどのような単語から学習すべきかについては，学習者の知的発達段階とともに，英語の母音と子音の体系，シラブルの音韻論的構成，典型的な発音と綴りの関係，例外的な発音と綴りの関係などを総合的に判断して慎重に検討すべき事項とならざるを得ない。頻度的な情報についても，対象とするコーパスないし言語使用状況も考察の対象とすべきである。例えば，5歳の幼児を対象とした英語学習と18歳の学生を対象とした英語学習と30歳のビジネスマンを対象とした英語学習では，習得の目標とすべき語彙が同じとは考えにくい。あるいは，化学を専攻する学生と，経済学を専攻する学生とでは，重点的に学習すべき語彙に違いがあってもおかしくない。また，一定の基本的語彙を獲得した後は，語源・語根・派生関係などを学ぶことによって理解可能な語彙数が飛躍的に増加するが，このようなルール的な知識をどのように学習すべきか，単純な個別的語彙の学習と異なる方略が有効かどうか，電子的メディアでの実証が求められている。

4-5　聴解・発音・スピーキングの学習

自然言語に関する基礎研究がそのまま外国語学習用教材を提供する場合もある。特筆すべき例としてはATR人間情報研究所による聴覚情報処理機構解明にかかわる研究の副産物として学習効果が確認されたソフトウェアが市販[18]された。大部分の日本人にとって，RとLの聞き分けなど，音素の弁別に対する苦手意識が聴解も含めた英語学習においての心理的障害となっていることから，こうした基礎的な音素弁別訓練が英語学習に役立つことが期待される。

こうした直接的なコンテンツの提供ではなく，コンテンツ開発のツールを自然言語処理研究が提供する可能性も大きい。例えば，コンコーダンサーを活用

---

18)　山田・足立・ATR人間情報通信研究所（1998, 1999），ATR人間情報通信研究所編（1999, 2000）参照。

してコーパスごとに特徴的な語句を抽出することで，母語話者による reference corpus と日本人英語学習者による learner corpus で語彙の使用に差があれば，学習教材・カリキュラムの策定に活用できる可能性がある。あるいは，ジャンル別・年度別・月次別のニュース記事を対象コーパスとして検索と頻度によるソートを行うと，ある年のある週に ecoli や tsunami が頻出することから，水質汚染や地震が話題となっていたというような状況が見える。ある年に running mate が頻出することから，大統領選挙の年であることがわかる。こうしたツールは時事英語の教材作成に威力を発揮する。

4-6　教材の配信と提供

外国語学習用教材を開発する場合，最低限良質な音声データの配信が必要であり，静止画ないし動画の利用は学生のモチベーションを高める傾向が認められるが，ストリーミング技術なども含めて，多様な帯域幅への対応とネットワーク非接続状態での使用への対応が技術的な課題となっていた時期もある。Webを利用したシステムの場合，サーバへの接続が学習システム利用の前提となると，接続コストが自宅からの利用が阻害される要因となり得る。混雑した電車での長時間の通学時間の活用も含め，外国語学習にふさわしい音質の確保のためには，どのような通信プロトコルによってどのような帯域を確保してどのようなフォーマットのデータを流通させるべきかという基礎的な研究も必要である。通勤・通学という大都市圏の生活を考えると，ソリッドステート媒体への蓄積や携帯電話端末の利用なども現実的な課題となるが，それらが一貫して相互の学習履歴を共有し，適切な学習支援を行うというコンテンツの自動適応が求められている。

4-7　学習履歴の分析と保存

デジタルネットワークの広範囲な利用により，従来想像もつかなかったレベルで学習者の反応の蓄積が可能となり，また現実となっている。例えば，紙と鉛筆で英作文を指導する場合，添削した結果は学生に返却せざるを得ず，積極

的にコピーを取るなどの時間とコストをかけない限り，教員の手元には最終提
出物が残るだけであった。ところが，PC やネットワークを利用して作文を添
削するようになると，文章作成のすべての過程をファイルとして保存すること
が可能となる。紙と鉛筆の時代には 90 分の授業で 400 語の作文を書くことで
手一杯であったものが，電子的編集が可能となることにより，より大量の文章
を多く作成するだけでなく，途中段階の添削や修正を常時提出することが可能
になる。30 人のクラスで年間 30 枚の提出物があったものが，ファイルとなる
と少なくともその 3 倍から 10 倍となり，そのすべてを手作業でチェックする
ことが教員個人にとっては難しくなっている。

　一方，対象とする学生が典型的に犯す誤りから教材やカリキュラムを構成し
ようとする立場からすると，紙ベースではデータの処理に人手とコストが必要
となっていたものが，構文解析や検索のツールを用意することで直ちに利用可
能な大量のデータが毎日発生する状況となってきたとも見ることができる。英
作文の授業に限らず，web 上での英語学習サイトや，海外との遠隔共同ゼミな
どでのチャットや BBS など，学生の自発的な発話（文字または音声）が電子的
に流通する場では，これらを蓄積することも技術的には容易である。

　大量の作文からの使用語彙の傾向の抽出については，KWIC 検索や頻度など
の計算処理で多くの情報が入手できる。また，構文規則などを用意せずとも，
bigram や trigram などの統計的手法から，母国語話者との違いを検出して，そ
こから文法の偏りを探るなどの研究も進められている。一定の文法理論に基づ
く文法規則とそれに基づく構文解析機構があれば，その文法規則からの逸脱な
どをデータとして収集することも可能である。こうした機構を real time のコミュ
ニケーションに介在させ，文法や語彙の不適切な使用について注意を促すよう
な個別的利用も考えられるが，その他に大量のデータからの傾向の抽出により，
学習項目の洗い出しなど，コンテンツ開発の予備段階に利用することも考えら
れる。

　また，学習上の事後処理の問題として，大量の作文から同一または類似の部
分を抽出することにより，学生間の共同行為を探ることも可能となる。web な

どを利用した学習システムでは，学習履歴の蓄積があって初めてコンテンツの改善と学習者個人に適した個別化が可能となるが，そうした学習履歴の帰属について，著作権と個人情報の観点からの議論が求められている。学習支援システムにおいては属人的な情報の蓄積を行いつつも，それを特定の個人と結び付けるデータ結合は学習支援システムの外において，一定の個人情報保護をはかるというような運用上の工夫を標準化することが求められている。

4-8　標準化と相互接続性・相互運用性の確保

　語学教育用のマルチメディア教室環境を構築しようとしたとき，システムに依存した学習教材提供のプラットフォームや付随するオーサリングシステムに囲い込まれる危険性がある。PC・LAN 環境で動作するソフトも，ユーザ登録や学習履歴などについてはソフトごとに個別にせざるを得ない現状で，授業において複数のシステムを利用すると，教員にとっても学生にとっても，システムごとのユーザ登録と履歴管理を一元化できず，運用上の大きな負担となり始めている。

　いったん作成した教材・素材も，利用するハードや OS やブラウザやプラグインのバージョンアップに伴って手直しが必要になるが，再利用や異なる動作環境への移行などに際しての相互運用性が大きな問題となり，10 年前に作成した教材を今日利用できないという状況が普遍化してしまった。

　学生登録と学習履歴が学校内ネットワークや学籍システムと連動しないシステムは使いづらく，自習による学習履歴の学生評価への連動なども含めて，包括的なインタフェースの標準化が必要とされている。インターネットを利用した学習システムの教材・素材の再利用に向けての形式面での標準化に関しては，一定の進展があったものの，学習システム間の相互接続性・相互運用性やインターネット・イントラネット用語学学習用システムと学内ネットワークインフラシステムとのインタフェースの標準化については，これからの課題である。

186

5. 学習到達度の測定[19]

英語の4技能試験については，2010年前後から2018年にかけての小中高大社連携にかかわる文科省の施策，大学入試に関連して高校在学中に高校での学修状況にかかわる試験を行い，入学試験に向けて卒業前に大学入学志望者向け共通テストを実施し，その中で国語に限らず記述式設問を導入するとともに，英語については4技能についての試験を直ちに大規模に全国規模で同日に実施することが難しいことから，TOEFL／TOEIC／英検／GTEC／上智大学など外部検定試験を活用し，CEFR（言語の学習・検定に関するヨーロッパ共同体共通参照枠組み）などを利用した比較のための基準を設けるという告知をしていたにもかかわらず，大学入試センターを通じた英語外部検定試験の成績提供方式の運用は実施直前に見送り[20]となった。このような状況にもかかわらず，英語の4技能，あるいはさらに英語の語彙・表現・文法などの基礎的な知識の理解と reading／writing／listening／speaking／interaction などについて，1人1人の学習者の到達度と運用能力を測定する必要性は明らかであり，大学においては特にその必要性が大きい。

5-1 英語の到達度・運用力に関する試験の必要性

学習の有効性を示すためには学習到達度の客観的な測定が可能でなければならない。web上の英語学習サイトの中には学習開始前に Placement Test を受けることによってコース選択の目安としていることが多い。

外国語学習の到達度測定試験には基準準拠試験と集団準拠試験があるが，後者の統計的実装に関する基礎理論に項目応答理論（項目反応理論）[21]がある。試

---

19) 本節は原田・森下・鈴木（2017）の内容を下敷きにしつつ加筆・改稿したものである。
20) 共通テストにおける記述式設問の導入についても，試験の直前に見送りとなり，重要な政策について優柔不断・混迷を極める政策変更が続いている。
21) 英語については Educational Testing Service 社の TOEIC，TOEFL などにも採用されているため，運用上の長い歴史と経験が蓄積されている。

験実現形態としては，paper-based と computer-based があり得，後者については computer-adaptive testing[22) もあり得るが，比較的短時間で終了する試験については公平性の観点から computer-adaptive を避けようとする傾向もある。

　学習到達度の測定には，簡便に実施できること，コストが低いこと，時間と場所を選ばないこと，測定したい内容とテストの項目が一致していること，スコアが客観的で再現性があり，なおかつ一定期間の学習による習熟が反映する程度に解像度が高いことなどが求められる。試験の具体的な選択にあたっては内容の合理性・合目的性のほかに実施の容易さも重要な要素であるが，広く普及しているかどうかも無視できない。英語の到達度に関しては，語彙・表現・文法などの知識と reading ／ writing ／ listening ／ speaking の4技能にわたる技能・運用能力の測定が最低限必要であり，このほかに説得力のある説明ができるかどうか，論理的に議論を構成できるかどうか，相手の状況に応じたやり取りをできるかどうかといった技能[23) についても測ることが望ましい。

5-2　ライティングテストとスピーキングテストの必要性

　1990 年代に東京大学でいわゆる「自由英作文」[24) の出題が始まり，全国の国立大学が入学試験において英語のライティング・作文にかかわる設問を出題するようになったため，全国の国立大学進学を意識した高等学校・コースにおいては 1990 年代末までに英語のライティング能力の養成・作文対策が必須となった。私立大学においては必ずしもライティングが出題されるわけではなく，すべての高校生がライティングを強く意識した英語学習を行っているとはいいがたい状況もあるが，リスニング・スピーキングに比較すると英語学習の重点と

---

22)　項目応答理論に基づく computer adaptive testing が有効に機能するためには，一定量の問題とあらかじめ到達度の判明している受験者ごとの正答率などのデータの十分な蓄積が必要である。

23)　会社エキュメノポリスと早稲田大学知覚情報システム研究所で開発中の InteLLA ／ LangX はまさにこのような点を目標に開発されているようである。山田（2022），Ecumenopolis（2022），早稲田大学（2022）など参照。

24)　実際には課題作文であって，作文の内容は「自由」ではない。

188

なっていることは各種アンケートなどからも確認できる。

　リスニングについては 2006 年からセンター試験に導入されたものの，配点比重がそれまでの 200 点に対して 20 点と低く，筆者が担当する授業の受講生のスコアから見る限り，2006 年度を境として英語の listening ／ speaking の運用能力が向上したという傾向は見られないことから，washback ／ back wash は確認できていない。2020 年度入試から導入された共通テストでは配点が 200 点対 200 点と変更された（とはいえその扱いは各大学にゆだねられている）こともあり，今後の listening 能力の向上に注視したい。

5-3　大学入学者の英語力の多様性

　文部省・文科省の定める学習指導要領を見ると 1990 年代以降は外国語科目（英語）の授業において「コミュニケーション」が重視されるようになり，2006 年度から大学入試センター試験に英語リスニングが導入され，2011 年度より小学校 5〜6 年生で英語が必修となり，2012 年度より高校での英語の授業を原則として英語で実施するように指導要領に明記されるようになった。このように，日本人英語学習者の英語口頭運用能力の向上を目指した一連の改革が進められ，一定の変化・改善が見られてもおかしくない状況にあるが，中学・高校における英語学習・英語指導の中核が大学入試に向けての訳読式学習にあり，口頭英語の運用能力の向上は見られないという感想も根強い。

　現在の大学入学者の英語力は多様である。対象を主に日本国内の，あるいは日本の制度に基づく高等学校を卒業し，一般的な学力試験に基づく入学試験を経て入学してきた学生に限定しても，中学・高校と英語が比較的に得意で熱心に勉強してきた学生もいれば，英語が苦手で最低限の勉強しかしてこなかった学生もいる。多くの私立大学の入学試験において，受験する科目が 3 教科 3 科目以下である中でも英語が入試科目に入ることが多いかもしれないが，複数科目の合計点が合否の基礎となるため，英語を得点源として合格を果たす受験生がいる一方で，英語の得点が振るわない中で他教科・他科目の得点が良いために合格する受験生も多く，また入学後の学業成績や就職状況に対してどちらが

より強く相関するかも一概には結論付けることが難しい状況となっている。

　一般的な入学試験の他に，付属高校などからの推薦入学者・自己推薦や学校推薦などの推薦制度による入学者・いわゆる AO 方式による入学者など，英語の学力を直接的に問われることなく大学に入学する学生も増えており，この中には中学・高校時代に学ぶべき英語の語彙・文法の知識や 4 技能の運用能力を十分に身につけないまま入学してくる学生もいる。他方，いわゆる帰国生向けの入学試験を通じて入学する学生に限らず，英語圏または英語を媒介言語とする学校での学習を複数年または長期にわたって経験してきた学生も増えている。

　中学・高校を日本の学校制度の中で過ごしてきた学生の英語学習経験も，今日では極めて複雑な状況となっている。小学校での英語学習経験が個別的・多層的になってきている一方で，学校外の英語塾・英会話学校などでの学修経験も，保護者の意向や地域的な特性も含め，学生の英語運用能力に大きな影響を与えている。中学・高校における教科としての英語学習経験も，コミュニケーション活動・リスニング・スピーキング・ライティングを重視する学校もあれば，旧来の入学試験対策を重視する学校も多い。

　これとは別に，日本の大学で英語を学ぶ学生の英語力が多くの場合に初歩というには学習段階が進んでおり，一部の例外を除くと上級に達していないという意味において，ざっくりと中級段階にあることにも着目する必要がある。初級の学習者は，英語に関して習得した語彙・文法などの知識も限定的で，運用についても押しなべて限られたスキルとなっている。スピーキングやライティングなどの産出スキルにおいても，語彙が限られるためにおおむね短い文・短い発話に限られ，したがってその内容も概して単純となる。一方，上級者は豊富な語彙・文法を習得済みで，どのような話題についてもある程度の対応ができ，スピーキングにおいてもライティングにおいても，安定した運用能力を示す。「中級」というのは，一様な「中級さ」を示すものではなく，スピーキングについてはある程度まで熟達しているのにライティングは経験不足，あるいはその逆というようなスキルごと，あるいは知識と運用に大きな乖離のある状態である。スピーキング・ライティングなどの産出においてもリーディング・

190

リスニングなどの受容においても，ある種の話題については個人的な興味関心から豊かな内容を扱うことができるのに対して，興味の薄い話題に関しては全く初級レベルの反応しか示すことができないなど，話題・分野によるムラが大きく，書く文・話す発話も，短かったり長かったり，複雑な内容を含んでいたり，極めて単純であったりと揺れ幅が大きいということが中級の特徴である。

このような点を考慮すると，日本人大学生の英語力を語彙・文法などの言語知識と4技能を含めて総合的に考えるうえで，1つの全体的なスコアで学習到達度を見ようとすることに無理があることが納得できるであろう。知識・技能の乖離とスキルごとの習熟度の差を前提とすると，現在多くの大学で試みられているスキル別クラス編成と事前テストによるクラス分けも全体としての整合性に疑問が生じる。ある大学のある学部でスピーキングあるいはライティングを重視したクラスを編成し，これを習熟度別にクラス分けしようとした場合，理想的にはスピーキングあるいはライティングなどそれぞれの授業で中心となるスキルの習熟度に応じたクラス分けを行うべきであると考えるのが自然であるが，実際には時間的な制約などから TOEFL IP ／ TOEIC LR ITP ／ TOEIC Bridge ／ CASEC など，4技能ではなくリーディングとリスニングを中心とした課題の中で多肢選択によって文法や語彙などの知識を測る試験を用いることになりがちである。こうした試験で同様のスコアを得た学生のスピーキングやライティングの熟達度が同様であるという根拠は多くの場合に存在しない。

5-4　Versant English Test ／ Versant Writing Test ／ OQPT

Versant English Test（VET）は外国語・第二言語としての英語の口頭運用能力を判定する全自動試験で，Versant Writing Test（VWT）は書記言語での英語運用能力を測定する全自動試験である。

VET は全6設問で構成される。指示文と問題はすべて電話もしくはコンピュータ上で配信され，回答は音声処理システムを用いて自動採点され，面接官や評定者は必要としない。英語母語話者により自然な会話の速度で録音されているため，大多数の日本人大学生にはそれほど簡単ではないことがこれまでの試行

から明らかとなっている。

　Part A：Reading では試験用紙に印刷されている文の音読を求められる。音声により指示された番号の文を読み上げる。Part B から Part F の問題は音声のみで出題され，試験用紙には各設問の指示文と例題だけが印刷されている。総合点と構文・語彙・流暢さ・発音の正確さの 4 つのサブスキルが 20〜80 点で報告される。

　VWT は全 5 設問で構成される。指示文と問題は音声・文字でインターネットを通じてコンピュータのブラウザ上に配信され，キーボードからタイプする回答は自動採点されるため，面接官や評定者を必要としない。VWT の設問には一部ビジネス場面を前提とした email の作成課題があるため，日本人大学生とって内容的な困難がある可能性が懸念されたが，これまでの試行ではこの点は大きな障害となっていない。英文で示される設問の指示を十分に理解しないまま回答する受験者がたまにいることの影響が大きいかもしれない。

　総合点と文法・語彙・構成・文体・読解の 5 つのサブスキルが 20〜80 点で算出・報告される。Part A の Typing からはタイプ速度とタイピングの正確さが算出されるが，これらはテストの総合点には含まれず，受験者に関する追加情報として提示される。VWT はコンピュータ受験でありキーボードを使用して回答入力を行うため，受験者がタイピングに不慣れでタイプ速度が極端に遅い，あるいは正確さが低い場合には，テスト結果がライティング力よりもタイピング力の欠如を反映している可能性があるため，タイプ速度とタイピングの正確さが追加情報としてスコアレポートに含まれている。

　Oxford Quick Placement Test（OQPT）には paper and pencil version と CD-ROM version と online version があるが，本節で報告するデータは実施が簡便な paper and pencil version による。英語の読解力および語彙・文法の知識を問う問題が全部で 60 問あり，所要時間は 30 分である。

　VET・VWT・OQPT の各テストでは，テストの点数とそこから推定される受験者のヨーロッパ言語共通参照枠組み（Common European Framework of Reference, CEFR）の各レベルとの対応付けが公開されている。

2014 年度から 2016 年度にかけて受講生から収集したデータを見ると，リスニングとスピーキング力を測定する VET では大多数（85％程度）の学生が A1 と A2 レベルにあるが，リーディングとライティング力を測定する VWT では大多数が A2 と B1 レベルになる。回答が選択式であるため，言語産出が必要とされない OQPT では，学生は B1 と B2 レベルにあると判定される。さらに VET での 4 月と 12 月の CEFR レベルの分布を比較すると，4 月では A1 と A2 で全体の 86.7％を占めていたが，12 月では A2 と B1 が 86.8％を占めるようになり，点数が向上したことが観察される。VWT については 2015 年 4 月時点での分布は A2 と B1 が 90.6％を占めていたが，そのうちの 60％以上が A2 だった。しかし，12 月になると B1 レベルの学生数が 56.6％まで増加した。こちらも VET と同様に分布がより上位のレベルへとシフトしたことが明確である。これに比して，OQPT の結果からはこのような年度内の分布の変化は見られず，データ分布は比較的一貫していた。OQPT では 4 月から C1 レベルの学生が 1 名であるが存在し，C1 の学生数が若干の増加傾向にあった。

なお，VWT は設問の詳細指示は英語で示され，またキーボードからの回答が前提となるため，中学・高校でキーボードを使って英作文を行う経験のほとんどない日本人英語学習者にとっては，大学生といえどもコンピュータ教室などでの英語学習経験をある程度積んだ段階でないと，意味のあるスコアが得られない。

VET・VWT・OQPT では各テストが英語能力試験ではあるものの，テストの構成概念や評価対象のスキルなどが異なる。知識型の OQPT で学生が B1 と B2 レベルであることは，対象となる学生がいわゆる「偏差値」が比較的高い大学・学部に所属していることと，入学試験において英語が一定の割合を占めている点から，当然予想される結果ではあるが，リスニング・スピーキングやリーディング・ライティングの運用能力に比較して知識のレベルが高いといっても決して C1 ないし C2 レベルの学生が大多数というわけではなく，英語知識の学習到達度としても「仕事で英語が使える」まで高いレベルではない。英語運用型試験となる VET や VWT では，その知識すら有効に利用できていな

いことがわかる。

6.　おわりに——大学の授業における ICT の活用

　目標言語の基本的な文法を学びつつ基本語彙を身につけ，綴りと発音の関係を覚えながら大量の上質なテキストを読み，目標言語を使って意味のあるやり取りを継続することでしか，その言語を身につけることができないという言語の学習と習得の本質を前提として，ICT の利用が日常生活の基盤となったことで大きな変化も生じているということで，学習者の独習的な環境と知識・運用能力について ICT と英語学習・英語教育のかかわりについて述べてきたが，大学の授業の中で ICT をどのように活用できるか述べてまとめとしたい。

　筆者の担当する授業の活動の中心は対面（またはオンライン）での口頭でのやり取りと文章作成を中心としている。1 年生の授業では学生を 3 人ずつのグループに分け，質問文を各グループに提供し，1 人の学生が質問を読み，もう 1 人の学生が（質問を見ないで）回答し，もう 1 人の学生がタイムキーパーとなり，回答後に相互評価して次の質問で役割を交替する，という『応答練習』に 30 分ほどの時間を費やす。続けて 30 分ほどの時間で 400 語または 500 語を目標に作文を書き，次週までに仕上げた作文を数名のグループで相互チェックしたうえで翌週に再修正版を提出するという課題も継続してきた。2 年生の授業では，短い時間に発表用のスライドを作成し，4 人程度のグループで発表と質疑応答を繰り返す練習や，グループで特定の話題について発表の準備をしてクラス全体に発表し，その内容をレポートにまとめ，相互チェックの後で完成版を提出するという課題も課している。

　このような英語を使う環境と場を提供することが，授業における英語学習の基盤であると考えているが，授業を実施するのはコンピュータ教室であり，ワープロ・プレゼンテーション用ソフトウェア等が使用できる環境でインターネットを通じて各種資料やビデオ等にアクセスできることを前提に授業を組み立ててきた。コンピュータ教室には，課題に対する学生の応答だけでなく反応時間を記録するソフトなども用意されていて，いくつかの課題についての分析を行っ

194

たこともある。教室のパソコンに加え，科研費などで購入した録音機材・ハンディカム・全天周カメラなどを使って各グループの学生たちが相互のやり取りの音声・画像を記録することで，やり取りの中でどのような英語を口頭で産出しているかの記録を残し，将来の分析に備えてきた。

　英語教育・英語学習の到達目標が英語運用能力の育成・獲得にあるとすると，学習者がそれぞれの学習段階に応じた語彙・表現・構文についての宣言的知識を獲得するだけでなく，英語の理解と産出における言語処理の自動化を達成することも同時に求められることになる。言語処理の自動化というこの目標はどれだけ達成できているのであろうか。目標が達成できていないとすると，学習者はどのようにしてこの目標に到達できるのであろうか？　言語理解・言語産出の研究・開発には様々な工夫の余地が大いにあり，そのためのさらなる実践が必要である。

参 考 文 献

* オンライン資料すべては 2022 年 9 月 10 日に最終アクセス

石堂陽子・原田康也（2000a）「学習用コンテンツの自動生成ならびに学習者ごとの自動最適化を目指したプラットフォームの試用」私立大学情報教育協会大会事例発表

石堂陽子・原田康也（2000b）「学習用コンテンツの動的生成に向けて：学習モデルと項目範疇化」平成 12 年度情報処理教育研究集会，文部省・京都大学

井ノ口淳三（1988）「"Orbis sensualium pictus" の日本語表題に関する覚書」（『島根女子短期大学紀要』26）145-152 ページ

株式会社日本外語協会フランス ASSIMIL 語学教材（https://www.gaigo.co.jp/assimil/assimil.html）

小林つん太（2007）「70 年代マルチ録音初体験，LL カセット」（小林つん太のギター & 音楽談義）https://orange-sound.at.webry.info/200702/article_20.html

鈴木正紀・森下美和・原田康也（2016）「言語技術の言語評価への応用：多様な英語能力の測定」（電子情報通信学会技術報告 TL2016-9/NLC-9, vol. 116, No. 77）社団法人電子情報通信学会，41-46 ページ

高橋勉（1991）「コメニウスの視聴覚的表象「世界図絵」の理念的背景と教授法の改善」（日本教育学会大會研究発表要項 50 巻）早稲田大学教育学部，48 ページ（https://www.jstage.jst.go.jp/article/taikaip/50/0/50_KJ00002424092/_article/-char/ja/）

原田康也（2001）「外国語学習における知的情報処理と言語処理技術の応用」（2001年情報学シンポジウム講演論文集）社団法人情報処理学会，25-32 ページ

原田康也・森下美和・鈴木正紀（2017）「多様な英語力の測定」（日本認知科学会第34回大会発表論文集）日本認知科学会，1124-1131 ページ

外国語教育メディア学会「本学会について：概要と沿革」（https://www.j-let.org/?a=290）

メディア博物館　LL 教室「LL 教室〈LL の分類〉」マルチメディア教材利用開発研究会（http://www.kinosita.itabashi.tokyo.jp/mm_museum/mm_museum/html/ll03.htm）

山田航也（2022）「早稲田大学発スタートアップ「エキュメノポリス」が創業　メタバースを見据えた言語学習支援エージェントには量子技術も導入へ」ロボスタ（https://robotstart.info/2022/05/09/ecumenopolis-founded-intella.html）

山田恒夫・足立隆弘・ATR 人間情報通信研究所（1998）『英語リスニング科学的上達法』講談社

山田恒夫・足立隆弘・ATR 人間情報通信研究所（1999）『英語スピーキング科学的上達法』講談社

早稲田大学（2022）「英会話能力判定 system を開発」（https://www.waseda.jp/top/news/77513）

ATR 人間情報通信研究所編（1999）『ATR CALL 完全版英語リスニング科学的上達法音韻編』講談社

ATR 人間情報通信研究所編（2000）『ATR CALL 完全版英語スピーキング科学的上達法音韻編』講談社

Ecumenopolis（2022）「社会的知能を持つ会話 AI で Society5.0 の実現へ〜早稲田大学発スタートアップ「エキュメノポリス」設立」（https://www.equ.ai/ja/%E7%A4%BE%E4%BC%9A%E7%9A%84%E7%9F%A5%E8%83%BD%E3%82%92%E6%8C%81%E3%81%A4%E4%BC%9A%E8%A9%B1ai%E3%81%A7society5-0%E3%81%AE%E5%AE%9F%E7%8F%BE%E3%81%B8%E6%97%A9%E7%A8%B2%E7%94%B0%E5%A4%A7%E5%AD%A6/）

ASSiMiL, Europe's top language learning method "A leader inself-study language learning"（https://www.assimil.com/en/）

"Assimil" *Wikipedia, the free encyclopedia*（https://en.wikipedia.org/wiki/Assimil）

"Audio-lingual method" *Wikipedia, the free encyclopedia*（https://en.wikipedia.org/wiki/Audio-lingual_method）

Brown, H. Douglas（1994）, *Teaching By Principles: An Interactive Approach to Language Pedagogy,* Regents / Prentice Hall New York, New York, USA

Brown, H. Douglas（2006）, *Principles of Language Learning and Teaching*（5th Edition）, Pearson White Plains, NY, USA

Comenii, Joh. Amos（1659）, *Orbis Sensualium Pictus: Hoc Est Omnium Principalium*（https://books.google.co.jp/books?vid=OCLC27390661&id=pxkaVd0-bpgC&pg=RA3-PA1&lpg=RA3-PA1&dq=inauthor:Comenius&as_brr=1&redir_esc=y&hl=ja#v=onepage&q&f=false）

"Conversaphone Language Courses" *A language learners' forum*（https://forum.language-learners.org/viewtopic.php?t=6770）

"Cortina Languages Institute（1882–2017）" *A language learners' forum*（https://forum.

language-learners.org/viewtopic.php?t=11415）

Diego Romo "The Linguaphone Group: Pioneers of Language Learning Technology" *Utah Communication History Encyclopedia*

File: Cortinaphone advert.jpg（https://en.wikipedia.org/wiki/File:Cortinaphone_advert.jpg）

Hubbard, Phil（2012）, "Curation for systemization of authentic content for autonomous learning"（EUROCALL Conference, Gothenburg, Sweden）（https://www.languages.dk/archive/tools/course/eurocall2012.pdf）

Hubbard, Phil（2013）, "Curation in CALL and TED Talk videos Description"（https://learning2gether.net/2013/12/08/phil-hubbard-on-digital-content-curation-for-call-using-ted-talk-youtube-video/）

Krashen, Stephen D.（1987）, *Principles and Practice in Second Language Acquisition*, Prentice-Hall International

Krashen, Stephen D.（1988）, *Second Language Acquisition and Second Language Learning*, Prentice-Hall International

Languages Cortinaphone, *Photoplay: The Aristocrat of Motion Picture Magazines* vol. 11, p. 175（https://books.google.co.jp/books?id=H30NAQAAIAAJ&printsec=frontcover&hl=ja&source=gbs_ge_summary_r&cad=0#v=onepage&q&f=false）

Language learning 400 years ago *The Language Revolution*（https://thelanguagerevolution.co.uk/2021/05/10/language-learning-400-years-ago/）

Linguaphone（company）*Wikipedia, the free encyclopedia*（https://en.wikipedia.org/wiki/Linguaphone_（company））

Minute of Listening "Linguaphone"（https://www.minuteoflistening.org/contributor/linguaphone/）

"Rafael Díez de la Cortina y Olaeta" *Wikipedia, the free encyclopedia*（https://en.wikipedia.org/wiki/Rafael_D%C3%ADez_de_la_Cortina_y_Olaeta）

Stephen Krashen on Language Acquisition 2010/10/16（https://www.youtube.com/watch?v=NiTsduRreug）

Stephen Krashen on Language Acquisition Part 1 of 2 2011/05/31（https://www.youtube.com/watch?v=vh6Hy6El86Q）

Stephen Krashen on Language Acquisition Part 2 of 2 2011/05/31（https://www.youtube.com/watch?v=ak3UrGCj71s）

第 7 章

空間および他者認識の育成を目的とした
情報リテラシー教育

平 松 裕 子

1. はじめに──情報化社会に生きる手段を学ぶために

デジタルネイティブという言葉が当たり前になった 21 世紀であるが，物理
的な空間上での活動ではなく，画面を通じて展開される多くの情報に対して，
生まれたときからかかわっているからというそれだけの理由で子どものときか
ら問題なく対応可能だといえるだろうか。機器操作に関しての問題を扱うので
はなく，年齢と認知範囲の広がりに関してみた場合，デジタルネイティブは少
なくとも発達心理学では考えづらい。

ジャン・ピアジェ（Jean Piaget）によれば，前操作期（preoperational period）の後，
7〜12 歳で具体的操作期（concrete operational period）に入り自己だけでなく他
者との相互作用の中での思考も可能になる。さらに 12〜13，4 歳となり，形式
的操作期（formal operational period）には，初めて抽象的思考操作が可能になり，
仮説演繹的思考も行えるようになる。人間は目前から周辺に意識を拡大し他者
を認識できるようになり，その後で初めて抽象的な概念を理解するようになる
という説である。ゲルマンら（Gelman et al., 1978）はピアジェの説に対して，能
力は持っているがそれを表す手段がまだないということもあるのであって，行
動から認識を判断する考え方に異論を唱えている。ピアジェが示すより早い段

198

階での発達もあり得るという（岩田他，1992）。両者の相違を考慮に入れたとしても，物理的に目前にないものに対して，何らかの行動に結びつくような認識は徐々に形成されるのであって先天的なものとは考えにくい。しかるに，生まれたときからデジタル機器が身近に存在するのであれば，それは何を意味するのか。空間認識を超えた機器の使用を行うのに操作性に問題がないということであれば，デジタルネイティブには優位性ではなく，かえって危険性という言葉が当てはまることになる。

　文部科学省は「学習の基盤となる資質・能力としての情報活用能力の育成」と題して「学習指導要領における情報活用能力」に基づいた情報活用能力の要素の例示を示している。「情報活用能力をより具体的にとらえていくことを目指すとともに，教科等横断的な視点で育んでいくことができるよう，情報活用能力の要素を例示」すると記している[1]。このような中，2020年度より小学校プログラミング教育が必修化され，我が国における情報教育も進みつつあるようにも見える。

　しかし，子どもにとって最も身近な情報機器である携帯電話は基本的には学校では使用禁止という方針が続いている。10年以上遡るが，2008年5月，携帯電話使用についての政府の教育再生懇談会（座長・安西祐一郎慶應義塾長）は，小中学校の携帯電話使用を制限し有害情報から子どもを守ることなどを柱とする第1次報告をまとめ，当時の福田康夫首相に提出した。当時の学習指導要領には「情報手段に慣れ親しみ，コンピュータで文字を入力するなどの基本的な操作や情報モラルを身につけ」[2]という文言が既にあったが，携帯端末は情報機器の中では例外だったのだろうか。「平成20年通信利用動向調査（世帯編）[3]

1)　文部科学省初等中等教育局情報教育・外国語教育課（2020）「学習の基盤となる資質・能力としての情報活用能力の育成」，株式会社内田洋行発行，https://www.mext.go.jp/content/20201002-mxt_jogai01-100003163_1.pdf
2)　文部科学省（2008）「小学校学習指導要領　総則　第4　指導計画の作成等に当たって配慮すべき事項2」文部科学省学習指導要領（平成20年3月告示）．http://www.mext.go.jp/a_menu/shotou/new-cs/youryou/syo/sou.htm
3)　総務省（2009），H20年通信利用動向調査（世帯編）の概要（2009.4.7）「第1章　世帯の情報通信機器の保有状況 1 情報通信機器保有率の推移（概要）」，3ページ，

の結果によると，2008 年末の携帯電話または PHS 保有率は調査全世帯中の95.6％であった。上記政府措置は急激な携帯電話の普及に伴う緊急避難的な対処である。しかし「禁止」はそれだけでは「教育」に最も遠い。禁止事項は理解の対象とはならず，その点に関する子どもの理解はないまま成長することになる。筆者は中央大学経済学部佐藤文博教授主催の研究会[4]の中でモバイル部門を立ち上げ，そのメンバーらとともに携帯電話を中心に携帯端末を用い，研究を開始した。なお，アプリケーション実装は，実証当時研究会のメンバーであった現経済学部教授伊藤篤先生にご担当いただいた。

　実証を行ったのは 10 年以上前からであり，現状との相違点は考慮すべきであるが，本章では 2010 年以前の小学校における取り組みから言及していく。学校の携帯電話の取扱いについて，小・中学校では，やむを得ない場合を除き原則持ち込み禁止，高等学校では校内での使用制限等を行うという方針は変わっていないだけでなく，人間の発達に関して 10 年という期間はその本質の変化を促すほどの長さではない。小学校における実証時に見られた児童の特徴的な反応や指導者，保護者の対応には現在の情報教育に生きる部分があると考える。自分の手元にある PC やタブレット機器を通して学ぶためにはその先にあるものに対する想像力が必要である。空間および他者認識の育成を目的とした情報リテラシー教育を論じるために，具体的に情報機器の特徴を理解し活かすことを考えながら，実情に合わせた具体的に段階を追って学内外と協力体制をとりながら検討を実施した。

2. 小学校における実証——授業における携帯端末利用および リテラシー教育

2-1　なぜ，小学校における携帯端末利用を実施したのか

「親の背を見て子どもは育つ」という言葉があるが，情報化社会においては親の背中のその先は追いにくい。画面を覗く子どもにその先の世界は実感でき

---

https://www.soumu.go.jp/johotsusintokei/statistics/pdf/HR200800_001.pdf
4）「楽しい修学旅行研究会」M-Learning 分科会

るだろうか。将来に向けて人を育てるために不可視な対象を初等教育，特に具体的操作期にある児童に教えるための手法をどう整えるのか。子どもの発達状態に合わせた場合，形式的操作期に入る中学校におけるリテラシー教育が適切に思える。しかし，小学校入学以前からタブレット端末があり，ゲーム機で遊ぶ 21 世紀の子どもの環境に鑑みると，実際にフィルターのかかっていない個人端末を所有する時期以前にも教育が必要である。フィルターの有無，インターネットでつながる先に関しては物理的に見える画面上での相違は理解しにくいからである。思春期に入り親から距離を置く前に，指導可能な場における使用の機会を作ることを考えた。

　携帯端末は例えば，家庭科で包丁の使用を行うのと同様，目的を明確にしたうえで，「手段」として使用する。ジョン・デューイ（John Dewey）は『学校と社会』（The School and Society, 1915）の中で学校について，手工教授や家庭科が生徒の心をいきいきととらえることに着目し，「そこで課業を学ぶための隔離された場所ではなく，生きた社会生活の純粋な一形態たらしめる手段として，考えねばならないのである」（宮原訳，25ページ）と述べているが，今日の社会にあっては，携帯端末使用もこのような実生活の課業といえるだろう。体験し気づき学ぶ機会を設ける。その中で危険性に関しても具体的に学ぶ。

　教科書の中で使用を促されている機器（カメラ，ビデオ等）の機能を持ち，軽量で操作が簡単という特徴を持つ携帯端末（携帯電話中心）を教科の目的達成の道具として使用し，その体験をもとにリテラシー教育を具体的に行うことを考案した。小学校における使携帯端末使用時のリテラシー授業は，情報の利活用手段に突き進みがちな児童に対して，使用機器の特性を学びながら，特にモラルに関して学ぶ点に注力した。実施に際しての課題や効果を検討したうえで協力が得られた八王子市内の小学校において，授業を開始した。児童の使用状況を確認し，3 年次より 6 年次まで継続して 4 年間，そのままでは発達段階にそぐわない対象を扱うという点に留意しつつも，授業内の学習手段の 1 つとして段階的に携帯端末使用を行った。

2-2　実施および効果・課題

2-2-1　予備使用

まず，予備使用として 2009 年 11 月，6 年次 1 クラス（n = 34）で体育の跳び箱の授業で SIM カードを抜いた端末を用いて写真機能を使用した（平松他，2010a）。児童には使用目的を説明し，注意事項を伝え，45 分間（1 限）の自由な使用ではなく，教員の指示があった際の限定使用とした。跳び箱を跳ぶ同級生を先に跳んだ児童が撮影し，跳び終わった後の児童は撮影された自分のフォームを確認したりアドバイスを受けたりした。撮影の位置取りは事前に教員が指導し安全性に配意し，児童には注意事項として伝えた。当初はビデオ撮影を想定していたが，児童から，フォームを見るにはビデオより連写が適しているという指摘があり，連写機能を使用することとした。児童は連写機能を利用して跳び箱に手を着く瞬間の位置や姿勢などを確認していた。この使用を通じて，以下の成果があった。

・1 つの演技を短時間で繰り返し視聴可能なので指導ポイントを発見できた。

・児童同士が教え合う場が自然とできた。

・簡易な撮影は撮影者の負担を減らすだけでなく，被写体となることへの抵抗も減らした。特に実技を苦手とする児童には，投影に際し衆目に晒されるのではなく自分と撮影者あるいは教員のみで小さな画面を見ることへの抵抗は少なかった。

なお，体育における携帯端末使用の後は，当日の体育担当の数人の児童が必ずデータを消去した。このデータ消去の必要性に関してはクラスで説明し，紙面とは異なるデータの扱いに関して学んだ。紙のようには劣化しないばかりか拡散の可能性がある。管理やパスワード設定など配意が必要である。情報リテラシーとしては，携帯端末使用時に周囲への視線が疎かになりやすいという点（歩きながらの使用の危険性）に加え，このようなデータの扱い（電子データの残留），情報管理に関して学んだ。

202

2-2-2　3年次からの継続使用

（1）携帯端末利用概要

予備使用の結果をもとに，使用機能や学習意図を説明し，実施学年の小学校教諭と意見交換を行い授業実施に至った（平松他，2010b）。教科単元に合わせて，3年次以上の携帯端末使用を実施するとともに，リテラシー教育をモラル中心に実施した（図7-1参照）。

授業を通し，携帯端末の操作の簡易性・作品の均一性という特徴が学習使用機器として有用であることが確認できた。45分という1区切りの時間内における作品の資料集めに適していた。写真を利用したことによる均一な作品の担保は羞恥心，ハードルの低減を促す。個性を際立たせるというより全員で同じ質のものが求められるもの，情報量の多さが役立つものの共同作業（図鑑，まちの地図）に特に効果をもたらした。ハードルの低減が児童には評価された。

一方，携帯端末使用のデメリットとしては，特に写真の使用が多かったため，作画のような個性の際立つ力を伸ばすことはできないという点，また作画に関連して，理科における使用であっても描くには細部までの観察が必要で，作品としての見掛けは正確でなくとも，観察力を養う訓練は携帯端末使用では不足するのではないかという課題があげられた。つまり導入としての携帯端末利用は有効であったが，実証時の手法では深化に至る手段とはいえない可能性がある。

図7-1の中から，以下に4年次の道徳（情報リテラシー）および，4，6年次生の国語の授業に関して具体的に記述する。

（2）4年　道徳

4年次3クラスでSNS使用を開始する前にインターネット上の交流の危険性を学んだ。NHK教材[5]を使用したが，3クラスそれぞれに実施方法を変えたことで，体験することの意義が顕在化した。プロフ使用を通した犯罪被害のス

---

5)　NHKティーチャーズライブラリー「ケータイに仕掛けられた罠　ネット被害から自分を守る」事例3，46ページ，https://www.nhk.or.jp/archives/teachers-l/pdf/no2/teacherslib_no2_all.pdf

学年	機器・使用機能		授業内容	情報リテラシー
3年次	SIMカードなし・フィーチャーフォン	・情報収集（文字入力・写真） ・情報共有（赤外線）	（校外学習）市場見学の新聞作成 （理科）校庭の植物図鑑	写真撮影のマナー・注意事項，機器操作，データの拡散，制御の難しさとデータ消去の必要性
4年次	SIMカードなし・フィーチャーフォン，スマートフォン	・情報収集・発信（写真・文字入力） ・情報共有（Bluetooth：赤外線より離れた受発信体験） オリジナルSNS使用開始	（社会科）まち探検 （国語）短歌	Bluetoothを使用した通信，情報共有，5年度の予備学習としてインターネット仕様の際の注意点（マナー），利便性と危険性
5年次	スマートフォン（管理権限は教員のみ）	オリジナルSNS使用： ・情報収集・発信（写真・文字入力） ・情報共有（閲覧・コメント送信）	（英語科）名札 （総合）1/2成人	SNSの使い方，マナーと注意事項（言葉遣い，写真使用時の注意，個人情報の扱い）書き込みをチェックすることで振り返る
6年次	スマートフォン（部分的な書き込み管理権限は児童にも可能）	オリジナルSNS使用： ・情報収集・発信（写真・文字入力） ・情報共有（閲覧・コメント送信） 情報管理および下級生指導（禁止語チェック・複数人による投稿承認）	（国語科）随筆	情報収集およびコメント発信，他の書込みをチェックしながら学ぶ

図7-1　2010〜2013年の継続学習

トーリーを軸にした授業で，プロフを通じて知り合った犯人の言葉に従っていくと騙されて最後は誘拐されてしまう。クラスAでは直前に携帯電話を使用し，その直後教員からストーリーを聴きながら，自分の対応を各場面に即して書き込んだ。クラスBは特に携帯端末使用はせずに教員の講義を聞きながら書き込み，クラスCは，携帯端末使用はせずに，教員と児童が自由に意見を出しながらプロフの話を進行させた。

　事前アンケートでは3クラス間に特にリテラシーの差は見られず，携帯電話使用に際しては「なくさないようにする」「お金がかかるのでゲームはしない」という注意の他，各クラスに数名「インターネット使用は危ない」という内容の記載をする児童はいたが，何が危ないのかそれ以上の具体的な記載は見られなかった。一方，授業結果は3クラスで大きく異なった。実際に携帯端末を使用した感覚のまま道徳の授業に入ったクラスAでは全員が騙されて「誘拐される」という結末に至り，クラスBではその割合が半数になり，クラスCでは全員が犯人に騙されなかった。クラスAの中には涙を浮かべる児童も複数

204

見られた。騙されなかったクラスCでは1名の児童が教員の話を遮るように「危ない」と発言し，他の児童もその後声を合わせた。この相違を生む要因として考えられるのは2点である。実際の端末使用の有無，他者の意見を聞く機会の有無の2点である。

　実際の状況に一番近い携帯端末使用のクラスAでは全員が騙されてしまったことからも，講義の受講だけでは具体的な場面での対応は難しいと考えられる。「インターネットは危ない」と児童がアンケートで回答しても，内容を理解しているわけではない。頭の中でわかったと思い込んでいることと実際にその場に遭遇した際にとる行動は必ずしも同じではない。

　それでは，大人による注意は無意味なのか。この道徳の授業の際のクラスCの対応には一考の余地がある。Scaffolding（Bruner et al., 1976）が起きていた。コミュニケーションを行いながらスキルがある者が少ない者に知識を伝達し，小さな引き上げを行う。教員の指導だけでなく児童間でのScaffoldingと気づきを繰り返すことでリテラシーの向上もあり得る。

　人に相談したり話したりできる機会を設ける。この体験をもとに，教員の協力を得て他要件を整理し，2011年学内環境でのみ使用可能なSNSアプリケーションを作成した。関係者の権限は表7-1の通りである（表中の△は教員の設定如何）。保護者は教員からID/PWの発行を受けた場合には閲覧が可能となる。6年次，学習が進んだ場合には編集権限の一部を児童の係も可能にすることを想定した。なお，その場合でも1人の児童ではなく3名の承認が必要となる。

表7-1　学校内SNSにおける使用権限

	教員	児童（係）	児童	保護者
入力	○	○	○	
承認	○	△		
削除	○			
編集	○			
閲覧	○	○	○	△
NGワード設定	○	△		
カテゴリー追加	○			
ユーザー追加	○			
画像一括ダウンロード				

操作全般に関して教員が権限を持つ。NG ワードをあらかじめ設定しておくと，その語が使用された際には，文字にマーカーが付され，監督者に注意を促す。

(3) 4，6 年　国語（SNS 使用）

国語科における学習として

　4 年の短歌では短歌をオリジナル SNS に投稿し，その後クラスメートの投稿に対してコメントを載せた（平松, 2014）。教科書の「短歌を作ってみましょう」という課題の下，下句は固定された形で作成した。以下はその 1 例である。

　　「おかあさん　いつもありがと　いえの家事
　　　　　　　　　　心にしみて　うれしかりけり」
　　上記短歌へのコメント　「よかったね　やさしいね
　　　　　　　　　いつもありがとうと思っているんだね」

　自作の短歌を SNS にあげてすぐにクラスメートの短歌にコメントをしたため，まるで返歌をするような記載が見られた。筆者と読者が対等な関係で書き込みを行った結果，授業単元の「情景をイメージしたり，リズムを感じ取りながら短歌を音読する」という目標に照らし，この音律のつながりは成果といえるだろう。

　6 年次は随筆の授業において写真付きの短い随筆を作成し，SNS に投稿しコメントのやり取りを行った。写真はイメージの表現を助け，児童の随筆の導入をしやすくした。

(4) 携帯端末使用を通した情報リテラシー教育

　2 学年を通じて，以下が授業の作品以外の情報リテラシー学習の成果である。

・授業内における児童と教員の位置付け：教員が登壇する授業とは異なっていた。SNS 使用時には児童は主体的に発信を行うことができた。6 年次の随筆に関しては 45 分内に行き交った完成随筆に対するコメントは 259 件に上った（2 クラス 63 人参加。児童のコメントは 248（重複コメント 1，教員によるコメント 11 件）であった）（平松, 2014）。この発言数は講義を受けた授業と比較しても格段の差

206

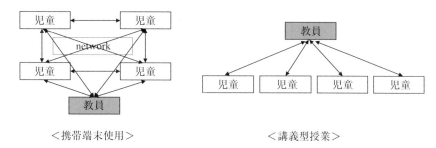

<携帯端末使用> 　　　　　　　<講義型授業>

（出所）平松（2014）「SNS を活用した国語（短歌）の授業」『教育と医学』77 ページより作成

図 7-2　携帯端末使用時と通常授業比較：児童の意見発信と教員との位置

がある。手元の端末への書き込みは挙手，起立後の発言より桁違いの量の意見交換が行われた（図 7-2 参照）。

・体験（確認と実感）：書き込みの拡散および画面の先の「人」の存在を知る

　児童は短歌や随筆をまずノートに記載してから，端末に書き込んだ（cf. コメントはダイレクトに書き込み）。その際，自分のノートを周りには見えないように手で覆ったり，本を立てたりする児童が各クラスとも数人ずついたが，その同じ児童が SNS に自分の作品を写真とともに UP した際には喜び，お互いの画面を見せ合っていた。PC 教室における学びとは異なり，授業中に児童がお互いの画面を確認し，自分の書き込みが他人の画面にも表示され，クラス内に情報が拡散されることを確認できた。携帯という小さな機器を使用したことのメリットである。当たり前のこととととらえられるかもしれないが，事前学習の際，教員が発信したコメントを一斉にクラスの端末で受信し，受信音が鳴った際には児童から驚きの声が上がった。拡散の実感の 1 例である。

　随筆の SNS 使用の際特に多かったコメントは「ありがとう（ございます）」59，「よかったです」「よく書けて（いる）」という賛辞は合わせると 51 であった（平松，2015）。SNS の先には自分が知っているクラスメート（実証時には出席番号のみの記載）が存在する。尊重すべき人がそこに存在し，実際にクラスメートに対して授業中に発言するのと同じで失礼なことはいってはいけない。発信後に拡散する情報，また画面の先に実際に人物がいること，つまり，自分の持

つ端末の先に展開されるところの一端を実感した。

・失敗ができる環境：指導ができる環境

　携帯端末使用時には，教員が書き込みの確認を行った。写真の数の多さ，コメントの連鎖が乱れを呼ぶ。書き込みの中で 1 度言葉遣いが乱れると，それ以降の書き込みが影響されることがあった。この不安定さは，インターネット使用時の危険性につながる。しかし，このような事態こそが学習に携帯端末を取り入れた意図の 1 つである。コメントが乱れた際には，まず教員は一旦承認したうえで，児童と同じようにコメントを上げる形で注意喚起を行った。すると児童は気づき，また書き込みが改まり，流れが修正された。屋外使用に際しても，歩きながらの使用は厳禁とし，必要な場面のみの配布や周囲を見てから使用した。その都度，事前の約束を守れない児童には教員が指導した。また 2 名 1 台とすることでお互いに注意を促せる環境を作った。教員の振り返りとしては以下の意見が出た。この実証以前に帰宅後の携帯トラブルが学校に持ち込まれることがあり事後の間接対応しかできなかったが，作成 SNS 使用時には失敗したそのときに指導ができ，またどんなときに児童が問題ある書き込みに向かうのかを知ることができた。

　2-2-3　アンケートに見られる児童の変化

　授業実施に際して，児童にアンケートを実施した。携帯端末使用前と使用後の携帯端末使用時の注意事項に関しては，変化が見られた。短歌の授業を実施した 4 年次生 3 クラス 87 名（道徳授業時 2 名欠席）を例にあげると，自由記載であったが，学習前には携帯端末使用時の注意事項は「特にない」という記載，あるいは記載があっても「インターネットは危ない」というような抽象的な記載が中心であったが，授業での使用後に端末使用時に注意した点の記載は具体的になっている。「自分の情報を詳しく入れないこと」「失敗したときそのまま送ると直せない」「自分の住所や電話番号を相手に教えない」「名前と顔写真を撮らない」という内容が，特に道徳の授業で児童が全員騙されてしまったクラス A では目立ち，27 名全員が携帯端末使用時の注意事項の記載を文章で残した。一方，全員が騙されなかったクラス C では「特にない」あるいは空欄と

208

いう回答が29名中21名，半分が騙されてしまったクラスBでは29名中17名であった。携帯端末使用後の作成物に対する感想など様々な項目の最後の自由記載には意欲が低下していた可能性もあるが，大きな相違である。具体的操作期の児童にとっては，実際の使用と結び付け実感させることが重要であると考えられる。繰り返しの指導の必要性もある。

なお，当時の4年次生アンケートによると，携帯端末保有は兄弟での所有を含め43%（37名）であった。日常の使用に関して事前調査を行ったが，保護者による回答と児童による回答は保有数も児童とその保護者では一致せず，特に使用機能の回答に乖離が見られた。回答が一致した項目としては，使用シーンがある。「外出時」つまり，保護者と児童が離れているときの連絡手段という回答は使用機能と考え合わせ，課題が残った。また保護者間での自宅における指導にも相違が大きく，各家庭で異なった指導を受けた児童同士がつながる通信機器としての課題もある。

3. 修学旅行展開——アプリケーション利用

3-1 中学校・高校における実証を目指した開発——研究会における企業協力

既に2007年には小学校のみでなく中学校における実証を検討し始めたが，中学校においては携帯電話を使用した犯罪，いじめの顕在化があり，学内でのカリキュラムの中に携帯端末を入れ込むことは難しい状況であった。そこで学校行事の中でも企業（旅行会社）が介入可能な場として，また社会と学習の接点としての修学旅行にフォーカスした情報教育を念頭にした携帯端末利用を考え，アプリケーションを作成した。修学旅行用の貸出端末というのが出始め，通常は学内に携帯端末の持ち込みは不可であっても，班ごとに分散した生徒との連絡用に修学旅行時には携帯端末使用が行われることもあった。

日本における修学旅行実施率は中学校の場合，コロナ禍以前は90%を超えていた[6]。学習指導要領における位置付けは第5章特別活動の学校行事の中に

6) 公益財団法人日本修学旅行協会（2021）「2019年度実施の国内修学旅行の実態とまとめ（中学校）〈抜粋〉」，https://jstb.or.jp/files/libs/3166/202106281518595201.pdf

位置付けられ，「(4) 旅行・集団宿泊的行事」として「平素と異なる生活環境にあって，見聞を広め，自然や文化などに親しむとともに，集団生活の在り方や公衆道徳などについての望ましい体験を積むことができるような活動を行うこと。」とされている[7]。

　修学旅行に関しては，旅行前，旅行時，事後の 3 フェーズにおける学習が実施されている。事前には訪問地に関して多くの文献を調べるが，実際に研修地に赴く際はそれらの資料を持ち歩くのは物理的に難しく，覚えていることと小さなリーフレットを手に歩くのが一般的であった。そこで，事前学習時の学びを実際の地で生かすためにも，修学旅行時使用の携帯端末に事前学習の成果を組み入れる仕組みを考えた（Hiramatsu, Ito et al., 2014）。

　具体的には，図 7-3 のように，事前学習時に生徒の入れ込み可能な仕組みを作成し，訪問箇所を扱った選択式のクイズを作成し，それらを解きながら班で

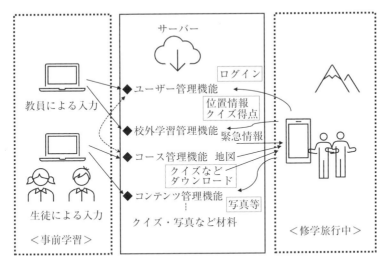

（出所）Hiramatsu, Ito et al. (2014), Development of the Learning System for Outdoor Study Using Zeigarnik Effect より作成

図 7-3　修学旅行事前および現地における学習の仕組み

7)　文部科学省，「学習指導要領，生きる力（第 5 章）」，https://www.mext.go.jp/a_menu/shotou/new-cs/youryou/chu/toku.htm

活動するというアプリケーションを作成した。

　クイズ作成には2つの理由がある。1つにはクイズ作成には知識が必要であり，事前学習時の成果を修学旅行時に使用することで生徒の事前学習を現地と結ぶ。2つ目としては旅行時の情景に1つの注目点を作ることである。視覚情報は認知の中でも大きな役割を果たすが，我々は見たものを正確に受容しているわけではない。「間違い探し」という2枚の絵や写真の相違点探しがゲームとなるほどである。また「間違い探し」の際，一旦間違いに気づいてしまうと，次は同じ箇所に目が行く。エドワード・ホール（Edward T Hall）がその著作『かくれた次元』の中で「われわれはこの世界をありのままに知ることは決してできない。感覚受容器にふりそそぐ物理的な力を知ることができるだけである（Kilpatrick, 1961）」，また，「おのおのの動物は直接の観察によっては近づき得ない，自分の主観的世界の中に住んでいる。この世界は，外界からきて感覚器官で拾いあげられるメッセージという形で生物に伝えられる情報から成り立っている（Lisssman, 1963）」，と引用し，また自らの言葉で「人間は無意識にではあるが能動的に視界世界を構成するということに，気づいている人が少ない……」と言及しているように，修学旅行でも歩行中に取り入れられる情報は主観的である。別途実施している日光における言語景観調査時にもこの裏付けとなるような調査結果があった。留学生に写真を見せながら調査を実施した（平松，2019）が，同一写真を見ながら歩く想定でも写真の中の注目点，写真散策から得たイメージは異なっていた。異なる文化を持つ留学生間での調査にはその違いが顕著に現れるが，日本人の間でも人により着目点は異なることが多い。そこに1つの注目点を作ることで，共通した理解に誘う。

　また，クイズにはツァイガルニク効果（Zeigarnik effect）を伴うものを想定した（Zeigarnik, 1967）。人は未完成の部分を残すものは記憶する傾向があるということを利用し，目的地直前に注目点を作り，目的物を見たいという興味を持たせる（Weiner and Irving, 2010）。

　なお，事前学習の際の生徒による入力に加え，教員作成のクイズを加え，質や出題頻度を調整することを想定した（図7-3参照）。班単位で携帯端末に表示

される問題を解きながら，先に進む。問題は 4 択でやり直しは可能だが，誤答ごとに減点される。問題を解くために，事前学習での知識を生かす。アプリケーション作成に際しては特に使用時のマナーや事前のクイズ作成の際の PC 使用手順以外に，携帯端末にのみ注意が向くのではなく，周囲の人と話す機会を持てる工夫，実際に行動する内容を含むことに留意した。実証用のコンテンツには現地の人に尋ねたり現地のものを実際に観察する必要のあるクイズも入れ込んだ。図 7-4 にツァイガルニク効果を意識したクイズの 1 例を示す。

　他に，校外学習の現場では，生徒の状況確認の目的でコース中の 1 カ所に教員による生徒チェックが入ることが多い。これをこのアプリケーションでは逆に生徒が教員を探すゲームとし，生徒がヒントを読み解き教員を探した。

　また，クイズ機能に加え，研究会参加企業 2 社の協力によって実現図 7-5 にあるような仕組みが実現した。被験者が対象物を撮影し画像を送信する。キーワードとともに登録されたデータベースの画像と照合し合致しているか判断される。被験者は，コースを外れず，周りをゆっくり見ながら歩くと対象の景物を発見できる。この画像検索技術を応用し，Augmented Reality（AR）も一部鎌倉における実証の際に盛り込んだ。鎌倉の大仏は晴天に聳り立つが，建立当初は大仏殿の中に安置されていた。大仏の写真を撮ると，大仏殿に入った大仏がメール添付で戻ってくるというものであったが，「大仏殿はこんなに大きな建物だったんだ！」という声が参加者から漏れた。AR は内部構造の把握や古代遺跡の仮想体験など校外学習における活用可能性は高い。

円覚寺には龍の彫物があります。ところで，龍には羽があるでしょうか。
1　龍にはかならず羽がある。
2　龍にも種類があって，羽があるものとないものがある。
3　西洋のドラゴンには羽があるが，日本の龍にはない。
4　龍は羽がないものだ。
（回答すると次画面）
正解　2
解説：地上に棲む龍，池に棲む龍，山に棲む龍というようにさまざまな龍があり，円覚寺の龍の彫物には見事な羽が生えています。→円覚寺方丈前の唐門に行こう

図 7-4　クイズ（円覚寺　龍）

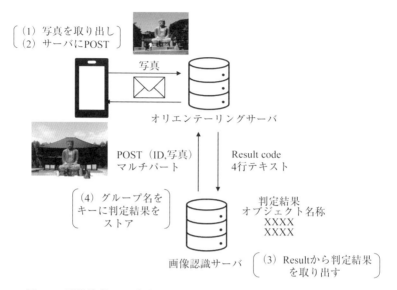

図 7-5　画像検索・AR とオリエンテーリングアプリケーションの連携図

3-2　修学旅行用アプリケーション実証実験

　鎌倉において大学生プレトライアルを 2008 年 10 月に実施した。中学生が現地で見たり聞いたりする新しい体験をするための道具としての携帯端末の有効性の検証である。また，実際の使用に向けての課題の明確化とアプリケーションの修正の資料とするのも目的であった。修学旅行・校外学習の班活動での使用実情に鑑み，歩行時には役割分担を行い，周囲に気をつける班長や端末画面を読み上げる係など設定した。中学生用の鎌倉の 2 時間半の校外学習コースを班別に周り，アプリケーションの安定性，コース，問題内容，画像検索などを評価した。教員の設定した終了時間 10 分前にアラームが鳴る。

　参加した 8 班 31 人すべてがアプリケーションに従ってコースを周ることができた。アンケート調査および実施結果は以下のとおりであった（n = 26 ※）。（※研究会内の関係者は除く参加者。）

　「大変よい，まあよい，あまりよくない，悪い」の 4 段階評価で図 7-6 のような結果となった。なお，ピアソンの相関係数 5％水準有意で，「全体評価」

と「クイズ内容」，また「（大学生か社会人かという）属性」と「画面の見やすさ」
には前者は r = 0.506，後者が r = − 0.475 という結果が出た。（画面に関しては参
加の社会人の年齢層は高く，実証時の天候が晴れであった点と併せると 40 代以上には
見づらい部分があったと推測する。）クイズの問題評価が全体評価と強く結びつく
検定結果は，下のデンドログラム（図 7-7）からも確認できる。

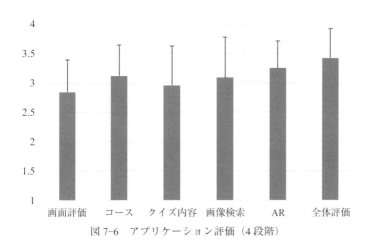

図 7-6　アプリケーション評価（4 段階）

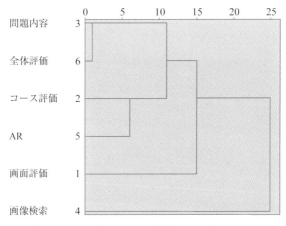

図 7-7　アプリケーション評価（デンドログラム）

214

クイズの内容を中心に今後もアプリケーション展開をすることとした。コース，問題構成に改善点はあるが，図7-6にあるように評価された。クイズや解説の文字数は特に障害にならず，面白いもの，学校で習ったものでないもの，理由のあるもの，実際に見て確認したものの評価が高く，全体の印象（複数選択可）では「おもしろい」18人，「楽しい」14人「新しい」11人が大きな反応であった。

携帯端末は実際に現地を見るための機器として役に立ったかという点に関しては次のような自由記載がその回答となる。

・普段見逃してしまいそうな所を見られる。

・お寺などをしっかり見学するようになると思った。

・何もなかったら，お寺の人に声もかけなかったと思う。

・手水舎の作法は実際役に立った。

・「あうん」（クイズの解答）。当たり前だと思っていたが，またすぐに正解できたが，思わず，金剛力士像二体をじっくり班員皆で覗き込み……「あの口では「あ」は発音できないだろう」「いや，あの口で発音したら，どすの聞いた声だろう」と言い合った。

以上のように，携帯端末をリアルな場所とつなげることができた。

課題としては，歩きスマホをしてしまう危険性，地図を全員で見ることができないという点があげられた。すべてを携帯端末で実現するのではなく，機器の特徴を生かし有効な部分の活用学習を考えていく。

一方の教員のPC管理画面には，位置情報，また各班の得点が表示される。生徒への学習の提供が第1目的であるが，実用には教員の管理の負担軽減・生徒の安全確保は受け入れられるポイントでもある。班別で従来教員管理のしにくい状況でも，このアプリケーション使用によって，全班の位置情報，班の事前学習結果，クイズの得点，緊急連絡まで行えることを確認した。

3-3　中学校における使用

アンケート結果を基に，問題の多層化や安全対策の改善など，中学校でのト

ライアル本番に向けて検討はその後も進行したが，実際の中学使用は担当教員までは高評価を得られた場合でも学校全体としての承諾は得られず実現しなかった。携帯端末をめぐる環境が厳しい点を再確認した。

　また，もし機器の使用の実施がかなう学校があったとしても，校外学習は年1，2回に限定される。学習内容の充実を目指す場合には，このアプリケーションの使用はきっかけであってもそれ以上ではない。アプリケーションそのものの改善も一方にあるが，広く生徒への情報教育という視点からは校外学習というきっかけをどう教材に反映させるかが課題として残った。

　鎌倉の実証実験では校外学習当日の使用シーンのみを検討したが，実際には事前学習を想定している。取材機能を利用した生徒作成のクイズ，またこの際に情報教育に関しても学習の糸口を見出したい。生徒に社会をどう開くか。学校現場の厳しい状況をクリアするためにも，基本となる安全の仕組みを技術的に安定的に供給することとともに，提供する情報の質に関しても十分吟味する必要がある。特に生徒に機器の先をどう実感させるか，その仕組みはアプリケーション自体というよりそれをどのようなコンセプトで利用するのか，教育意図と表現の工夫の大きなポイントになる。

3-4　修学旅行と一般の使用との併用検討

3-4-1　地域を特定したコンテンツ展開

　中学校における携帯端末使用は頓挫したが，修学旅行時の携帯端末使用に関しては，携帯電話，あるいはタブレット端末使用に関して，企業および学校側から問い合わせがあった。実用的なフェーズを意識し，修学旅行生および一般の観光客使用も可能なアプリケーションのコンテンツを検討した。修学旅行用のコンテンツ提供とする場合，旅行会社との連携を考えるが，まず質を担保するために関東圏の修学旅行の代表的な目的地，日光に関して調査を実施し，日光市観光協会および，商店会である鉢石会の協力を得て，アプリケーションのコンテンツを作成した。なお，日光におけるアプリケーションはBluetooth Low Energy Beacon（BLE Beacon）を使用し屋外Wi-Fi環境に左右されないシス

216

図 7-8　使用 Beacon および設置状況

テムとした。Beacon を国道沿いに約 100m ごとに 25 個設置した（図 7-8 参照）。
修学旅行生は，アプリケーションをインストールし，東照宮に向かう道すがら
Beacon に近づくと音声・バイブレーションとともに地域の情報やクイズが受
信できる仕組みである（Ito et al., 2016）。
　これは地域と修学旅行生，観光客を結ぶアプリケーションである。図 7-9 に

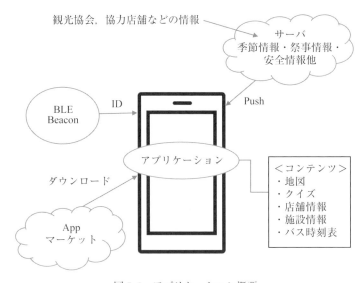

図 7-9　アプリケーション概要

アプリケーションの概要を示す。

図7-10はシステム構成である。BLE Beaconは，接続要求のないアドバタイジングを利用した一方向通信（Broadcast）を利用して実現した。

図7-11に記載したように，一般観光客と修学旅行生で共通して使用できる

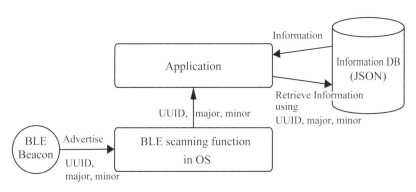

（出所）Ito, Hatano et al.（2015），"A trial of navigation system using BLE beacon for sightseeing in traditional area of Nikko"

図7-10　BLEビーコンを使用したソフトウエアデザイン

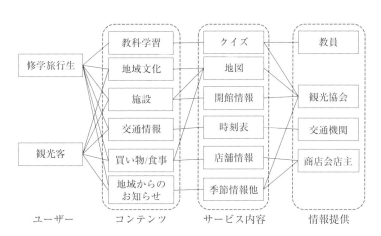

（出所）Hiramatsu, Sato, Ito et al.（2016），"A Service Model using Bluetooth Low Energy Beacons — To Provide Tourism Information of Traditional Cultural Sites —" より改変

図7-11　日光におけるアプリケーションのコンテンツ展開

コンテンツは多い。

3-4-2　日光におけるクイズアプリ機能使用後の記憶調査

　日光におけるアプリケーション使用調査は 2015 年 9 月に行った。加えて 10 月，11 月に事後調査を実施した。JR 日光駅から神橋付近までを開発アプリ（図 7-12 参照）を使用し観光した 23 名，このアプリケーションを使用せずに観光した 5 名，計 28 名の結果を事前事後，1 カ月後のヒートマップ作成，2 カ月後

図 7-12　アプリケーション画面の一部（クイズコンテンツは「日光仮面」）

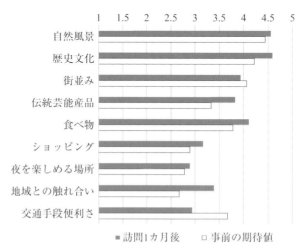

図 7-13　アプリケーション使用前後の日光観光地評価（5 段階）

アプリ評価や日光の観光評価アンケートなどを通して調査した。

　日光観光直前および 1 カ月後におけるアプリケーション使用被験者（n = 23）の日光観光地評価（5 段階リッカートスケール）を図 7-13 に示す。

　事前の期待値と比較すると 1 カ月後には歴史文化評価が一番高くなっており，地域との触れ合いは事前と比較すると評価が向上している。アプリケーション使用の 23 名のアンケート回答に関して成分分析を実施したところ，表 7-2 のような結果となった。第 1 クラスターは全体の印象，デザイン，操作性などアプリケーション自体の完成度を重視した被験者，第 2 クラスターはデザイン，文字の大きさ，色，表現言葉などの全体の印象より個々の要素インパクトを評価，第 3 クラスターは文字の大きさ，地図の見やすさなどの「わかりやすさ」およびそこに示される地図，クイズなどアプリの内容を求めた被験者である。各クラスターの人数は，第 1 クラスターから順に 7, 7, 4 人であった。表 7-3 は各クラスターの事前と 2 カ月後の調査結果である。表 7-4 はその差分である。第 1，第 2 クラスターに関しては印象が好転する項目が少なかったが，一方で第 3 クラスターは 2 カ月経過後にもかかわらず特に歴史文化と体験型観光の評価が向上した。クイズを体験し高く評価した被験者は事前には歴史文化への注目度は 3.50/5.00 と低かったが，2 カ月後は 4.75/5.00 という評価に転じた。

　標本数の少なさもあり，補足調査としてヒートマップ作成（1 カ月後）も並

表 7-2　1 カ月後評価の成分分析

	成分			
	1	2	3	因子抽出後の共通性
全体の印象	0.87	− 0.09	− 0.01	0.77
画面のデザイン	0.73	0.45	0.08	0.73
操作性	0.78	0.01	0.45	0.80
文字の大きさ	0.38	0.29	0.70	0.72
音	0.04	0.51	0.71	0.77
色	0.53	0.72	0.08	0.81
表現言葉	0.23	0.76	0.16	0.66
クイズの内容	− 0.19	− 0.63	0.06	0.44
地図の見やすさ	− 0.01	− 0.43	0.81	0.83

（出所）増田，佐藤，平松（2016）「Zeigarnik effect を利用した記憶に残る情報提供技術の提案―学習効果を中心に―」より一部改変（表 7-2〜7-4）

表 7-3　クラスターごとの事前および 2 カ月後の日光観光評価

	事前			事後（2 カ月後）		
	1	2	3	1	2	3
自然風景	5.00	5.00	3.75	4.43	4.83	4.50
歴史文化	4.29	4.71	3.25	4.43	4.80	4.75
町並み	4.43	4.29	4.50	4.00	3.83	4.00
温泉	4.14	3.71	3.50	3.57	3.50	3.25
伝統芸能 特産品	3.86	4.00	3.75	3.71	3.83	4.00
食べ物	4.71	4.43	4.25	3.71	3.83	4.75
体験型観光	3.43	3.57	2.50	3.00	2.83	3.75
ショッピング	4.14	3.14	3.50	3.71	3.17	3.75
夜を楽しめる場所	3.71	3.00	4.50	3.00	2.67	3.00
地域とのふれあい	2.83	3.29	3.00	3.71	3.33	3.00
宿泊予約のしやすさ	4.00	3.29	3.75	3.00	3.17	3.50
宿泊施設の質価格	4.57	3.71	5.00	3.00	3.17	3.5
交通手段 便利さ	4.71	4.43	4.5	3.29	3.5	1.75
物価	4.14	3.57	3.75	3.00	3.83	3.25

表 7-4　差分（事後―事前）

	1	2	3
自然風景	− 0.57	− 0.17	0.75
歴史文化	0.14	0.09	1.50
町並み	− 0.43	− 0.46	− 0.50
温泉	− 0.57	− 0.21	− 0.25
伝統芸能 特産品	− 0.15	− 0.17	0.25
食べ物	− 1.00	− 0.60	0.50
体験型観光	− 0.43	− 0.74	1.25
ショッピング	− 0.43	0.03	0.25
夜を楽しめる場所	− 0.71	− 0.33	− 1.50
地域とのふれあい	0.88	0.04	0.00
宿泊予約のしやすさ	− 1.00	− 0.12	− 0.25
宿泊施設の質価格	− 1.57	− 0.54	− 1.50
交通手段 便利さ	− 1.42	− 0.93	− 2.75
物価	− 1.14	0.26	− 0.50

行して実施した。被験者はアプリケーション使用者の中の 21 名と一般的な学生被験者 20 名である。グレースケールではわかりにくいが，図 7-14 の 2 つを比較するとそれぞれ右側部分の相違に気がつく。アプリケーション使用者のヒートマップは円を描くように色が変わっているが，これは円の中心に向かってオレンジから赤という高い注目度を示している部分である。注目点は図 7-15 の

図 7-14　ヒートマップ：開発アプリケーション使用者 21 名（左）と
アプリケーション非使用者 20 名（右）

図 7-15　アプリケーションに実装した上記箇所に該当するクイズ

出題箇所と一致する。一方，図 7-14 の右のアプリケーション非使用者にはそ
のような注目点は現れない（グレースケールでは右の図の中央が濃いが，これは青
でゼロではないが低い注目度）。このように 1 カ月後でもクイズ機能使用者は出題
対象箇所に着目した。

　この学内実証の他，研究会の企業協力の下，実際に私立高校 1 校においては
海外旅行の際の実証実験も実施できた。

3-5　学外利用およびゲーム活用

　学習におけるクイズ利用としては校外学習以外にも，学校外の情報機器の活

用として，株式会社サンゼ開発のゲームアプリ「Fevordio®（フィヴォルディオ）」[8]
を使用した実証を日本国内およびスリランカにおいて実施した。対戦型の学習
アプリケーションで，互いに問題を出し合い正解率を競う。日本国内での実証
は 2018 年 11 月に南大沢でのイベント時に，スリランカと日本との対戦は同年
12 月に実施した。実施児童にこのゲームは好評であったが，それ以外に"naches"
が見られた点が特筆に値する。会場では，子どもは横並びに着座し，カードバ
トルを行った。解答できない相手に，対戦相手の年長の子が横から教えるとい
う光景があった。初対面でもゲームを通じてコミュニケーションをとっていた。
「ナッチ"naches"」に関して，ジェーン・マクニガルは「これはイディッシュ
語で，自分が教えたり指導したりした人が成功したときに感じる，はじけるよ
うな誇りを表す言葉である」（McGonigal, 2011）と説明している。向社会的感情
である。プレイヤーはゲーム中，相手にアドバイスや励ましを与えることで，
一種の代理的な誇りを感じることがある。ポール・エクマンもこのような状況
について「誰かの成功に貢献することが奨励され，関係者全員が利益を得る支
援のネットワークから成果が生まれる」（Ekman et al., 2003）と述べている。スリ
ランカと日本での算数対戦も問題なく実施でき，児童は相手国に興味を持つこ
ともできた。実際の場所と情報機器の画面をつなげるだけでなく，対戦ゲーム
という相手を持つ仕組みを使用することでも，児童が機器の先を体験する可能
性が見られた。

4. 大学における情報リテラシー教育

4-1 実施授業概要

大学 1 年次対応の入門 ICT 演習という半期 2 単位の授業が，中央大学経済
学部には設定されている。筆者は授業では世界銀行のサブサハラアフリカの
Excel データを利用するが，授業中には特にサブサハラアフリカに関しての講
義はしない。インターネットを通じた資料活用を促し，引用は通常のレポート

---

8) 株式会社サンゼ e-Learning システム（Fevordio Engine）https://www.sanze.co.jp/service/
e-learning システム（fevordio-engine）/

とは異なり，1/2 以下であれば容認する。引用と自分たちの文章の区別のない
ものは認めない。書式の整え方等論文の文章作法や，Excel を使用した統計の
初歩，プレゼンテーションの際の構成を学び，クラス内で発表・録画し，相互
評価を実施するまでに 2 カ月半をかける。

4-2　どこでもドア課題

　この授業後，「もしもどこでもドアがあったら……」という課題に関して各
自がホワイトボードに，自由に思いつくことを書いていく（図 7-16 参照）。

　毎年受講生は楽しく書き始め，授業課題であり ICT とどうかかわるのかと
訝しみだし，「どこでもドア」は夢のドアではないという記載で落ち着く。

　この課題は情報セキュリティの授業導入である。物理的にはあのピンクのド
アはないとしても PC を使用しインターネットを通じて多くのことが画面上で
可能である，あるいは可能性が高い。そこで，「みなさんは既にどこでもドア
がある社会に住んでいます。」という話から情報セキュリティの話を始める。
情報の扱いに関しては慎重さを求められることは承知でも，日々の生活の中で
なんとなく問題なく使えているように思っている学生が多く，改めて考え直す

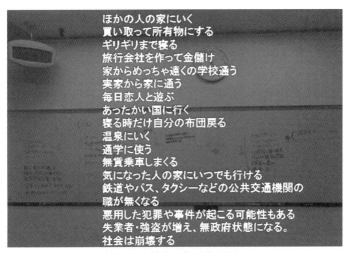

図 7-16　学生の書き込みより

には工夫が要る。

　そして情報セキュリティの講義後，どこでもドアに戻ってもう一度書き込みを確認し，受講生の認識を問う。遠方では「イギリスの王室に行く」「宇宙に行く」というような記載はあっても，2カ月以上を費やして，サブサハラアフリカのレポートを作成し書き込みの直前に発表したのに，「もしもどこでもドアがあったら……」に対して，サブサハラアフリカに行くという学生は今のところ皆無である。プレゼンテーションの内容にはサブサハラアフリカの今後に関して課題の大きさに触れつつも期待を持つものが多い。日本のかかわりの少なさを指摘する班もある。観光素材を探し，観光企画を発表する班もある。注目すべき地域，あるいは今後注目したいと主張するにもかかわらず，誰も行きたいといわない。これはどういうことなのかと，学生に聞くと実は本人たちもハッとした様子をする。ちょうど小学校の実証時にプロフの授業の際の騙された児童と同じような表情である。

　情報リテラシーとは「（狭義の操作能力に加えて）情報を取り扱ううえでの理解，さらには情報および情報手段を主体的に選択し，収集活用するための能力と意欲まで加えて定義する場合（広義）がある。」[9]とした場合，この広義の情報リテラシーの育成には，利活用の際の使用者の主体的な意欲が不可欠である。インターネットもなくコピー機すら整っていない100年前と比較して，今日の社会における情報収集は格段に容易になったが，成果として同じ識字可能な作品ができたとしても，その文字は理解や思考の結果とはいい切れない。特段新しいことではないが，大学で学び始める時期に情報の利活用に関して自己の振る舞いを振り返り学生に再確認を促す。リテラシー（literacy）は「〚名〛①読み書きの能力。識字能力。②特定分野の知識や，それを活用する能力。」[10]と辞書にも記載されている。文字として読み書きできる対象で，学生自身理解してい

　9）　総務省『平成10年版通信白書』（1998），第1章3節1情報リテラシー　https://www.soumu.go.jp/johotsusintokei/whitepaper/ja/h10/html/98wp1-3-1.html
10）　『明鏡国語辞典』第三版（2020），6437ページ，リテラシー［literacy］　https://sakura-paris.org/dict/明鏡国語辞典/content/6437_1580

るつもりであっても，しかし，それを認識し活用するには遠いこともある。

5.　おわりに——情報化社会に生きるために

　小学校における実証時，保護者からインターネット使用の危険性に関して事前に聞いている児童たちもあった。しかし，それを具体的に理解できているというわけではなかった。ただし，1 人でもそれを指摘する者が入ると気づく。Scaffolding，足場掛けをする者がいれば，他の児童も引き上げられる。レフ・ヴィゴッキー（Lev Vygotsky）によるところの最近発達領域（Zone of Proximal Development），成熟と学習の相互依存的関係を表すモデル（Wertsch, 1984）として考えられ，問題解決場面において子どもが独力で解決可能な現時点の発達水準の他に，大人や有能な仲間の援助の下で可能となるより高度なレベル（潜在的な発達可能水準）を仮定し，この 2 つのレベルに囲まれた範囲の学びの要素を考える手法がある（皆川，2013，Kurt, 2020）。その一端が実証時にも見られた。携帯端末使用を通じてこの空間をどう作るのかという課題を小学校では検討した。心理学的には具体的操作期にある児童に対して情報化社会に生きるための教育を行うなら，可視化し，具体的に学習させることが必要であることを確認した。

　これは小学生にだけいえることではない。大学生は本当に情報化社会の中で対象を意識し，コミュニケーションを取れているのだろうか。不安材料が多い。そして，学生はそのことを自覚していない。気づくための材料が入門 ICT 演習と「どこでもドア」の話である。今日，個人の嗜好に合わせた情報配信がなされる中，世代が離れた教員と学生だけでなく，ときに学生の間でも共有できる素材を探すことは難しい。どこでもドアはそんな中で共通に扱える素材である。

　インターネット上の山のような情報をピックアップしながらそれは自分のものとなっているのか。飛び交う知識の下に人がいることはどうやったら感じられるのか。アメリカの NRC（National Research Council）の IT リテラシーに関する委員会による報告「Being Fluent with Information Technology」（NRC, 1999）の

中では，高等教育における情報教育は Intellectual capabilities，Information technology concepts，Information technology skills の 3 つに区分されているが，それらの土台となる認識は育っているのだろうか。「情報モラルに関する知識を有していたとしても，その知識を行動として具現化しようとする意図が形成されなければ，実効的な意味で知識を習得したとは言い難い」（田中他，2016）という指摘と研究結果がある。

　2009 年小学生だった学生は 10 年を経て情報化社会の中でどのように成熟したのか。あるいは変わっていないのか。膨大な情報の中で共感し自分の中に取り入れているものは何なのか。情報化社会というが，自己の情報は外に漏らさない。社会では機密性は重んじられ，情報の流出に関しては各種法律や規制を作成，基準に沿って仕事が進む。情報を記録する文化が推進する中ではこれはやむを得ない。しかし子どもに大人の状況が自然には伝えらないだけではなく，大人の中の情報も限られた分野しか共有されない。ある一定部分のみは詳しくとも，広い見識を備えるということが難しくなっている。その結果，今まで蓄積されてきた各種の文化は必ずしもバランスよく伝わらない。漏れ出てくる曖昧な部分を切り取ってしまうのではなく，どう見せるのか，どう伝えるか，広がりをどう出せるかは ICT（Information and Communication Technology）そのものにとっても課題である。

　この「広がり」は従来の研究でいうところの「間」に近いと筆者は考えている。日本文化の真髄を「間」に見る研究があり（剣持，1978），前出のエドワード・ホールも「日本では空間が知覚され，名付けられ「間」すなわち介在する間隔として尊敬されている」と述べている。多くの情報が削ぎ取られるように流れる状況で，対象の周辺を慮り思いやる姿勢は育ちにくい。リテラシーの基本となる自分以外の人の存在を実感し尊重することをどう培っていくのか。進歩する技術の獲得と利活用のためには，自分に降り注がれる情報を浴びるだけでなく，まずそれら自分以外のものを認め理解しようという意思を持つことが必要であろう。他者あるいは，他者のいる空間をどう受け止め認めるのかという古典的な課題は健在どころかますます重要になってくる。

謝辞　共同研究者である経済学部伊藤篤教授，日光に展開したアプリケーション実装
　　　に関しては佐々木陽講師，研究会主催をしてくださった佐藤文博先生に謝意を表
　　　す。また，小学校における実証当時の上壱分方小学校の島田文江先生はじめご担
　　　当くださった諸先生に，そして公益財団法人全国修学旅行研究協会，KDDI 株式
　　　会社，株式会社 SANZE，近畿日本ツーリスト株式会社，オリンパス株式会社，
　　　株式会社協和エクシオ（現エクシオグループ），小学館集英社プロダクションを
　　　はじめとする「楽しい修学旅行研究会」M-learning 分科会の皆様，一般社団法人
　　　日光市観光協会，調査に加わった宇都宮大学工学部および中央大学経済学部の学
　　　生諸氏の協力に深く謝意を表す。
　　　　なお，日光における調査研究は総務省戦略的情報通信研究開発推進事業
　　　（SCOPE）：地域 ICT 振興型研究開発，および科研費基盤研究（B）・課題番号
　　　17H02249，基盤研究（C）18K11849 の助成を受けて実施された。

参 考 文 献

岩田純一・吉田直子・山上雅子・岡本夏木（1992）『発達心理学』（有斐閣 S シリーズ），
　　41-42 ページ

剣持武彦（1978）『「間」の日本文化』講談社現代新書

田中孝治・園田未来・池田満・堀雅洋（2016）「情報モラル行動における知識と行
　　動の不一致に関する心理実験的検討」（『2016 年日本教育工学会論文誌 40 巻 3
　　号』）153-164 ページ

デューイ，ジョン著，宮原誠一訳（1957）『学校と社会』，岩波文庫，25 ページ

ピアジェ，ジャン・イネルメ，ベルベル著，波多野完治・須賀哲夫・周郷博訳（1969）
　　『新しい児童心理学』白水社

平松裕子（2014）「SNS を活用した国語（短歌）の授業」（『教育と医学』No. 728 特
　　集子どもと SNS），慶應義塾大学出版，73-81 ページ

平松裕子（2015）「小学校での情報リテラシー教育における SNS の活用―経緯と事
　　例―」，（『電子情報通信学会通信ソサイエティマガジン』2015 秋号 No. 34）88-
　　94 ページ

平松裕子（2019）「日光の言語景観とインバウンド観光客のインタラクション―文
　　化と伝統を超えて―」2019 年度日本認知科学会第 36 回大会，1042-1046 ペー
　　ジ

平松裕子・伊藤篤・佐藤文博（2010）「初等教育のツールとしての携帯端末使用の
　　可能性」（情報コミュニケーション学会第 7 回全国大会発表論文集），東京，2-
　　5 ページ

平松裕子・伊藤篤・徳増智子・島田文江・佐藤文博（2010）「初等教育における携帯
　　リテラシー教育」（『コンピュータ＆エデュケーション』，Vol. 29），76-79 ページ

ホール，エドワード著，日高敏隆・佐藤信行訳（1970）『かくれた次元』みすず書房，
　　62，118，209 ページ

増田孝男・佐藤文博・平松裕子・伊藤篤・佐々木陽（2016）「Zeigarnik effect を利用
　　した記憶に残る情報提供技術の提案―学習効果を中心に―」2016 年度日本認知

228

科学会第 33 回大会，267-275 ページ

皆川直凡（2013）「子どもの最近接発達領域を考慮した教育事例の収集と分類」（『鳴門教育大学学校教育研究紀要』第 28 号）139 ページ

Bruner, J. S., D. Wood and G. Ross (1976), "The Role of Tutoring in Problem Solving", *Journal of Child Psychology and Psychiatry*, Vol. 17, No. 2, pp. 89-100

Gelman, R. and C. R. Gallistel (1978), The Child's understanding of number: Harvard Press.

Hiramatsu, Y. and A. Ito et al. (2014), "Development of the Learning System for Outdoor Study Using Zeigarnik Effect," HCI 22 June 2014 International LCT 2014: Learning and Collaboration Technologies. Technology-Rich Environments for Learning and Collaboration, pp. 127-137

Hiramatsu, Y., F. Sato, A. Ito et al. (2016), "A Service Model using Bluetooth Low Energy Beacons — To Provide Tourism Information of Traditional Cultural Sites — ", SERVICE COMPUTATION: The Eighth International Conferences on Advanced Service Computing, pp. 14-19

Ito, A., Y. Hiramatsu, H. Hatano et al. (2016), "Navigation system for sightseeing using BLE beacons in a historic area", IEEE 14th International Symposium on Applied Machine Intelligence and Informatics (SAMI), pp. 171-176

Ito, A. and H. Hatano et al. (2015), "A trial of navigation system using BLE beacon for sightseeing in traditional area of Nikko", 2015 IEEE International Conference on Vehicular Electronics and Safety (ICVES), pp. 170-175

Kilpatrick, F. P. (1961), *Explorations in Transactional Psychology*, New York: New York University Press

Lissman, H. W. (1963), "Electric Location by Fishes," *Scientific American*, Vol. 208. No. 3, pp. 50-59

McGonigal, J. (2011), Reality is Broken: Why Games Make Us Better and How They Can Change the World: Penguin Books, p. 87

National Academy of Sciences National Research Council [NCR] (1999), "Being Fluent with Information Technology", *Computer Science and Telecommunications Board.*: NATIONAL ACADEMY PRESS Washington, D.C, p. 16

Paul Ekman, Emotion Revealed (2003), *Recognizing Face and Feelings to improve Communication and Emotional Life*, New York: Times Books, p. 197

Kurt, S. (2020.8 Last Updated), "Vygotsky's Zone of Proximal Development and Scaffolding", Educational Technology, https://educationaltechnology.net/vygotskys-zone-of-proximal-development-and-scaffolding/

Weiner, I. and Irving, B. (2010), "Zeigarnik Effect", Craighead, W. Edward. *The Corsini Encyclopedia of Psychology* (4th ed.): John Wiley & Sons. pp. 1873-1874

Wertseh, J. V. (1984), The Zone of Proximal Development: some conceptual issuei, in B. Rogoff and J. V. Wertsch (eds.) *Children's Learning in the 'Zone of Proximal Development'*, SanFrancisco, Calif: Jossey Bass

Zeigarnik, B. V. (1967), "On finished and unfinished tasks", In W. D. Ellis (ed.), *A sourcebook of Gestalt psychology*, New York: Humanities Press

第 8 章

日米の大学教育の比較と，日本の大学教育への提言

榊 原 英 資

1. はじめに——高校時代

1-1　高校生のときのアメリカ留学

　筆者は高校時代，アメリカン・フィールド・サービス（AFS）の留学制度によって，ペンシルバニア州，ヨーク市のヨーク市立高校に留学した。1958 年〜1959 年のことだった。当時はまだ 1 ドル 360 円の固定レート制で，しかも，米ドルなどの外貨が貴重だったので，外貨は持ち出せず，自由に海外渡航ができる時代ではなかった。ただ，海外での生活が保証されていれば外貨を持ち出さずに済むので，渡航ができたという訳だ。確か，5 万円分（当時のレートで140US ドル弱）だけは持ち出せて，空港での食事やコーヒー等に使った記憶がある。

　ヨーク市ではジェームス・アンダーソン家にお世話になり，同年代のジム・アンダーソンとともにヨーク高校に通っていた。当時，ヨーク高校にはフィンランドからリアナ・アーニョさんが筆者とともに留学生として訪れていた。町中の人たちから献金を募り，留学生を呼び込んだこともあり，町中の人たちが留学生 2 人を知っていて，街では良く見知らぬ人たちから挨拶をされたものだった。町全体のお客さんということだったのだろう。

　日本では英語の成績は良かったのだが，流石に最初の 2〜3 カ月は会話に苦

労した。しかし，3カ月もすると慣れてきて，あまり問題にならないようになった。若さ故なのか，英語の習得にそれ程の時間を要しなかった。また，日本に比べて，アメリカの高校生がませていることには驚かされた。ダンス・パーティー等もしばしばあり，高校生でもほとんどの学生にパートナー（2人一組になるときの相手）がいた。筆者も他の学生のように努力して，ガールフレンドを見つけることができた。ただ，帰国直前に振られてしまった。彼女にしてみれば，次のボーイフレンドをつくっておく必要があったのだろう。

　留学1年の終わる直前，AFSの留学生全員をバス旅行で全米を回らせてもらった。日本人だけではなく，ヨーロッパなどからの留学生も多く，楽しい旅行だった。それぞれの地域にホストファミリーがいて，我々を歓迎してくれ，宿泊までさせてくれた。ミルウォーキーではビアーズさん家族の自宅に泊めてもらった。ミルウォーキーはビールの本場で，ミルウォーキーでビアーズとは，まさに町の代表のような名前だった。ビアーズさんは留学生に気を使ってくれて，ミルウォーキー・ブルワーズ（ミルウォーキーに本拠地を置くメジャーリーグのプロ野球チーム）の野球の試合観戦に連れて行ってくれた。アメリカで見た初めての野球の試合だった。この1年間のアメリカ生活はそこそこ楽しいものだった。

　アメリカからの帰国は氷川丸だった。氷川丸の最後から2番目の就航だったそうだ。女子生徒は飛行機で帰国し，男子生徒だけが船で帰ることになった。楽しい航海だったが，三等船客だったので，狭い部屋に4人ベッドで寝かされ，甲板も使用できるところが限られていた。今度，船旅をするときは一等船客で豪華に楽しんでみたいと思ったものだったが，そこは若い高校生だから，結構エンジョイした船旅だった。

1-2　AFS の仲間達

　当時，筆者と同時期にAFSの制度で留学したのは50人前後だった。高校生の時期のアメリカでの体験は，その後の人生に多大な影響を与える経験であった。この1年を含め合計9年，アメリカで暮らすことになっていく。ミシガン

大学大学院留学 3 年間，IMF での勤務 4 年間，そして，ハーバード大学准教授として，日本経済論を講義した 1 年間である。

　AFS で留学した多くの人たちもその後，アメリカに再び留学している人たちが少なくない。例えば，ほぼ同時期に留学した川口順子さんはイエール大学大学院に留学し，経済学修士号を取得している。世界銀行でのエコノミストの勤務等，アメリカでの生活が長い。環境大臣，外務大臣等を歴任しており，1990 年にはアメリカ合衆国日本国大使館の公使になっている。

　秋場忠利さんも AFS 仲間の 1 人だ。後にマサチューセッツ工科大学（MIT）を卒業し，ニューヨーク州立大学講師，タフツ大学数学科准教授（1976〜88 年）等を務め，後に広島市長を 3 期務めている。

　第 1 次安倍内閣で内閣官房長官，第 2 次安倍内閣で厚生労働大臣を務めた塩崎恭久さんも AFS で留学した後，1982 年にはハーバード大学大学院（ケネディースクール）を修了し，行政学修士号を取得している。2021 年に長男，塩崎彰久さんに議席を譲り，引退しているが，アメリカとの縁の深かった人だ。

　最近新型コロナウイルス感染などでしばしば登場する尾身茂さん（新型コロナウイルス感染症対策専門家会議の副座長）も AFS での留学生の 1 人。ニューヨーク州セントローレンス郡ポツダム町の高校に通っていた。1999 年には世界保健機関（WHO）の亜太平洋地域事務局の第 5 代事務局長に就任している。2014 年からは「アジア・アフリカ感染会議」の議長も務めている。

　歌手でシンガーソングライターの竹内まりやさんも AFS 留学生。米国イリノイ州のロックフォールズのロックフォールズ高校に 1 年通っている。1970 年代から歌手活動を始め，2020 年 1 月発売の「いのちの歌」（スペシャル・エディション）は 2020 年 1 月 13 日付けオリコン週間ランキングで第 1 位を獲得している。64 歳 10 カ月での 1 位獲得は歴代最年長記録となっている。

　外務省で駐カザフスタン特命全権大使や駐ハンガリー特命全権大使を務めた伊藤哲雄さんも AFS 留学生。ミネソタ州のエヴェレス高校を卒業している。AFS での留学後，1970 年代に再び渡米して，1976 年にはジョージタウン大学大学院を修了し，ソ連研究で修士号を取得している。同期には駐イタリア大使

を務めた河野雅治さん，駐インドネシア大使を務めた塩尻孝二郎さん等がいる。

AFS留学生として，逆に日本に来日したのがロバート・フェルドマンさん。名古屋市の南山高等学校で学んでいる。イエール大学を経て，マサチューセッツ工科大学（MIT）で経済学修士号を取得，日本銀行での研究業務，IMF勤務を経て，ソロモン・ブラザーズ証券で首席エコノミストを務めている。2009年にはモルガン・スタンレーMUFGで日本担当チーフアナリストおよび経済部長を務めた。

現欧州中央銀行（ECB）総裁（前IMF専務理事）クリスティーヌ・ラガルドさんもAFSプログラムの参加生の1人。10代の頃はアーティスティック・スイミングの選手だったという。パリ第10大学を卒業後，グランゼコールの1つであるエクス＝アン＝プロバンス政治学院を卒業している。2006年にはアメリカの経済紙「フォーブス」が取り上げた世界最強の女性30人の1人に選出されている。

牧師の中川健一さんもAFSの学生の1人。カルフォルニア州アナハイム高校に留学している。一橋大学法学部を卒業後，アメリカのイリノイ州ディアフィールドにあるトリニティ神学校を卒業し，牧会学修士号を取得している。牧会学は主にプロテスタント協会の牧会を扱う実践神学の一部門。1979年，町田クリスチャンセンターを設立し，東京都町田市で伝道に従事。ユダヤ人伝道協議会（LCJE）日本支部支部長も務めている。

2. 再びアメリカへ——ミシガン大学大学院への留学

1965年，筆者は大蔵省（現財務省）へ入省したが，入省2年目から再びアメリカに留学することになった。アメリカの大学は学費が高額なので，奨学金を貰える大学を探したのだが，いくら東京大学卒業，大蔵省入省だといってもいきなり日本人学生に奨学金を与えてくれる学校は少なかった。しかし，幸いなことにピッツバーグ大学で教授をしていた日本人真栄城教授が筆者の経歴を見て奨学金を与えてくれたのだった。ピッツバーグ大学では教授の期待どおり，優秀な成績をおさめることができたこともあって，教授は自らの母校であるミ

シガン大学に推薦してくれた。ピッツバーグ大学の実績もあったので，ミシガン大学では奨学金を容易に貰うことができ，高額な学費を払わずに済んだ。奨学金には条件が付いていて，ティーチングアシスタント（TA・教育助手）を務めることが必要だった。ダニエル・スーツ教授の経済学大学院で教授の補助をすることが仕事だった。スーツ教授は以前にも日本人の教育助手を使ったことがあり，その勤勉さを評価していて，筆者も雇ってくれたのだ。ミシガン大学では博士号を取るべく努力しようとしていたのだが，大蔵省の留学期間は通常2年間。いくら何でも2年では博士号は取れない。博士号を取れば，将来役に立つことがあるからと大蔵省に頼み込んで，何とか3年迄の延長を許可してもらった。しかし，3年で博士号を取るのも極めて難しい。何とかするには勉強するしかなかった。一生のうちであんなに猛勉強したことが無いというくらい打ち込んで勉強した。授業に出た後は図書館にこもって夜遅くまで勉強した。その甲斐あって，2年で博士号資格試験に合格，3年目に博士論文を書くことができた。努力の甲斐があって，博士号を取得することができたばかりか，テーラー賞という最優秀の学生に与えられる賞を貰うことができた。もっとも，賞を貰ったのは2名だったので，1番だったのか，2番目だったのかわからない。あるいは，枠の中でアメリカ人1人と留学生1人ということだったのかもしれない。

　デトロイト郊外のアン・アーバーにあるミシガン大学はアメリカの名門公立大学である。全米大学総合ランキングでは第28位（2018年度），全米州立大学ランキングでは第4位（2018年度）に入っている。特に原子力工学では全米第1位，経済学では全米第12位の評価を受けている。2022年のアメリカ大学ランキングのトップはハーバード大学，これにスタンフォード大学，マサチューセッツ工科大学，イエール大学，デューク大学，ブラウン大学，カルフォルニア工科大学，プリンストン大学，ジョンズホプキンズ大学，ノースウエスタン大学が続いている。ミシガン大学はこのランキングでは24位になっている。因みに，このランキングはウォール・ストリート・ジャーナルとタイムズ・ハイヤー・エデュケーションが共同で作成したものである。州立大学の中では，

カルフォルニア大学バークレー，カルフォルニア大学ロサンジェルス，バージニア大学に次ぐ第 4 位とそこそこ高い評価になっている。

　歴史的にミシガン大学は日本人留学生がかなり多い。1885 年（明治 18 年）にはかつての日本興業銀行総裁の小野英二郎さんが留学し博士号を取っている。明治から昭和にかけて活躍した政治家，粕谷義三さんも 1886 年（明治 19 年）に留学し，法学士の称号を得ている。氏は後に衆議院議長（1923 年（大正 12 年））に就任している。東京大学総長になった外山正一さんも 1873 年（明治 4 年）ミシガン大学に入学している。最近では，日本人として 2 人目の国連事務総長特別代表になった長谷川祐弘さんが 1966 年にミシガン大学政治学部を卒業し，1974 年にワシントン大学で博士号を取得している。また，東京大学教養学部教授を務めた山本吉宣さんも 1968 年にミシガン大学に入学し 1974 年に博士号を取得している。

　ミシガン大学で TA（教育助手）をしながら感じたのは，教育システムが細かい所までしっかり整備されているということだった。生徒たちは，かなり頻繁に質問や捕捉説明を聞くために TA の所に来ていたし，TA の方も，丁寧に対応していた。この TA というシステムは日本でも導入すべきものではないだろうか。大教室での講義の後のフォローアップをしっかりやることは理解を深めるために極めて重要なのではないだろうか。TA 側は細かい所まで対応して教えているのだから，当然学生に対しての評価は厳格だった。当時，アメリカの州立大学でも卒業できるのは 5 割以下になっていた。筆者は 1966 年〜1969 年の 3 年間，ミシガン大学で TA を務めていたが，当時はベトナム戦争の時期（1964 年〜1975 年）で，落第すると，大学生に与えられていた徴兵免除の特権を失い，ベトナム戦争に徴兵される可能性が高かったのだが，それでも教授たちは厳しく対応し，脱落者は少なくなかった。事実，ベトナムに送られると泣きついた学生もいたが，「自己責任」だと，教授たちは動じなかった。誰かが行かなくてはならないのだから，君が行くのもしかたがないということのようだった。

　これに比べると，日本の大学は学生に寛容だ。日本の大学の卒業率（91%）は高い。イギリス 79%，ドイツ 75%，フランス 68%，アメリカ 64% を超えて

世界のナンバーワン（OECD 統計，2013 年）となっている。入学は難しいものの卒業は容易だという訳なのだ。2013 年東大入学者 101 人の内 100 ％が卒業している。北海道大学で 97.1 ％，名古屋大学で 93.1 ％，京都大学で 92.0 ％，慶應義塾大学で 92.0 ％になっている。つまり，一度大学に入れば落第することはほとんどないということなのだ。

　日本の大学生の学習時間は 1 週間で 5 時間以下が 66.8 ％を占め，10 時間以下では 85.2 ％なのだ。日本の大部分の大学生は 1 週間に 10 時間以下しか勉強していない。これに対し，アメリカの大学生は 1 週間に 10 時間以下は 41.3 ％で，16 時間以上が 36.1 ％に上っている。因みに，日本で 16 時間以上勉強する学生は全体の 4.3 ％に過ぎない。ただ，大学受験の影響もあって，高校生の勉強時間は長く，特に高校 3 年になると，1 学期には 1 日で 3.9 時間，夏季休暇中は 1 日 7.9 時間，2 学期には 5.5 時間（駿台予備校アンケート）勉強している。

　日本の高校生の学力レベルは国際的に見て，かなり高い。読解力では 15 位とそれ程高くないものの，OECD 平均をかなり上回っているし，数学的応用力では，中国の一部（北京，上海，蘇州），シンガポール，マカオ，香港，台湾に次いで世界でナンバー6。科学的応用力でも中国の一部，シンガポール，マカオ，エストニアに次いでナンバー5 になっている。中国は一部地域のみだが，大国として数学的応用力も科学的応用力も世界のトップに位置している。この高校生の学力レベルが高い重要な理由の 1 つは，大学受験のための勉強をかなりインテンシブにしているということなのだろう。ただ，問題は大学に入ってからなのだ。さらなる勉学が必要なのだが，前述したように，日本の大学生は勉強時間が短い。入学してしまえば，卒業はそれほど難しくないので勉学に勤しむことなく，アルバイトや運動などに注力しているということのようだ。

　イギリスの高等教育情報雑誌「タイムズ・ハイヤー・エデュケーション」は世界の大学のランク付けを行っているが，それによると，トップはオックスフォード大学（イギリス），これにスタンフォード大学（アメリカ），ハーバード大学（アメリカ），カルフォルニア工科大学（アメリカ），マサチューセッツ工科大学（アメリカ），ケンブリッジ大学（イギリス），カリフォルニア大学バークレー校（ア

メリカ），イエール大学（アメリカ），プリンストン大学（アメリカ），シカゴ大学
（アメリカ）が続いている。日本の東京大学は 36 位，京都大学 54 位で，中国の
清華大学（20 位）や北京大学（23 位）より低くなっている。つまり，日本の大
学は東京大学や京都大学のようなトップ大学でも国際的にはあまり評価されて
いないということなのだ。因みに，筆者が博士号を取得したミシガン大学（ア
ナーバー校）は 24 位にランクインされている。

3. 東京大学での 4 年間

　筆者は 1960 年（昭和 35 年）東京大学に入学した。中学，高校のときの家庭
教師が東京大学フランス文学部卒業だったこともあり，当時の文科 2 類に入学
した。当時は実存主義の全盛期でもあって，サルトルやカミュ，あるいはマル
ロー等を読み込んでいて，フランス文学に傾倒していた。ただ，1960 年はい
わゆる安保闘争の年だった。当時は一般学生もデモに参加することが多く，筆
者もその 1 人として，国会や当時の岸信介首相邸の周辺のデモに加わっていた。
今でも，そのときの記憶はかなり鮮明だ。全学連委員長は唐牛健太郎。6 月 15
日には，彼の指揮する全学連は警官隊と衝突し，東大生の樺美智子さんが死亡
した。筆者もデモ隊の 1 人だったが，警官隊に追われ，四ツ谷駅まで逃げ帰っ
た。6 月 19 日には日米安全保障条約は自然成立し，23 日に発効することになっ
た。デモはその後も続き，6 月 20 日には逮捕された唐牛健太郎さんに代わり，
全学連の中央執行委員だった西部邁さんが指揮をとっていた。西部さんが国会
南門の上に乗り，東大のライトブルーの旗を振っていた光景は今でも鮮明に脳
裏に焼き付いている。

　安保騒動の影響もあって，マルクス経済学を勉強するようになり，次第にフ
ランス文学から経済学へ興味が移っていく。そして，3 年生になって本郷キャ
ンパスに移ったときは，経済学部の小宮隆太郎教授のゼミに入ることになる。
当時，小宮教授はアメリカ留学帰りの若手の経済学者。アメリカ留学時の生活
を描いた『アメリカン・ライフ』(1961 年岩波新書) はベストセラーになっていた。
当時の東大経済学部は大内力教授や大河内一男教授，大塚久雄教授等マルクス

経済学者が多かったが，小宮隆太郎教授や館龍一郎教授等のいわゆる近代経済学者もそこそこの数がいたのだった。

　小宮教授のゼミはかなり厳しく，アメリカ並みにリーディング，アサインメントが課され，ゼミは講義というよりはそれをベースにしたディスカッションから始まることが多かった。ゼミ以外ではあまり勉強をしなかったが，小宮ゼミだけは熱心に勉強していた。小宮教授は，1950年代は通産産業省（現在の経済産業省）に入ることを薦めていたようだが，1960年代入ると，「産業政策の時代から財政・金融政策の時代に変わった」として大蔵省に入ることを薦めるようになった。そんなこともあって，当時の小宮ゼミからはかなりの人たちが大蔵省に入省した。筆者が入省した1960年には，後に事務次官になる薄井信明さん，国税庁長官から公正取引委員会委員長になった竹島一彦さんなどが大蔵省に入省している。

　小宮ゼミの卒業生には優秀な人が多く，元日本銀行総裁の白川方明さん，元大阪府知事の太田房江さん，元日銀副総裁の中曽宏さん等が小宮ゼミの卒業生だ。筆者が入省した当時の大蔵省は小宮ゼミ出身者と法律相談所出身者がかなりの数を占めていた。小宮教授はあるとき，大蔵省の某局長から，「小宮ゼミ出身者にはある特徴がある」といわれたと述べている。「それは何ですか」と聞くと，「理屈を言う」といわれ苦笑したという。教授の理屈っぽい所が生徒にもうつったかと思ったというのだ。いずれにせよ，東大の4年間はそれ程勉強したことはなかったが，小宮ゼミだけは熱心に出席し，予習，復習等をしたものだった。そして，大学卒業生を採用する企業の方も，大学での成績をそれほど重視していない。寧ろ，運動部での活躍や，五月祭等でのリーダーシップ等を重視することが多いようだ。学生の方もかつてのように「銀時計（優等卒業生の俗称）」を目指すよりも，運動部などでの活動に力を入れる人たちが多くなっていく傾向にあった。

　筆者は別に運動部に入部していなかったが，高校生のときアメリカ留学をして身につけた英語力を武器に，外国人観光客のガイドなどに勤しんでいた。学生のアルバイトとしては，極めて実入りのいいサイドビジネスだった。今も昔

も変わらず「日本の大学生はあまり勉強しない」。その例にもれず，筆者もアルバイトに精を出していた。授業もあまり出なかった。生活協同組合に行けば，授業の内容を詳細に記したプリントがあったので，試験のときはそれをベースに勉強したものだ。ただ，英語の授業には出席点がカウントされていて，試験はできたのだが，出席点が悪く，英語の成績は「可」だったので，これが，ミシガン大学大学院に留学するときのネックになった。英語ができない生徒をとる訳にはいかないというのだ。TOEFL の成績などを示しながら何とかなったが，冷や汗の出る思いだった。

　いずれにせよ，筆者を含めて，日本の大学生はあまり勉強をしないのではないだろうか。世界の大学ランキングで日本の大学の評価が低いのも，その点で致し方ないということなのだろう。このような事実関係からも，日本の大学教育を大きく変えていく必要があるのではないだろうか。前述したように，卒業率は91％と世界一高く，東京大学や京都大学が国内的名声にもかかわらず，国際的評価が低いのはこのような背景があるのではないだろうか。

　アメリカやイギリスの名門大学より低いのはともかくとして，北京大学や清華大学よりも低いのは残念なことだといわざるを得ない。総合トップ100でランクインした学校数では，アメリカは38校，イギリスは11校と多いが，アジアでは中国6校，香港4校と日本の2校となっている。世界のトップ100に入っているのは，東京大学と京都大学だけ。しかも，35位と61位となっている。東京大学でも京都大学でも，もっと学生に勉強させて，及第点に達しなければ落第させるということをすべきなのだろう。卒業率91％というのは高すぎる数字だといえる。アメリカの64％ぐらいを念頭に，もっと，宿題も課して，広く文献を読ませるようにしないと，日本の大学生の学力レベルは国際的に見て低い所に留まってしまう恐れがある。あまり勉強をしなかった筆者がいうのはおこがましいかもしれないが，勉強させる仕組み，枠組みを作っていかなければならない。大学に入ればよしという風潮を改めていかなければならないだろう。

4. 教育の国際化

　多くの日本人は中学校から英語を習い，大学卒業まで合計10年間学習をしている。しかし，その割には日本の大学生卒業生の英語能力は高くない。おそらく，英語の教え方に問題があるのだろう。教育の中心は英文和訳，和文英訳だが，英語を日本語にすることによって，あるいは日本を英訳することによって，英語を英語としてではなく，日本語にして理解することによって，結局，英語を英語として学ぶことを妨げてしまっているのだ。英文和訳によって，多くの生徒たちは英語と日本語の間に1対1対応があると誤解し，受験勉強の一環として，それぞれの英語の訳を暗記したりする。しかし，考えてみれば当然のことなのだが，2つの言葉の間に1対1の対応関係はない。

　例えば，「BLUE」は「青」と訳されているが，2つの言葉のニュアンスは大きく異なっている。「BLUE」は憂鬱や孤独などという意味や猥褻などの意味があり，どちらかというと暗い言葉なのだ。それに対し，「青」は明るいイメージ，空や海の色，あるいは青春などと使われている。英語のBLUEとはかなり異なったニュアンスを持っている言葉なのだ。つまり，翻訳は場合によっては，言語の持つ意味を充分に伝えることができないのだ。とすれば，英文を和訳するということはできるだけ避けるべきなのだ。正確にいえば，英文は和文にはなり得ないのだ。言葉はそれぞれの国の文化や伝統を背景に持っている。そして，相手の国の文化や伝統を理解することなく，外国語を正確に理解することはできないのだ。英文和訳は良くない，和文英訳もやめた方がいいということになると，どのように英語を学ぶべきなのだろうか。答えは簡単。できるだけ頻繁に英語を聞き，そして，できるだけ多くの英文を読むことだろう。聞いて，わからなくても和訳はせず，英語の文章をそのまま覚えてしまえばいいのだ。単語を暗記するのではなく，文章を暗記する。できれば，1つのスピーチ，つまり複数のつながった文章を暗記するべきなのだ。

　多くの人たちがそうした方法で英語をうまく学んでいる。例えば，筆者の中国の友人劉明康さんは銀行業務管理委員会の主任を務めた人だが，英語の達人

240

である。彼は毛沢東の文化大革命時代，下放された農村で農作業をしながら，沖縄からの「ボイス・オブ・アメリカ」の英語をラジオで聞いて英語を覚えたといっている。2年，3年もの間，毎日英語を数時間聞き続ければ，確かに，英語をマスターすることができるのだろう。最初は解らなくても，聞いているうちに次第に身についていくという訳なのだ。また，留学もしないで日本に居ながら英語を身につけ，その後アメリカに留学し，カナダで経済学を教えていたTさんは，同じハリウッド映画を5回も6回も繰り返し見ることで，英語を学んだという。昔のハリウッド映画は日本語訳の吹替はなく，字幕で日本語が出てきていた。幼児が日本語を学ぶように，耳から言葉を入れることによって言葉を憶えていく方法である。筆者はアメリカの高校でフランス語を学んだことがあったが，教師は英語を喋らず，終始フランス語を話していた。最初は全くわからなかったが，そのうち，何とか理解できるようになっていた。要するに，言葉は耳から学べということなのだろう。教育の「国際化」とでもいうのだろうか。英語を翻訳せず，英語のまま教えるということが必要なのではないだろうか。日本は明治以降，欧米文化が入って来たときに，翻訳語を作ってしまった。例えば，「Liberty」を自由，「Society」を社会，「Nature」を自然，「Right」を権利，「Reason」を理性等と新しい漢字を当てはめていった。こうして，日本語はもともとの「やまと言葉」，中国から渡来した「漢字」，そして，明治以来の「翻訳語」の三層構造になっていった。具体的に見ると，「よのなか」はもともとの大和言葉，「世間」は中国から移入した言葉，そして，「社会」は翻訳語ということになる。しかし，翻訳語の存在は英語やフランス語を学ぶうえでは，寧ろマイナスになってしまっているといえるのではないだろうか。翻訳せずに，外語語は外国語のまま学ぶべきものなのだ。それこそが語学教育の「国際化」なのだといえる。繰り返しになるが外国語と日本語の1対1対応はない。翻訳語はそれなりのニュアンスは伝えるものの，言語を正確に反映している訳ではない。文化や伝統，そして，歴史が異なる2つの国の言葉を1対1で対応させることなどできないのだ。英語は英語で，フランス語はフランス語で学ぶしかない。そして，同時に相手国の文化や伝統そして歴史を理解して初めて外

国語を理解できるのだと思う。確かに，明治以降，急速に欧米文化を吸収するためには翻訳はプラスになったのかもしれない。しかし，グローバリゼーションがハイピッチに進んできている現在，翻訳は寧ろマイナス要因になっている。

5.　日本の大学教育

5-1　日本の大学の問題点（大学システム）

　もう 10 年以上前のことになるが，2011 年 8 月 22 日，中教審の大学教育部会の金子元久氏が日本の大学教育の問題点として，3 つの問題提起をしている。第 1 には学生の問題点。前述したことでもあるが，日本の学生はあまり勉強をしていない人たちが多い。彼らはアルバイトやサークル活動に忙しく，1 日の学習時間は 1 日の活動時間 8.2 時間のうち，4.6 時間に過ぎない。大学設置基準の想定している学習量 8 時間の半分に過ぎない。第 2 は教員の担当コマ数が多いということ。国立の人文教育系では 8 コマを超えており，ゼミに論文指導，実験実習生で 4.5 コマになっている。数学，物理，工学系では国立大学では 9 コマを担当している。ゼミの論文指導，実験実習で 5.3 コマになっている。こうした負担の結果，国立大学の教員の 1 日当たりの勤務時間は 11 時間を超えている。

　第 3 の問題点として指摘されたのは教育のガバナンスが不在だという点だ。個々の授業は個々の教員に任せられていて，全体としての調整，指導が不足しているという点。また，学生たちからのフィードバックも機能していない。アメリカの大学では，多くの場合，理事会が存在している。例えば，カリフォルニア大学の場合，理事長が 18 名の理事を任命，その他 7 名の理事や副理事などが選任され，1 名の学生代表が加わっている。理事会が学長を選出し，教育プログラムを監督するなどのガバナンスを担当している。それに対して日本の場合，多くのイシューは教授会で決められ，アメリカのように，それをオーバーライドする理事会のような機能が存在しないため，個々の教授の意向で物事が決められ，大学としてのガバナンスが欠如してしまうことになっている。大学の自治という建前の下で日本大学は外部からの介入を排除しようという傾向が

強い。このような観点からアメリカの理事会のような組織が必要なのではないだろうか。

　もう1つ気にかかるのは，日本の大学は学生を「大人」として扱うという建前の下，宿題を割り当てたり，リーディング，アサインメントを要求することが少ないという点だ。確かに，100人を超えることも少なくない授業で，宿題を採点することは大きな労力を要することだ。授業を行っている教授1人で採点し，1人1人にコメントすることは容易ではないことは理解できる。しかし，この点は，例えば，アメリカのようにティーチング・アシスタント（教育助手）を使うことによって解決できる。授業の受講生の数にもよるが，ティーチング・アシスタントを数人かかえる教授も珍しくない。彼らが採点を手伝えば，それぞれの答案にコメントすることができる。日本には，ティーチング・アシスタントのシステムを利用していないケースが多いのだが，大学院の学生や卒業生などを使って教育助手にすることは可能だし，その方が教育の効果が上がることになるのではないだろうか。筆者も，アメリカのミシガン大学で教育助手を務めていたが，生徒がかなり頻繁に質問や追加的説明を求めてやってきていた。授業だけでは十分な理解ができないということは，よくあることなのだ。教育助手のシステムはこの問題を解決するための，極めて有効な手段の1つではないだろうか。

　18歳を超えた学生を「大人」として扱うのが悪いということではない。しかし，「大人」であっても，理解が不十分なことや，授業についての質問や疑問があるのは当然のことなのではないだろうか。丁寧にそうした質問や疑問に答えていくことによって，さらに授業の効率を高めていくことができるだろう。こうした点を解決するために，アメリカのように教育助手を数人置くことが必要なのではないかと思う。筆者が大学生だったのは50年以上も前のことで，その後，大学も大きく変わっているのかもしれないが，授業のフォローアップが無い状況がその頃は存在していた。どちらかというと聞きっぱなしになってしまい，試験のときだけ，授業の内容をプリントしたものを生活協同組合で買って勉強するという状況だった。アメリカのように小グループに分かれて，教育

助手がフォローアップしてくれるシステムを日本にも導入すべきではないだろうか。

　また，日本の大学教授の平均年収は約 1,080 万円，東京大学教授でも，1,197 万円，京都大学教授は 1,096 万円になっている。これに対し，日本の大企業の年間平均給与は三菱商事で 1,632 万円，伊藤忠商事で 1,565 万円，三菱地所で 1,274 万円，三井不動産で 1,274 万円になっている。東京大学教授の給与は三菱商事のそれの 73％ということになっているようだ。給与だけ考えれば，大学教授になるよりは，大企業に就職した方が有利ということなのだ。当然のことなのだろうが，文系男子の卒業生の就職のトップは伊藤忠商事，三菱商事，日本生命保険などの大企業なのだ。たとえ，優秀で大学院に残ることを薦められても，少なくとも，給与の面では大企業に就職した方が生活面では有利ということなのだ。大学院から准教授，そして教授になっても給与は大企業よりかなり低い。

　一方，アメリカの大学教授の給与はかなり高い。ハーバード大学教授は年間約 1,619 万円，イエール大学教授は 1,471 万円，プリンストン大学は 1,580 万円になっている。グーグルの平均年収が 1,500 万円から 1,800 万円，フェイスブックの平均年収は 1,500 万円から 1,700 万円なので，アメリカの名門大学の教授は大企業とほぼ同水準の年間給与を得ているようだ。日本人と比べて，アメリカの大学教授のステータスが高いということなのだろう。日本の水準を上げていくためには，大学教授の給与も大企業並みに上げていく必要があるのかもしれない。給与水準を改善し，教育助手なども数人程度つけて，日本の大学教授のステータスを上げていくことが，大学を改善するために重要なことだといえるのだろう。

5-2　学生の意識改革

　日本の大学生は比較すると勉強時間が少ない。運動部で運動に夢中になり，または，アルバイトに精を出している学生が少なくない。そして，その割には容易に卒業していく。落第する学生はごく少数なのだ。前述したように，名門

244

大学の卒業率は90％以上。入学は難しいが，卒業は容易だということだ。しかも，在学時に勉強に費やす時間が少ないのも前述したとおり。一体，日本の大学はどうなっているのだといいたくもなってしまう。学生が勉強しない最大の理由は，おそらく，教授たちがそれを要求しないからなのだろう。期末に試験はするものの，宿題を課したり，リーディング，アサインメントを要求することはあまりしないのだ。宿題を出して，場合によると，100人以上もいる学生の採点やコメントをすることは面倒だということなのかもしれない。「大人」なのだから，宿題など出さなくても，しっかり勉強してくれるだろうと期待しているのかもしれないが，そうはいかない。学生は落第しない程度に勉強はするものの，後の時間は運動やサークル活動に使って，大学生活を愉しく過ごすことに勤しんでいるという訳なのだ。筆者自身もゼミ以外は東京大学でしっかり勉強したという記憶はない。高校時代のアメリカ留学で習得した英語を使って，実入りのいい，外国人観光客のガイドのアルバイトにかなりの時間を使っていた。それでも，成績は悪くはなかった。トップクラスではなかったが，何とか大蔵省へ入省するだけの成績はとっていた。別に，筆者が特に優秀な訳ではない。大学での試験をパスし，卒業していくのは誰にとっても，そう難しいことではなかったのだ。

　もっとも，中には「銀時計」成績優秀者に対して天皇から与えられる褒賞を目指して必死に勉強する学生も多少いたのは確かだ。最近では理学系研究科博士課程3年の野口亮さんや薬学系研究科博士課程3年の安藤めぐみさんが「東京大学総長賞（銀時計に変わる褒賞制度)」を受けている。また，東京大学首席卒業にはかなり有名人が多い。古い所では岸信介さん，芦田均さん，福田赳夫さん等が，法学部を首席で卒業している。共産党委員長の志位和夫さんは工学部理工学科を，鳩山由紀夫さんは工学部理工学科，舛添要一さんは法学部をそれぞれ首席で卒業している。勉強をしている人はしっかりとしているということだが，一般学生はもっとのんびりと悠々と学生生活を送っていた。

　さて，かつての筆者を含めた一般学生をアメリカ並みに勉強させるのにはどうしたらいいのだろうか。おそらく，日本の在り方を大きく変えていく必要が

あるのだろう。まず，卒業率が 90%以上というのは高すぎる。もっと厳格に学生を評価し，場合によっては落第させることも必要なのだろう。アメリカの4 年制大学の卒業率は 57.2%，2 年制大学のそれは 30.5%，OECD 諸国の卒業率の平均は 38%に過ぎず，イギリス 40%，オランダ 41%，ノルウェー 41%になっている。OECD 諸国平均の 38%に比べると，日本の 90%以上はいかにも高すぎる感がある。もっと，欧米並みに及第点を高めるなど必要ではないだろうか。さらに問題な生徒は退学という厳しいシステムを取り入れるべきではないだろうか。日本の大学は学生を「大人」として扱うという建前の下に，学生に甘すぎるといえるのだろう。必要があれば，落第をさせ，落第を繰り返す学生は退学処分とすべきだ。ゼミでの教育はしっかりできているケースが多いが，一般授業による教育はフォローアップが無く，喋りっぱなし，聴きっぱなしという状況を作り出している。しかし，日本の中等教育レベル（中学校と高等学校）の学力は高く，OECD が 15 歳の子供たちを対象に行った 2000 年～2015 年にわたった「学習到達度調査（PISA）」によると，科学のリテラシーでは世界で 2 位，数学のリテラシー 5 位，語学力では 8 位となっている。問題は大学教育そのものにある。勉強をしない大学生に対し，厳しい対応をしない大学教授たち，トップ大学の東京大学といえども，国際的評価が低いのは当然のことなのかもしれない。

6.　おわりに――日本の大学教育の見直し

　日本の大学を変えていくために必要なのは，まず，次のことを実現することではないだろうか。第 1 に英語教育を徹底し，授業の相当部分を英語で行うこと。例えば，中国の清華大学では既に授業の 2 割程度を英語で行っている。そのためには，教授陣のかなりの部分を外国人にする必要がある。世界のトップレベルの学者を国籍に関係なく招いているアメリカの大学を見習うべきだろう。留学生も大量に増加し，キャンパスそのものを国際化する必要がある。この環境を整えるために，大学あるいは政府が奨学金制度を充実していく必要がある。筆者は 3 年間アメリカの大学に留学していたが，1 年目はフルブライト奨学金，

2年目以降は大学から奨学金を受けていた。日本では奨学金というと貧しい家庭への補助という側面が未だ強いようなのだが、奨学金全体の額を増やすことによって、所得制限を無くして行くべきだろう。教育にはかなりの費用が必要だ。少数の富裕層は別にして、中産階級以下の人たちにとって奨学金は有難いものだ。日本をリードしていけるような人材を育てていくために、奨学金の額を大幅に増加すべきだろう。多くの大学生が授業料のためにアルバイトをしている状況はできるだけ早く解決すべきだ。勉学に専念できるようにすべきなのだ。勿論、その奨学金で遊ばれてはどうしようもないが、厳しい試験と成績などのフォローアップをしっかりしていくべきだろう。また、奨学金制度は現在のような貸与ではなく、贈与にすべきと思う。アメリカでの奨学金の多くは返却しなくてもいいことになっている。まじめに勉強している限り、贈与で全く問題は無いのではないだろうか。

　そして、おそらく最も重要なのは、確固たるガバナンスのシステムを確立していくことだ。日本の多くの大学では教授会が事実上の最終的決定機関になっていることが多いが、教授たちは既得権益を持っている人たちで、大きな改革やシステムの大変革を望まない場合が多い。教授会の「保守性」を克服するためには、教授会の上にアメリカの大学のように「理事会」を作って、そこにガバナンスに関する権限を集中する必要があるのだろう。日本にも私立大学には理事会と評議会があるが、日本大学スキャンダルにも見られるように、理事会システムがうまく機能しているとはいいがたい状況がある。一方、アメリカの場合、理事会に監督権限が集中され、大学の経営を任されている学長を選任・罷免の権利を持っている。ローレンス・サマーズがその問題発言をきっかけにハーバード大学学長を辞任したときも、最終的には理事会がこれを承認するというプロセスがあった。

　アメリカの大学では、多くの教授が任期付き契約で、テニュア（終身雇用契約）を持っている教授はそれほど多くない。そして、かなりの教授は任期が切れると退職していく。教授の入れ替えが、システムとして確立されているということなのだ。勿論、優秀な教授たちはテニュアをとってかなり高齢まで授業を続

けている。例えば，ノーベル経済学賞を受賞したポール・サミュエルソン（1970年）は 94 歳で亡くなる直前まで，マサチューセッツ工科大学（MIT）で講義をしていたという。当時は MIT の最も華やかだった時期，ロバート・ソロー（サミュエルソンと同期，ノーベル経済学賞を 1987 年に受賞している），フランコ・モディリアニなどが MIT の教授を務めている。ノーベル経済学賞を受賞したジェームス・トービン（1981 年）はシカゴ大学，エール大学で教え，ジョン・F. ケネディ大統領の下で大統領経済諮問委員会委員を務めている。2001 年にノーベル経済学賞を受賞したジョセフ・スティグリッツ教授は 1995〜97 年に大統領経済諮問委員会委員長となり，現在もコロンビア大学で教えている。

　しかし，テニュアを持つ教授はそれほど多くない。多くの教授たちは任期が切れると退官しているのだ。教授たちの回転を良くすることで，大学をリフレッシュするというのは，なかなかうまいシステムだといえるのではないだろうか。日本でも多くの大学教授を任期制とし，テニュアをとっていない教授たちの入れ替えを行うべきなのではないだろうか。一度大学教授になったら，何があっても生涯務めるというのは問題なしとしないシステムではないだろうか。教授の入れ替えという，日本の大学にとっては今までにない強烈なルールを導入するためには，教授会の上に強い権限を持つ，理事会を置かなければならない。大学のガバナンスを設立するためには，アメリカ型理事会を置く必要がある。

　また，アメリカの大学は公立の大学でも授業料が高い。公立の 4 年制大学での学費は 3 万 5,000 ドル（日本円で約 396 万円）と高いのだ。日本の東京大学の文科一類の学費は入学金と授業料を合わせても 81 万 7,800 円なので，それの 5 倍に近い学費の高さなのだ。筆者もミシガン大学に留学したが，とても個人で払うには高すぎる学費だった。幸い奨学金をとることができたので，それでほぼカバーすることができた。高い学費は取るが，優秀な学生には奨学金を与え，それを免除するというのは，大学経営という面からいっても，いい制度だといえる。また，多くの大学で寮やフラタニティー（十数人で寮を借りるシステム）が準備されているのも大きな特徴の 1 つだろう。アメリカは国土が広く，他の州からの学生も多いので，寮生活が必要となるのだが，このシステムは学生た

ちの連帯感を強くするという点で優れたものだといえる。日本では，たとえ遠
いところから大学へ入っても，下宿をするなどしてあまり寮に入ろうとしない
学生が多い。一時は寮に入ると学生運動等に巻き込まれるということもあった
が，今や，そうした心配はしなくてもいい状況になってきている。アメリカ型
の寮生活もなかなかいいものだ。日本の寮も1人1人の自由度を高め，より快
適なものにするべきではないだろうか。

執筆者紹介（執筆順）

伊藤　篤　研究員（中央大学経済学部教授）

佐藤文博　客員研究員（一般社団法人情報環境研究機構／中央大学名誉教授）

辻　　智　大阪公立大学研究推進機構特任教授

鳥居鉱太郎　研究員（中央大学経済学部准教授）

佐々木陽　客員研究員（(株) GClue 代表取締役）

原田康也　客員研究員（早稲田大学法学学術院教授）

平松裕子　客員研究員（中央大学経済学部客員講師）

榊原英資　インド経済研究所理事長

教育と ICT

中央大学経済研究所研究叢書　80

2023 年 3 月 20 日　発行

編 著 者　　伊　藤　　篤

発 行 者　　中央大学出版部

代表者　松　本　雄一郎

東京都八王子市東中野 742-1

発行所　中 央 大 学 出 版 部

電話 042(674)2351　FAX 042(674)2354

ⓒ 2023　伊藤　篤　　ISBN978-4-8057-2274-9　　電算印刷㈱

中央大学経済研究所研究叢書

中央大学経済研究所研究叢書

中央大学経済研究所研究叢書

53. 現　代　経　営　戦　略　の　展　開　　A 5 判　　林・高橋編著　4070 円

54. Ａ　Ｐ　Ｅ　Ｃ　の　市　場　統　合　　A 5 判　　長谷川聰哲編著　2860 円

55. 人　口　減　少　下　の　制　度　改　革　と　地　域　政　策　　A 5 判　　塩見・山﨑編著　4620 円

56. 世　界　経　済　の　新　潮　流　　A 5 判　　田中・林編著　4730 円
　　——グローバリゼーション，地域経済統合，
　　　　　経済格差に注目して——

57. グローバリゼーションと日本資本主義　　A 5 判　　鳥居・佐藤編著　4180 円

58. 高　齢　社　会　の　労　働　市　場　分　析　　A 5 判　　松浦　司編著　3850 円

59. 現代リスク社会と3・11複合災害の経済分析　　A 5 判　　塩見・谷口編著　4290 円

60. 金　融　危　機　後　の　世　界　経　済　の　課　題　　A 5 判　　中條・小森谷編著　4400 円

61. 会　　計　　と　　社　　会　　A 5 判　　小口好昭編著　5720 円
　　——ミクロ会計・メソ会計・マクロ会計の視点から——

62. 変化の中の国民生活と社会政策の課題　　A 5 判　　鷲谷　徹編著　4400 円

63. 日　本　経　済　の　再　生　と　新　た　な　国　際　関　係　　中央大学経済研究所編　A 5 判　　5830 円
　　（中央大学経済研究所創立50周年記念）

64. 格　差　対　応　財　政　の　新　展　開　　片桐・御船・横山編著　A 5 判　　5500 円

65. 経　済　成　長　と　経　済　政　策　　中央大学経済研究所経済政策研究部会編　A 5 判　　4290 円

66. フランス—経済・社会・文化の実相　　A 5 判　　宮本　悟編著　3960 円

67. 現　代　経　営　戦　略　の　軌　跡　　高橋・加治・丹沢編著　A 5 判　　4730 円
　　——グローバル化の進展と戦略的対応——

68. 経　済　学　の　分　岐　と　総　合　　A 5 判　　益永　淳編著　4840 円

中央大学経済研究所研究叢書

＊表示価格は税込です。